学术中国丛书

XUESHU ZHONGGUO CONGSHU

文化
嬗变的
时代色彩

汪传生
高云球◎主编
季国清◎著

人民出版社

丛书序言

人文科学通向 20 世纪的台阶和走出 20 世纪的通道是同一种哲学理论：胡塞尔开创的现象学给 20 世纪的新年钟声编织了意识世界自导的旋律和节奏，后现代哲学家为 20 世纪的除夕晚餐加入了人类自酿的美酒和佳馔。两者一而贯之地论证了一个伟大的真理——人类是使用自己意识世界的特殊编码来认识我们周边的事物，它们是我们和现实世界的接口。但是，它们却常常与历史合谋，模糊和误导我们的理性和知性。这就是梅洛·庞梯的《知觉现象学》一书中所揭示的真理：直觉和知觉并不是独立地使用现实的模型和标准来理解、感知世界的现实状态，而是翻开意识的旧账在现实中寻找和其匹配的内容。科学程序中有一个最让人迷惑的环节，就是科学观察。在美国科学哲学家汉森之前有谁能想到，观察其实是在理论指导之下进行的。可事实就是如此，人类是一种历史性的动物，就像地球上的动物是基因的历史性决定一样，我们是被意识的历史性决定。

自然科学使用同一种理念，既打开了 20 世纪的神秘门户，又关闭了 20 世纪的科学礼堂，这种理念就是相对性原理。爱因斯坦的狭义相对论和广义相对论充分证明了宇宙中的一切参照系统都是相对的，任何置身于其中的事物都和参照系处于相互作用之中。相对的真正含义就是世界上没有绝对独立的背景和舞台，它们都和演员和导演处于互动之中。所以说，爱因斯坦的相对论是人类有史以来最伟大的科学发现。在 20 世纪的尾声，人类的三大科学与其繁衍的三大技术——生物科学和基因技术、信息科学和网络技术、材料科学和纳米技术把世界装点得如诗如画。自然科学在 20 世界的成果综合起来就是说，作为我们人类的他者——自然界和宇宙整体都是现实性和直接性的。或者换句话说，世界是四维的，时间和空间永远紧密地连在一起。

这种对比告诉我们一个颠簸不破的真理——世界在不停地创造现实，人类常常落后于现实，人类和世界现实性的距离就是考验人类的重要标准。尽可能缩短和世界现实性的距离，就是我们的唯一追求。人类是必须区分成性别、地域、民族、群体、政党、团体、宗教等类型的，那么，每一种群体的竞争和相对的标准自然也是和世界现实性的距离。

20 世纪人类关于语言的研究有许多重大突破。语言并不是一个透明的可以让思想自由通过的实体，语言既塑造思想又扭曲思想，语言同时还塑造人和人类。人创造自己的创造者，而人的创造者又创造出人类，即整体性的和未来性的人本身。于是有许多哲学家对于语言有着这样精辟的论述：海德格尔说，语言是人类的家园。奥斯丁说，语言超越于言说语言的人本身；罗素说，语言和世界同构；维特根斯坦说，语言是一个独立的游戏体系。于是，人类和世界的距离就表现在我们的语言里，每一种语言都有与其对应的人类群体。那么，这种语言的符号世界和世界的现实性的距离就是这个人类群体的现实水准。在那些原始人的群落中，他们的语言没有一句和世界的现实性相关的话语。于是我们说，他们落后于时代。如果一个群体的语言和这个群体的现实之间存在着相当大的距离，我们就说，这个群体背离了自己的语言，或者他们的语言背离了这个群体，这在一定意义上说不仅是语言的悖谬，也是一种困境。

用语言创新，是人类中一个特殊的群体的特殊功能——这个特殊群体就是知识分子。他们非常独特，必须是以个体的形式并且相对独立工作的人群，每一个人都要用自己独特的构造语言的能力，来生产那些还没有在世界上出现的语句，甚至是还没有出现的语词，还能构造那些只在语言中存在而在世界上根本就不存在的语词和使用这些语词的语句。语言的使用就是形成话语，话语是语言在现实中的具体形式，并以系统的方式构成一个整体——就是它们在缩小语言和世界的直接距离。

在我们这个地球上生活着许多古老的民族。在某种程度上古老就意味着和现实的距离可能加大。但是，现实同样是一个相对的概念。只要没有踏上更大的范围，只在自己生活的领域内，现实只是和它的生活境遇有关。这有一个实在的判定标准：就是看它的语言和它的生活境遇是否接近，是否大体同构。事实上彻底同构是不可能的。现实是一个四维空间的世界。没有现实，它就只能是三维空间，而不是四维空间。我们出版《学术中国丛书》就是要给人类找回那个失去的维度，即时间性这个标志着现实性的维度，从而抵达真理和知识的彼岸，为学术之树的繁盛而敬献绵薄。

《学术中国丛书》是由洛杉矶东方文化形态研究院主持的大型系列丛书。人民出版社的领导以及编辑何奎先生对这一套丛书给予了最大的支持和方便，对于他们慧眼识真表示由衷的钦佩和感谢。我们真诚地希望把这套丛书做得尽善尽美。这既是我们的愿望，我们的期待，更是我们的预见。

是为序。

汪传生　高云球

2007 年 3 月 6 日

于美国洛杉矶东方文化形态研究院

目 录
CONTENTS

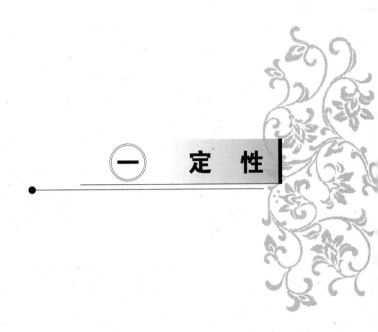

一　定　性

　　"定性"就是给文化整体主义一个合适的定义和界说。当我在勾画本书的结构时，设计了一个让读者感受整体主义的方式，这就是现在这四部分的命名：定性，转型，表征，新生。四个题目本来并没有必要非严整不可，但我在这里故意用文字数量一致又合辙押韵的形式，正是要以此做一个示范——这就是整体主义。整体主义就是要用同一性和同一律来实施对整体的控制和统治。

　　"阳春白雪，和者盖寡。"中国的这句古话在时间和在空间上都有长久的生命力。写那些严肃严谨严密的书只能是给行家看的，而同行的小圈子往往是一个个非常小的集团，在这样的圈子中流通只是文化资本的增值方式，而非社会资本的增值方式。我写这本小书只是想表达我对今天的中国在文化方面变化的看法，带有明显的纯感觉和纯知觉的意味，绝对不属于严肃严谨严密的学术论证。因此，我不是要在学理上说明文化的性质和文化的分类，只是要大致描述一下中国文化以及与其相对的其他文化的典型特征，这也就足够这本小书的承载量了。

　　文化的确是非常奇怪的现象，当它独立和孤立存在的时候，人们根本不知道它的存在和作用，只是被动地接受和承受而已。每一个人都会把文化的规范和规定、文化的传承和延续，看成是世界天经地义的成分，看成是自身存在和发展的框架，看成是种族安全和繁衍的保证。而所有这一切都发生在天然的信念之中，发生在潜意识里，发生在人与人的交往模式内部。这样，文化的发生学就和人的发生学直接同构。因此，没有两种以上文化的撞击和融合，就不会有文化的自觉研究和文化意识的产生。中国文化是在相对独立甚至相对孤立的环境中存在和延续的，认识中国文化应是在西方人来到中国之后的事。马可·波罗①的时代，甚至是利玛窦②和后来的耶稣会教士的时代，只是少数西方人来到中国游历，在好奇心和求知欲的驱使下，他们对中国的若干风俗习惯、风土人情、政治结构、生活样态、思想模式等，感触颇深而已；古代中国人基本不会产生对自己文化的反思和探索。真正让大家对文化这种现象有意识地产生一点认识，绝对是人类学产生之后的事。

人类学产生在西方。正是人类学首先让西方人认识到还有文化这样的使人陶醉、使人完善、使人不能越雷池半步的存在。人类学也让中国人了解了自己其实也是处在文化之中，自己的文化和西方的文化处在遥遥相对的位置上。初期的人类学只是对那些处于原始状况下的民族进行的研究。在这些最早的人类学著作中，偶尔也有对中国文化的简单评述，如吕西安·列维·布留尔③的《原始思维》；但是，单独对中国文化进行系统研究的著作至今为止也没有产生。传教士们在 20 世纪初曾经写过若干本有关中国文化

---

① 马可·波罗（1254—1324），意大利商人。他 17 岁时跟随父亲和叔叔，历时四年多来到中国，在中国游历了 17 年，回国后写有著名的《马可·波罗游记》（又名《马可·波罗行记》《东方闻见录》）。

② 利玛窦（1552—1610），意大利耶稣会传教士、学者。明朝万历年间来到中国。

③ 吕西安·列维·布留尔（1857—1939），俄裔法国社会学家、人类学家和哲学家。他的《原始思维》是最有影响的人类学著作之一。他对原始心理状态进行了详细的研究，认为原始人的思维是一种以集体表象为形式、以互渗为规律的前逻辑式神秘思维。这种思维相信人与外界事物之间有着部分或整体的等同，二者可通过神秘的方式来彼此参与、相互渗透，形成极为独特的认识过程。他从法国社会学家涂尔干那里借用集体表象这个概念，来说明原始人和现代西方人在推理方面的差别。

杂感的书，如卫礼贤①的《中国心灵》、罗斯②的《变化中的中国人》等。这些书籍对认识中国文化很有好处，但它们根本就不是学术著作。中国人自己的研究在20世纪也风起云涌，不过系统性的文化研究大多是研究中国文化典籍的历史线索的，其中的著名学者有钱穆、牟宗三、余英时③等。我在本书中所说的定性只是我个人综合若干研究后的一点认识。这样，就需要在中国传统文化和西方文化的对比层面上将其揭示出来。

　　比较研究是在西方走向现代化的过程中的一个副产品，然而，这种研究方法却带来了学术上的巨大突破。表面上看，比较只是一个具体的研究方法，但是，只要我们深入探索比较的过程、可以实施的预设条件时，我们立刻就会发现，其实比较是一个相当复杂的问题。比较既是构成性的，又是隐喻性的，既是本体论的，又是认识论的。这是因为比较必须有一个比较的平台，建构这个平台只能是依据比较者的个人背景和个人水准来进行，而这些纯个人化的东西恰恰是文化给他提供的用武之地。比较的过程在一定意义上成了先进文化的标尺大规模展示的计量所，成了比较者的文化理念在潜意识中抉择和取舍的思想操作。所以说比较的研究方法在某种程度上就是把先进的思想和思维方式用于落后的思想和思维方式的一种尝试。当然，在理论上并不排除落后的文明也拿自己的标准来比较。但是，这种情况既没有在实际的历史过程中发生，今后更没有这种可能，因为落后的文化和文明常常故步自封，把自己想象成世界上唯一正确和唯一可能存在的文化现象，不会产生比较的需要。

　　比较不能面面俱到：一方面，面面俱到是绝对不可能的尝试，另一方面，面面俱到又只能是囫囵吞枣的现象罗列。因此，一定要找到具体问题

----

　　① 卫礼贤（1873—1930），德国汉学家。原名为理查德·威廉，来中国后取名卫希圣，字礼贤，亦作尉礼贤。1899年，卫礼贤来到中国青岛，开始了他的传教生涯。卫礼贤翻译过《论语》《大学》《诗经》等儒家经籍和《老子》《庄子》《列子》等道家著作，还著有《实用中国常识》《老子与道教》《中国的精神》《中国文化史》《东方——中国文化的形成和变迁》《中国哲学》等。

　　② 罗斯（Edward Alsworth Ross, 1866—?），美国社会学家。20世纪初曾旅居中国。他的《变化中的中国人》出版于1911年，是辛亥革命前西方观察中国的代表著作。

　　③ 此三人皆为新儒学学者。他们研究的思路基本上是在整体上肯定儒学的本体论地位。

比较的要点和重点。西方人在文化和文明类型的人类学研究中，正是循着这条确定要点和重点的路径一步步走到了现在。18世纪和19世纪的人类学主要是就原始人群的思维特征来比较的，如弗雷泽①、吕希安·列维·布留尔、泰勒②等。到了摩尔根③的时代，财产的分配方式和日常生活方式又成了重点。20世纪的马林诺夫斯基④则以性爱和婚孕家庭的组织方式为重点。列维—斯特劳斯⑤的结构人类学在人类的思想结构和社会结构诸方面揭示着文化和文明的差别。这些研究都是可以区分整体主义和个体主义的人文的技术。但是，正如自然科学的技术在不断前进一样，人文的技术也日新月异。到了20世纪末叶和21世纪初，判断和区分整体主义和个体主义的工具可以说越来越完善。这就是关于权力话语和普遍语义学的新知识。

　　法国后现代主义哲学家福柯⑥倾其一生的才华和精力研究知识背后的权力，找到了权力这样的关系化结构和操作在知识背后的决定性作用，确立了一种新型的哲学研究思路和哲学研究方法，即谱系学方法。他的著作生动活泼，立论新颖，雅俗共赏。比如他严格证明了疯癫只是关于疯癫的语词内涵在社会上制造的精神病。因此，当关于疯癫的语词变化时，疯癫

4

———————————

　　① 詹姆斯·乔治·弗雷泽（James George Frazer，1854—1941），英国社会人类学家，是神话学和比较宗教学的先驱。弗雷泽一生的研究成果尽在《金枝》一书。
　　② 爱德华·泰勒（Edward Taylor，1832—1917），英国人类学家，被人类学界尊称为"人类学之父"，"在人类学中第一个伟大的名字"，是最有影响的进化派和人类学派的经典作家。代表作有《原始文化》《人类学——人及其文化研究》等。
　　③ 路易斯·亨利·摩尔根（Lewis Henry Morgan，1818—1881），美国著名的民族学家。主要著作有《古代社会》，恩格斯在此书基础上写了《家庭、私有制和国家的起源》《易洛魁联盟》《人类家庭的亲属制度》。
　　④ 马林诺夫斯基（Malinowski，Bronislaw Kaspar，1884—1942），英国人类学家，功能学派创始人之一。主要著作有《澳大利亚土著家庭》《南海舡人》《原始社会的犯罪与习俗》《两性社会学：母系社会与父系社会的比较》《文化论》《巫术、科学与宗教》等。
　　⑤ 列维—斯特劳斯（C. Claude Levi-Strauss），1908年生，法国哲学家、社会学家，结构主义哲学的创始人。著作有《亲属关系的基本结构》《热带忧郁》《结构人类学》《野蛮人的心智》《神话学》等。
　　⑥ 米歇尔·福柯（Michael Foucault，1926—1984），法国著名后现代主义哲学家。他发现了权力运作知识和精神的奥秘。代表作有《癫狂与文明》《词与物》《规训与惩罚》《临床医学的诞生》《知识考古学》《性欲史》等。

的病症和表现同样变化；医生之所以成为疾病的诊断者和生物死亡的裁决者就是因为他们有当医生的话语权力；性行为只是关于性的理念和关于性的权力话语约束下人类生物性的一部分；知识的类型变化同样是关于知识的权力结构转换的结果。这样，福柯就给人类留下了最宝贵的精神遗产，即权力这样的东西是在最基础的层面上规范着人类的行为和思想。把福柯的哲学推而广之，即把权力背景和权力话语的学说用于说明整个人类的社会组合和人类群体的结合方式，就会清清楚楚地看到，其实自从人类进入文化的历史阶段之后，人们的追求不是别的，正是权力话语的占有和使用。在漫长的人类历史中的绝大多数时间内，人类的群体之间和人类的个体之间暴力的使用都相当频繁，相当激烈。但是，暴力并不是目的，不是动力，不是终极状态；暴力仅仅是为了权力话语可以生效的那种工具和手段。试想，如果一个人已经是一呼百诺，一言九鼎，他还需要使用暴力吗？

在不同的社会中，获得话语权力的方式和话语权力发挥作用的方式是由它们之间的本质所决定的。整体主义和个体主义的一个重要区别就在于它们的权力话语的特征上。

语用学是 20 世纪又一大人文技术的发明。英国人奥斯丁①在 20 世纪中叶对语言的功能作了深入的思索，提出了以言行事的理论，为语用学奠定了基础。语言不仅有表达的功能更有以言行事的功能，即我们使用语言可以像使用一件物质工具那样去做事，尤其是对听话者来说这种功能尤为突出。仔细想一下，权力话语不就是典型的以言行事吗？后来的语用学发展为一个专业性很强的语言学的重要分枝，它现在研究的是关于语言内部对于语言使用者的限定和规范，或者说语用学就是研究在语言内存在的限定语言使用者的那些条件。语言是一套规则系统。在语言中存在着一些规

---

① 奥斯丁（J. L. Austin，1911—1960），英国语言哲学家，语用学的奠基人。他的言语行为理论严格证明了语言是一种实在，这是多元实在论的实证基础。他系统地、精细地研究日常语言理论，为日常语言学派的哲学观点提供了语言学的基础。它不仅有哲学意义，也有语言学意义。其代表作有《如何以言行事》等。

则，言语行为者必须严格遵守，如果违背了这些规则，语言就会对使用者屏蔽，使用者最低是处于尴尬的局面，甚至是使交际彻底失败。如语用学所揭示的"礼貌原则"、"指称原则"等，都告诉我们，语言的确可以以言行事，但要遵守语言中早已存在的属于语言自身的限制。语用学就是以言行事的外在条件。

20 世纪的学术研究有一个十分特殊的领域，即数学中关于数学完全性的证明。它是由德国数学家、逻辑学家哥德尔①于 20 世纪 30 年代初提出的。哥德尔研究了自然数集合中的完全性问题，他严格证明了数论体系中的自然数集绝对不能解决自我相关的悖论，也就是在自然数集合中存在着这样的命题。这些命题和它们的逆命题都不能在自然数集合中找到答案。如命题 k：命题 k 在自然数集合中是不可证明的，如果我们证明了这类命题是可证明的，它同时就是不可证明的。这类命题就叫做自我相关的命题，也就是说在自然数集合中不能解决自我相关的问题。后来对于这一问题深入研究的结果是使人们得出了更有见地的新的认识，这就是所谓的分支类型论，它主要是由英国全能的学者罗素②完成的。罗素提出了解决自我相关的悖论的方法，即规定命题的层次：较高的层次规定其他层次的规则和范围，而这些规则却不能用来对这一最高层次进行限定。这样就解决了自我相关的问题。这套办法就是把命题进行人为的分类，或者说把命题都摞起来，就像在现实生活中把具体的物质器具一个个摞起来一样，同时规定底下的那些东西不能干预上边的那些东西，但反过来却可以。

经过这样简单的介绍，我们可以看出，权力话语作为以言行事的功能，它们将具有两种截然不同的性质：其中一种是可以有自我相关的能力的，即这类权力话语对于其提出者和实施者都具有约束力，对于任何人都

---

①　库尔特·哥德尔（Kurt Gödel, 1906—1978），德国数学家、逻辑学家和哲学家。他最杰出的贡献是哥德尔不完备定理和连续系统假设的相对协调性证明。他的理论证明了一个自我构造的形式化系统不能解决自我相关的悖论，这一理论被引申为没有自我相关能力的组织必然走向灭亡。

②　伯特兰·阿瑟·威廉·罗素（Bertrand Arthur William Russell, 1872—1970），20 世纪最有影响力的哲学家、数学家和逻辑学家之一，同时也是活跃的政治活动家，并致力于哲学的大众化、普及化。罗素一生著述繁多，门类齐全。1950 年，他获得诺贝尔文学奖。

适用；而另一类权力话语却不具有自我相关的能力，也就是说权力话语的实施者不在这些权力话语的范围之内。这是一个伟大的发现。后来德国哲学家哈贝马斯①就用语用学理论来构造他的理论框架。他的理论叫做普遍语用学，这是他的交往行动理论的核心和主旨。他认为人类社会的进步归根结底是由于人类交往模式的变化和发展。所谓交往模式就是指人与人在社会生活中相互往来的规则的集合和系统，人们能够往来就是因为有这些规则的集合和系统作为保证。这种规则的集合和系统的性质就是它们置身其中的社会的性质——人类的交往行动模式必须是在交往者之上而又被交往者所遵守的情况下才能实施，这就类似于语用学规则必须被言语使用者遵守一样。所以，哈贝马斯称其为普遍语用学。

经过以上分析，我们不难看出，话语权力的性质主要是两类：一类是具有自我相关能力和条件的权力话语，一类是不具有这种能力和条件的权力话语。当权力话语具有自我相关的能力时，在这种权力话语之下的每一个人就都是这种权力话语直接作用的对象。这样的权力话语就是一种凸显性的权力话语，或者用后现代主义的术语来说就是不在场性的权力话语，所谓的不在场就是不被任何一个具体的自然人来控制和调整。显而易见，这种权力话语指导之下的人类社会和人类其他组织形式就是个体主义的。反之，当某种权力话语不具有自我相关的能力，即有一部分人或者某个人不在这种权力话语的范围之内，这些权力话语对他们或者这个人没有规范作用，那么，这个人或这些人就是以在场性来实施对自己有利却又对他人规范和约束的权力话语。当然，这后者就是整体主义的文化和文明的典型性特征，因为这种权力话语的实施只能是把世界上的事物像叠罗汉那样累加在一起才有可能。

这样我们就找到了判定整体主义和个体主义的简单性标准：整合社会

① 哈贝马斯，1929 年生，当代德国与西方重要的理论社会学家、哲学家。他的主要著作有：《公共领域的结构转型》（1962）、《理论与实践》（1963）、《知识与兴趣》（1968）、《晚期资本主义的合法性问题》（1973）、《交往行为理论》（1981）、《交往行为理论（补充与论证）》（1984）、《现代性的哲学话语》（1985）、《后形而上学思维》（1988）以及《在事实与规范之间》（1994）等。

定
性

的权力话语是自我相关的，就是个体主义的文化或者个体主义的社会；整合社会的权力话语是非自我相关的，就是整体主义的文化或者整体主义的社会。我们的分析正是循着这一思路展开的。所谓整体主义的终结也正是这种权力话语的自我相关性越来越被全社会的成员所崇尚。

1 整体主义解读

权力话语在一个社会之内往往包括三个类型：其一是文化上的权力话语，一般来说这种权力话语是在潜意识层面发挥作用，常常以伦理和道德的方式来体现，也可能包括一些习俗和礼仪；其二是政治上的权力话语，主要包括政令、政策、法律、法规；其三是经济上的权力话语，主要指经济集团中那些指挥经济活动的权力话语。由于经济上的权力话语是和经济活动中的生产资料占有权直接相关的事，它对于社会的整合虽然有关联，但是它毕竟和经济的必要条件即生产资料的占有关系更密切，我们对它的考核只能是在权力的同构性上来考虑；政治权力话语和文化权力话语则是标志整体主义还是个体主义的至关重要的因素。

伦理和道德在西方是一种从属关系，即伦理是关于道德的系统学说，是在哲学层面阐述道德形成的根据、道德原理的合理性、道德的中心法则和道德的实施条件的；道德则是调整人与人之间关系的每一个人必须遵守的行为准则，是在法律之外协调社会关系的最重要的行为标准。对于伦理与道德的关系，也许康德的学说解释得最清楚。在他的《实践理性批判》和《道德形而上学原理》两部著作中把这种伦理和道德的内在相关性解释的惟妙惟肖，头头是道。这就决定了在西方社会中，最低是在康德所在西方社会中，伦理和道德相得益彰，构建着社会的和谐和平等。

中国古代社会的情况和西方社会的伦理道德观全然不同。在汉语中，"伦"指辈分，即一代一代之间的关系和代际之间的排列。那么，伦理就是规定代际关系准则的那种学说，西方没有与其相对应的学科。这正是中国古代文化的初始条件所决定的。德国哲学家雅斯贝尔斯①在其《历史的起源与目标》一书中定义了历史的轴心期，即公元前 3 世纪到公元前 6 世纪这段时间中，在东西方相继产生了几种文明的核心理念和其代表人物，如古希腊的柏拉图和亚里士多德、中东的所罗亚斯德、印度的佛陀、中国的孔子和孟子、犹太人的以赛亚等，这就是所谓历史的轴心期。也可以说这就是这几种文明产生的初始条件。

对于中国文明类型的阐述有许多大学问家各抒己见。也许是"不识庐山真面目，只缘身在此山中"的缘故吧，中国古人自己对中国文明类型的认识并不是那么全面和客观。西方人对中国进行文化学上的研究起始于 19世纪。在此之前的西方人对于介绍中国有过杰出的贡献，但是，他们的思索还不是文化研究。到了 19 世纪末，西方的一些传教士在中国下层的贫民百姓中生活，他们的观察虽然还不算系统和真切，但是具有文化上的意义，如上文所说的卫礼贤的《中国心灵》、罗斯的《变化的中国人》等都是这方面的代表作。不过真正对于中国文化的初始条件和中国文化的后来走向的研究作出突出贡献的应属美国学者芬格莱特②，他的《孔子：既凡而圣》一书对中国文化在其初始条件下形成的文化模式提出了独特的看法：孔子的学说即中国文化的初始阶段形成的文化模式是以礼教和礼节的强调和推崇为核心的理论和理念。中国学者陈来在其《古代宗教与伦理——儒家思想的根源》③ 一书中把礼解释为秩序，即对长幼、尊卑、上下、强弱、好坏等秩序的肯定和维护就是礼，这就把中国文化模式彻底说明白了。伦理就从这种理论和理念的襁褓中产生。

中国古代社会的伦理秩序在建立的过程中要找到一个模本和典范，这就是在中国传统文化中千百年来一直被奉为圭臬的父子关系。说"父为子纲"是中国传统伦理文化的精髓和经典，必须首先说清楚"父为子纲"在

定
性

① 雅斯贝尔斯（Karl Jaspers, 1883—1969），德国哲学家、精神病学家，存在主义的主要代表。他的《历史的起源与目标》把公元前 3 世纪到 6 世纪定义为历史的轴心期，即历史产生的精神摇篮。

② 芬格莱特，1921 年生，美国著名的哲学家。

③ 陈来：《古代宗教与伦理——儒家思想的根源》，三联书店，1996。

董仲舒所提倡的"三纲五常"中的分量。董仲舒的"三纲五常"是在孔子的"君君，臣臣，父父，子子"基础上经过提炼而成的中国传统伦理文化的规范性命题。"三纲"中"君为臣纲"是放在第一位的，但是，只要我们认真分析一下就会明白，其中具有可操作性和可分配性的是"父为子纲"。在文化模式的意义上，只有那些具有机会均等性质的规范性命题才能成为文化模式的核心力量和核心精神，"父为子纲"恰恰就具备这种性质。在一个共时的画面上，我们看到的是父亲对儿子的支配性地位。但是，一旦转换为历时的秩序，我们就立刻会发现，其实这是一种绝对平等的资源分配。父亲的角色是一种传递，今天的儿子过了一段时间就会成为父亲，今天的儿子会在明天有其自己的儿子。到了那个时候，他就可以把自己父亲的那一套程序拿过来用在自己的儿子身上。这就是中国传统伦理文化得以传承的历时机会均等原则。显而易见，"君为臣纲"和"夫为妻纲"都不具备这种机会均等性质。把"父为子纲"同"君为臣纲"和"夫为妻纲"来作类比，其实是一种失败。封建君臣之间只是一种权力的维系，失去了权力的强制性，臣子是不可能心甘情愿做什么君王的仆从的。事实上，当君王失去了政治资源，他就会沦为阶下囚，沦为他人的奴仆，因此，"君为臣纲"实在是一个骗局。在漫长的中国古代历史上，朝代更替频繁发生，臣子究竟是做哪一个君王的奴仆和朝臣，是根据权力的归属来确定的；背叛了前一个君王而归顺了后一个君王的现象比比皆是。究竟以哪一个君王的正统性来确定，绝对不是一个永恒的界定。和"君为臣纲"相比，"夫为妻纲"在大多数情况下的确遵循着这一准则，不过这只是说在大多数情况下丈夫都是具有绝对权威而已，而在极特殊的情况下，照样有妻子背叛了丈夫，或者女人背叛了男人的情况，唐代的武则天和清代的慈禧太后就是典型的例证。虽然这种类比不一定合适，但是，由于封建社会的政治权力需要在意识形态上给自己确立合法性基础，君王会不遗余力地鼓吹"君为臣纲"的强制性。这就会在文化的层面之外加上了一种政治的秩序和政治的操作，也就是我们要在后面所说的"法"的作用。

10

"父为子纲"在某种意义上还是一个断面的文化分析，再加上另外一个文化的观念就成了一种彻底的整体性的连续了，这就是"不孝有三，无后为大"。（"不孝有三，无后为大"是孟子说的，见《孟子·离娄上》："不孝有三，无后为大。舜不告而娶，为无后也。君子以为犹告也。"我们从中不难发现，孟子的本意并非我们平常了解到意义。对其更中肯的解释应该是：不孝的表现很多，但以不尽做后辈的本分为最。但是，后人的理解绝对是认为不给祖宗传宗接代就是一种不孝。正是在这种理念的错误引导上，中国人一度拼命地追求男性后代的延续，重男轻女的观念正是它的产物。）无后是一种不孝，自然就把每一个人和整个血缘关系联系在一起了。人类之中的整体性首先来自于血缘的整体性，这应该是人类学的确切结论。

血缘关系是家庭的基础，也是一种组织方式。中国古代历史上在血缘之外的一切组织资源，基本是以血缘关系的方式组织起来的，这就出现了拟血缘关系。中国古代的村社、行会、工作作坊、学校，一直到整个国家都是这种拟血缘关系的产物，其中有两个特例构成了中国传统文化的代表，这就是像家那样的国（即国家）和像父亲那样的人（即师长）。像家那样的国一定要有一个说一不二的家长，即皇帝。血缘家庭的家长是生物生育的，他要繁衍生物后代；拟血缘家庭的家长是精神生育的，他要繁衍政治后代。这里的整体性意蕴已经让人感到天衣无缝了，不过我们再分析一下教师在中国文化中的作用，就会更惊叹中国文化的博大精深了。"师徒如父子"，这是中国历代都加以强调的人际关系准则，师生关系也的确具备父子关系的某些相似性：师生之间一般都有一定的年龄差距，比学生小的先生只能是特例；师生之间一定有知识上的差距，这几乎是天经地义的；师生之间一定有某种传承性就像父亲和儿子那样，因此，师生关系就更像父子关系。中国传统文化的三种传承关系就这样形成了，它们是国家的政治传承，家庭的血缘传承，社会的知识传承。这种传承是靠权力话语的非自我相关性来实现的，也就是说无论是皇帝的政治性权力话语，还是父亲的血缘性的生物权力话语，还是教师的知

定性

识性的文化权力话语，都只能是上一代传给下一代，都是一方有绝对的权力话语，另一方没有一点点权力话语。其中的奥秘就是按着自然关系的模本作用构建文化模式和将自然关系泛化。父子之情产生于自然的血缘传递之中，这就是所谓的自然关系，其他两种关系则是自然关系的泛化。有了这三者的架构作用，其他关系不必说就只能是它们的相似物而已。

把这种对秩序的维护和强调在文本和观念形态上进行逻辑论证的理论形态就是"理"。这里的"理"就是宋明理学中所说的"存天理，灭人欲"的理，所谓的天理就是对上述自然关系及其泛化的肯定和固定，就是对这些关系的论述和规定。人欲就是和天理冲突的个人的欲望，"灭人欲"就是要把天理千秋万代传承下去的那种强制性的力量。现代心理学揭示出人的本质就是人内在的那种生命的冲动，如果能把人的欲望彻底去除，那么人就成了没有欲望没有未来没有个性空间没有个人追求的行尸走肉，或者说人就在尼采的意义上死了。那样的人当然也就只是有生命的机器人和有执行命令信息的符号人了。"理"同"礼"，甚至我们可以把"理"说成"礼"的通假字。孔子的原始儒学强调"礼"。"礼"在孔子那里是指秩序，那种秩序是在周代的早期建立起来的，遵从它就是"克己复礼"。孔子用"礼"来强调伦理的一面，即整体性的行为层面。到了宋明理学的时代，"理"是"礼"在道德层面的反映，或者说"理"是"礼"的精神表达。这样，我们完全可以说，宋明理学是孔子的原始儒学的发展和深化，两者之间的内在一脉相承关系还是清晰可见的。不过到了宋明理学的时代，由于他们更强调道德的层面，而道德在他们的理论说教中却成了只对弱势群体或者说那些被伦理规定为只能服从的人有效的行为规范，那么这种道德不仅是虚伪的，更是先陷入悖论之中而不能成立的。由于封建伦理是维护封建集权统治的工具，封建伦理是一定要有的。而道德是对于每一个人都适用的约束自己和尊重他人的行为准则，是对任何人都一视同仁的社会规范，因此，道德就必须是具有严格自反性的以言行事的权力话语。

解释中国古代文化的整合机制，确定中国古代社会的结构信息，一个最困难的问题大概就是揭示和解释"法"这个概念了。法在西方的学理中指称着和中国的相应概念完全不同的意义。在西方，法是指对任何人都适用的政治规范和违背政治规范的惩罚规定，至少在近代西方的概念体系里是这样。这种对任何人都一视同仁的法律在中国古代社会中很少出现；中国古代的法律总是一部分人享受法律的优待，甚至完全处在法律之外。西方人对中国古代法律体系的研究得出的结论与此完全相同，布迪所著《中华帝国的法律》① 是这类研究的代表。

从孟德斯鸠②对法的论述中可以看出，法律的宗旨有截然相反的两极，其一是保护，其二是惩罚。保护人民的法律体系和惩罚犯罪的法律体系根本的差别就是看其是否有宪法。在一个国家之中，政府有两个职能——保护和仲裁：保护公民不受他国侵犯，保护公民不受他人侵犯，以及在公民之间、在政府和公民之间发生冲突的时候进行仲裁。这里立刻凸显出一个不容忽视的问题：政府首先有保护自己的需要，在政府和人民之间的冲突中政府常会坚定不移地站在维护自己利益的立场上；同时，作为仲裁者，政府又一定是垄断的，因为仲裁必须是在只有一个仲裁者的情况下才有可能得出最终的结论。因此，法律体系的完备性和合理性的关键就在于是否有一个制约、制裁、制衡政府的法律，这种法律就是宪法。宪法既是约束政府的制度保证，又是实现社会结构理性化的条件，它要确立一种在制度上保证人民的权力，要保证这种权力可以畅通无阻的实施，要让每一个人都有表达自己权力的机会。

众所周知，在西方已经开始制宪的近代，中国社会还处在满清王朝统治的黑暗时期，那时的中国人不知道宪法政治是何物，不知道宪法政治的目的和宗旨，也没有一部完备的宪法。只是到了清朝末期，八国联军的枪

定
性

---

① D·布迪：《中华帝国的法律》，江苏人民出版社，1996。

② 孟德斯鸠（1689—1755），法国伟大的启蒙思想家、法学家。他的著述虽然不多，但其影响却相当广泛。尤其是《论法的精神》这部集大成的著作，奠定了近代西方政治与法律理论发展的基础，也在很大程度上影响了欧洲人对东方政治与法律文化的看法。

炮和暴行才让中国人猛醒：没有宪法政治就没有人民享有权力的制度和程序。法律在中国历史上的作用只是情和理的工具，是实现中国传统文化的整体主义模式的最后一道防线。那种古代的整体主义的社会观和国家观形成一种国家伦理，即把国家看成是和生物的父亲一样的伦理角色，任何个体只能是处于绝对服从的地位。从大的方面上说，国家的利益个体必须服从；从小的方面上说，任何整体的利益个体必须服从。国家伦理在自相似的原则作用下，就会泛化为任何整体性的群体皆适用的集体主义伦理，即任何整体的利益都绝对要求每一个个体绝对服从。所以，中国历代都是"礼不下庶人，刑不上大夫"。这就是说中国古代的政治权力不具备自反性。政治权力不能约束那些高高在上把握权力的人，这些封建权力的把握者会竭尽统治之能事，使那些身处低层的民众俯首帖耳，从而维持一种整体性的文化和结构。

极端的整体主义文明类型，在继承性和继承制上必然是一种悖论。首先，在政治权力和政治资本的传承上，代际传承不可能是整体主义的，只能是把上一代的政治权力和政治资本传递给某一个个体，多一个都不行。因为在整体主义文明中政治是绝对垄断的和绝对统一的，新的整体主义的继承人必须重新建立自己的整体主义权力关系。如果这新的整体主义继承人没有把握整体主义的能力，那么，等待他的就一定是灭亡。中国历史上这种因继承性问题而导致一个朝代或者一个朝代中某一个统治者的灭亡，是屡见不鲜的。五代十国时期，梁、唐、晋、汉、周五个朝代的灭亡都是一个模式，即老军阀死后，其子继位，由于儿子弱小无能，轮番被他的下属军阀所推翻。到了赵匡胤的宋代，他本人杯酒释兵权，赵匡胤的母亲强行让他的弟弟赵光义继位，算是暂时解决了危机。但是，赵光义让其儿子继位，还是重蹈了整体主义的继承悖论。再看看清代的 12 个皇帝，我们就会清楚地了解整体主义的继承性问题是一个死结。

女真人最杰出的领袖努尔哈赤创立了后金政权。他足智多谋，机智果敢，戎马一生，叱咤风云，就是在权力传承制上也有自己的独特见解——

规定在他死后其继承者必须由王宫大臣与和硕贝勒共同商议产生。这样，皇太极作为贝勒中的强者才走上了历史的舞台。这一步可以说是清朝至关重要的取胜环节。但是，皇太极在临死的时候却让他的儿子福临即位，这无疑是整体主义悖论的最充分体现。皇太极是通过竞争把握了整体性的权力，但是，他作为个体性的载体不可能逃脱个体的心理局限，即他希望自己的生物基因成为权力的继承者。这样，他就终止了整体性所能动员和拥有的政治资源。果然，福临即顺治帝没有把握权力的能力和勇气，最后只能是在出世和入世的二难选择中静静地死去。顺治的继承者康熙，是由孝庄皇太后选定的，这里明显是一种权力传承制的变换——康熙的励精图治和文治武功完全是一种偶然现象——不过康熙在权力传承关系上并不是成功，而是失败。清史中并没有说清楚康熙的继承人雍正是怎样继位的，不过现在史学家倾向于雍正是无昭夺位。这就是说雍正是靠个人的能力和魅力而走上了政治权力的宝座。这有点类似生物界的"物竞天择、适者生存"的继承模式。雍正无疑是一个强者，所以，在他当政的13年间，呕心沥血，日理万机，把康熙朝的家业发扬光大了。当雍正选择了乾隆作为继承人时，又是一种整体主义的悖论。此后清朝的权力继承关系直到同治都可以说是整体主义悖论的产物，因此，也基本是庸庸碌碌的无能之辈坐上了清朝的龙椅。同治死后，是慈禧太后在替清朝的皇帝作出选择，所以说权力承继制已经彻底改变了。对于整体主义的继承性悖论，清代的历史可以说是一个最好的证明。

整体主义在经济上的传承制度同样是一个悖论。这在中国封建社会的古老传承制度和习俗问题上同样表现得非常明显。众所周知，中国封建社会是众子继承制。众子继承绝对是和极端的整体主义文化和文明模式一脉相承的继承制度，因为众子继承才体现了整体主义的特征，个体继承显而易见就会出现与众不同的特殊人物，这和整体主义的追求不相容。但是，众子继承就在本质上瓦解了整体主义的根基，这就是中国人经营的企业为什么不能长久的根本原因。中国有一句俗话，叫"富不过三代"，众子继承制恐怕是其中最重要的原因。换句话说，整体主义只有个体的杰出与强大才有可能维持下去，这就是西方政治学中所说的克里斯玛型人物的历史作用。

整体主义要有整合整体的杰出人物，而这样的杰出人物是不可能靠整体主义培养出来的，这就是整体主义悖论的深层根源。任何一种文化都会有观念形态和行为形态两种表现，观念形态是其深层内核，行为形态是其外在表征，两者相得益彰。我们认真分析一下古代中国人的心理特征，就能从中理出文化的线索。

平均主义作为一种心理特征，它来源于代际之间的变换所产生的依赖和消极。中国封建社会历时机会均等的文明模式是一代一代传承下去的，当上一代处于优势的地位并优先选择的时候，下一代根本无须急于求成去争取自己的机会——当然这种文明模式也从来不会给任何人以这种机会，消极和被动是唯一的策略。而到了自己这一代选择机会就会到来。这种代际之间的平均对于任何一代都是如此。当没有可能成为整合整体的那种出类拔萃人物的机会时，没有人愿意为多余而无必要的付出作无代价的奉献，平均主义的心理就这样形成了。平均主义总是不能平均财富，而是平均贫穷。当每一个人都与其他人一样一贫如洗的时候，社会就会保持绝对的安静和平和。一旦有人捷足先登的时候，就成了灾难的先导，因为少数人的富裕就是破坏了代际之间的平衡关系。众子继承就标志着不必出力即可获得属于自己的那一份收入。不投本就获利的追求在经济学中叫"搭便车"，这是任何人都有的心理现象。

从众是平均主义在行为上的体现。从众就是要在行为方式上和大多数人一样，人云亦云，人为亦为。这是和整体主义的要求完全一致的心理特征，古代中国人普遍拥有这种心态并不奇怪。当从众成为社会的风尚时，中庸就不再是离我们遥远的东西。所谓中庸可以理解为那种把自己的棱角和特色藏起来、不被他人妒忌和中伤的行为特征。从众的种种表现中，有一个最为可怕的后果：人为制造丛林法则的恶性竞争。所谓丛林法则就是指像自然生态中的种内和种间斗争那样，只为生存而弱肉强食。所谓恶性竞争就是指本来可以用多样性回避的竞争却被文化的潜意识驱赶着走向了丛林法则的无谓牺牲之中。比如中国人在海外所能拥有的最大产业可能就是饮食业了，但是，只要有人在某一个地方"发达"起来了，就一定会有人前来凑热闹，再开一家，不会认真考虑市场是否已饱和。一家又一家，直到恶性竞争的结果把整个行业弄得完全吃不消为止。洛杉矶的华人最多，华人餐馆也最多，早已形成恶性竞争的局面。

崇拜圆满是和中国古代文化的历时机会均等的历时性有关的一种心理状态。所谓历时性就是指每一个人都在自己的人生过程中经历两个截然不同的阶段，即弱势群体的阶段和强势群体的阶段。这样，每一个人的人生都是绝对不能圆满的。众所周知，价值的追求就是因为属于价值的事物处于一种缺失的状态；稀缺性是价值形成的条件。圆满对于古代中国人来说是那么稀缺，因此，圆满崇拜就成了须臾不能离开的心理特征。崇拜圆满同时形成一种对整体性的渴望和崇尚，这又在整体的层面上起到了巩固系统效应的作用。

传统中国人心理特征中最重要的一项是面子效应，所谓面子效应就是每一个人都千方百计地顾及自己在他人心目中的印象和他人对自己的评价。西方人对此感触颇深，像卫礼贤、罗斯等人撰写关于中国文化的书籍都提到了这一点。形成面子效应的原因有三个：其一是中国人都在自己的人生中经历两个不同的阶段，即当儿子的弱势时期和当父亲的强势时期。两种心理特征同时存在于同一个人的灵魂深处，每一个人都会掩盖自己的弱势心理而标榜自己的强势状态，要面子就成了这种掩饰的最得心应手的方式。其二是中国历史上逐渐形成的维护整体性的措施就是伦理本体化，也就是说把伦理规范和约束条件当成人的生存论方式。伦理本体化最终就变成了耻辱感的潜意识积垫。耻辱感是由别人的判断来决定的。那么，人人都害怕在别人心理形成一种不好的印象，因此，人人都顾及面子就成了文化模式中的一部分。同时，面子效应又是一种虚假的维护整体性的措施。那么，中国人终结自己的整体性文化模式的一个有力的证据就是把面子效应抛在九霄云外。

我想我已经把古代中国式的整体主义勾画得差不多了。

定
性

2 个体主义剖析

  我之所以用"标本"这个词来说明和中国传统文化完全处于两极状态的文化类型，是因为我要使用的这种文化样板不纯粹是由天然的演进过程缔造的，而是多少有点人为的因素，我将其称为标本应该说是千真万确的。这种文明就是当今美国式的文明。个体主义的文明类型绝不仅仅只有美国一个国家，英国、荷兰等国皆是。但是，由于其他国家大体上都由整体主义演化而来，都多多少少残留一点整体主义的影子，我们只好暂时拿美国解剖。

  彻底的个体主义也可以用一个简单性的标准来衡量，那就看整合社会的话语权力是否具有自反性特征。话语权力是这样一种权力，当它被平均分配和普遍拥有的时候，全社会除了极特殊的情况下，人们就只用话语表达自己的需要和看法，表达自己的意向和意志，表达自己的追求和憧憬；其他表达方式如暴力、金钱甚至知识，都不是作为社会化和社会性的表达方式。所谓极特殊的情况，就是指国家受到外在的暴力侵略或者某一个人受到其他人的暴力攻击时，才可以使用非话语形式来表达自己的意志。全社会要给每一个人以应有的机会和必要的条件来表达自己和张扬自己。在这种情况下，话语权力必然具有自反性。因为，如果某些人把握着话语权力，其他人没有相应的话语权力，这些人就极有可能使用非话语权力去实施自己的统治。所以，我们只要找到美国社会实现彻底话语权力的自反性条件，我们同时就说明了个体主义的文明模式。

  美国社会有几个深入人心而又可以具体操作的文化理念：民主政治，自由市场，个人主义。说它们是文化的而非政治的和经济的，是因为我们可以在这几点中找到一种共同的哲学内涵和逻辑基础。所谓哲学内涵就是指在这三种社会化的组织原则之中，有一个绝对不在场的性质贯穿全部三条原则。不在场就是说没有任何人是这几条原则的直接控制者和直接把握

18

者，原则的精神和主旨是绝对超越的，任何人都是这些原则的对象，绝对没有人凌驾在这些原则之上。这种不依赖于某个人或者某些人的超越性就是为了克服个体人的人性中爆发出那种反人类的倾向。它们最基础的信念就是人从本质上就是罪恶的，就是自私的，就是以邻为壑的，所以就要把权力的自反性设计为社会组织原则的基础。

民主政治的内涵经过几代学者的艰苦努力，终于搞清楚了。民主并不是指充分代表民意或者反映民间的需要，民主只是指政治的决策过程和实现过程完全在程序的控制下进行，至少是重大的政治决策过程和实施过程是由程序性的控制机制实现的。这些程序设计出来就是为了防止最坏事情的发生，为了防止个体人独断专权。这种程序首先是结构的保证。结构通常的理解是把若干事物组合成一个整体，同时整体又有大于部分的和的特征。但是，民主政治的结构有一个最基本的要求，那就是超越性的权力只能交给原则，绝对性的地位不能赋予人，无论是个体还是群体。这样关于民主的结构就只能是两个层次，其一是原则和规范的绝对性和超越性的层次，其二是政治所能拥有的一切实在层次。换句话说，一切政治的各种部类和政治的机构都只能是处于一个平面之上，这就是权力运行分立的本质原因。政治的权力运作只是话语权力的表达，人民的政治选择全部是由话语权力实现的。这种话语权力包括两部分：其一是阶段性的政治选择，就是人民通过选举来达到保护自己的目的。这样就在政府行为和人民选择之间有一个时间差。这虽然是不得已而为之，但又是行之有效的做法。其二是民众充分行使信息公开权。这样，政治各因素之间的关系就是解构的形式而不是结构的形式。所谓解构关系就是在一个平面之上由更高的不在场的原则来指导的那种关系，其中最典型的政治和法律的解构关系则是民主政治的核心。例如，美国南北战争以北方的军队和北方的政治原则获胜而告终，整个美国将实施北方政治的核心理念和重要原则，这就是胜利的标志；而那些坚持南方政治集团理念和原则的政治家和军事家们，并不因为他们是南方集团的成员而受到法律的惩处。这就是政治和法律的解构关系。相比之下，英国

19

定
性

资产阶级革命时期的克伦威尔把查理二世送上断头台，就是把政治问题法律化的错误决定，这也就是克伦威尔死后被英国法律宣判为有罪的原因。

自由市场是解构整体主义的有力武器。市场的自由主要表现在如下几个方面：第一，进入市场的交易成本必须是最低的，除了用于和政府交换保护的费用（即税收）之外，其余只应该包括市场参与者个人用于交换的费用；第二，进入市场不应该有任何非经济的因素限制，任何人都有直接进入市场的权力；第三，在市场上通过合法手段获得的经济收入完全归自己所有；第四，市场的交换范围除了人类所拥有的不可让与的权力和对他人有伤害的事物外，一切可交换的事物都可以拿上市场；第五，市场参与者自己判断交换过程和交换所得。用自由市场来配置资源，就要有关于市场的若干人文技术，如契约制、会计双轨制、保险制、违约的惩罚制等。美国的发达就得益于自由市场政策的有效应用。同时，自由市场又是和民主政治完全配套的经济政策。

个人主义得益于文艺复兴运动的直接影响和基督教新教的广泛传播。文艺复兴运动的本质作用是发现了自然的人，也就是发现了个体人的个性作用，发现了人是以个体的形式来表达人类的类本质的。文艺复兴提供了个体发展的温床，而宗教改革运动在推进个人主义思潮上比文艺复兴运动的贡献更大。宗教改革运动发端于马丁·路德①对天主教极权腐败的有力攻击。天主教的弊端就在于它是绝对整体性思维和整体性控制的。宗教改革的成果在三个方面有所体现。其一是基督教新教把个人主义信仰化了。新教的教义更强调每一个人以个体的方式直接面对上帝，强调圣灵在每一个人的心灵深处所做的功，个人主义变成了信仰。这种力量在信徒中广泛流传，个人主义就形成了一种思潮。其二是基督教新教把个人主义世俗化了。新教的传播把个人主义的信仰带给了新教占统治地位的

---

① 马丁·路德（Martin Luther，1483—1546），新教宗教改革的发起人。他发起的宗教运动终止了中世纪天主教教会在欧洲的独一地位。他翻译的路德圣经至今为止是最重要的德语圣经翻译。

国家，如英国、德国、荷兰以及北欧的国家。这些国家用国教的形式把个人主义转化为社会发展的动力。这就是韦伯[①]所说的宗教禁欲主义变成世俗禁欲主义的过程。其三是基督教新教把个人主义组织化了。这种组织化就是指基督教新教以各教派独立的办教形式实施其组织原则，没有凌驾在各教派之上的综合性机构和宗教整合机构。这种宗教的组织方式对每一个新教徒是一种潜移默化的影响。正是以上三点成为了西方个人主义成长的极大推动力。个人主义带来了西方人的创新精神，15 世纪的地理大发现就是这种创新精神的具体体现。随着美洲的发现，最早到达美洲的那些人几乎都是崇信个人主义的新教徒，而缔造美国的那些政治家们正是他们中的杰出代表。美国的缔造者把个人主义精神写进了美国的宪法，保护个体、保护"异端"、保护创新精神是美国宪法中最醒目最具特色的内容之一。个人主义把机会均等和独立自主的观念在社会中广泛传播，个人主义更把每一个个体人都作为等量齐观的平权者对待。正是个人主义精神成为了美国文明方式的核心和枢纽。个人主义是民主政治的重要基础和组织要素之一，自由市场是个人主义的经济形态。市场经济是自由的经济、主体的经济、创新的经济、发展的经济，这正是个人主义原则的充分体现。

众所周知，美国曾经存在蓄奴制度，数以万计的非洲黑奴在美国历史上曾饱受剥削、压迫、歧视、迫害、杀戮。但是，仅仅是在 20 世纪 50 年代，在传媒巨人李普曼[②]等人的极力推动下，到 20 世纪 70 年代，虽然有马丁·路德·金和其同族黑人的牺牲，以及其他少数种族的代价，毕竟还是把人权的观念变成了全美国人民的共识。

美国作为个体主义的标本，它在许多方面的表现都和整体主义针锋相对。我们对美国的观察只有抓住其文化的层面，才有可能真正了解美国之

定
性

---

① 韦伯：《新教伦理与资本主义精神》，于晓、陈维刚译，三联书店，1987。

② 沃尔特·李普曼（Walter Lippmann，1889—1974），美国新闻评论家和作家。60 年的卓越工作使他成为世界上最有名的政治专栏作家之一，他的专栏评论日益流行，最后被不止 205 家美国报纸和大约 25 家外国报纸同时刊用。他最有影响的著作是《公众舆论》。李普曼的名言之一是："新闻的任务是报告一个事件的发生，事实所起的作用是把隐蔽的真相公布于众。"

所以成为世界上唯一一个超级大国的深层原因。

其他国家凡是到过美国的人，都会有一种感受：美国和其他国家相比并没有什么完全不同的地方。美国的公园虽然到处都是，但都很平常，很简陋，其中有许多完全比不上一些小城市里的公园。但是，你要是到过迪斯尼乐园、环球影城、海底世界，你就会明白，世界上最好的公园在美国，最有特色的公园在美国。我们到美国旅游，一定要到拉斯维加斯。那里的确是一座名副其实的赌城，但是，我们只要深入到这座城市的内在性中，就会有截然不同的感触。它的每条街都再现了世界上最有特点的建筑和街道。它让你每一分每一秒都有利用的价值，它让你体会时间在人生中是多么可贵。它给你一种认识，一种体验，一种领悟：世界上最快而又最慢、最长而又最短、最能让人陶醉而又最能让你忘却的就是时间。

如果我们能有机会再去领略另一个对美国来说的确是有点奇怪的事的话，也许我们能对美国有全新的印象。美国有大小4700多个博物馆。美国又是一个"没有历史"的国家，它的博物馆里储藏些什么呢？有些博物馆，如波士顿博物馆、洛杉矶亨廷顿图书馆、纽约博物馆、华盛顿博物馆等，里面的确是展品琳琅满目，展台设计精美，文物门类齐全，储藏技术精良。但是，其中几乎很少有美国自己的文物和艺术品。在许多博物馆中，伦伯朗、提香、鲁宾斯、莫奈、马奈、米勒、凡·高、毕加索、达利、蒙特里安①等人的名画应有尽有。只是在后现代的画和后现代的艺术品美国人的创作多于其他国家。要是我们走进那些小城市的博物馆就会惊讶，那些名不见经传的破烂货竟然摆上展台？

20世纪80年代，美国人作了一个长远的科研计划。他们计划到21世纪中叶之后，美国的科学技术在全世界各个科学领域内占有95%的领先地位。事实上，美国从20世纪70年代之后，几乎就不再生产劳动力密集型商品，完全转移给第三世界。美国计算机行业的摩尔系数（即每

---

① 以上这些人都是从中世纪到现代知名的欧洲画家。

18 个月更新一次）一直在保持其进度，高精尖的产品几乎都是出自于美国。科研领先的行业几乎占世界的 70%。在人文领域里它在 20 世纪后半叶开始逐渐走上世界的霸主地位，伦理学、史学、文化学、经济学、未来学、心理学等诸学科内一直处于遥遥领先的地位。它才有几天的历史呀？

　　把这些事综合起来，我们会得出一个让人吃惊的结论：美国人要保持世界上那唯一性的东西，要让世界上的新事物一律在美国诞生——这就是博物馆精神。用一句最有代表性的术语来说，那就是美国人是在把时间做成艺术品。什么是艺术品的本质？艺术品的本质就是它们必须一次而成为永恒，它们是绝对不可重复的。复制是工业社会的特征，创造就是要在世界上第一个出现，而后对其的模仿和复制只是在彰显它的魅力和生命。人类是一种奇怪的生物，他的类型特征和类本质要由个体的特殊性来标榜，也就是说人类的类本质寓于每一个个体那里。所以，人类的本质就是要每一个个体把自己创造成艺术品。把时间做成艺术品，这就是美国文化和文明中既和人类的类本质又和世界发展的要求相一致的个人主义原则的一种体现。

　　把时间做成艺术品，无非说的是让欣赏者细细地品味时间。只要我们认认真真地在美国的历史中查找那些在世界上第一个出现的事物，观察世界上其他民族对这些"第一"的态度，我们就会明白时间怎样能成为艺术品。1984 年，洛杉矶奥运会召开。当时许多国家对此千方百计抵制，东欧的若干国家根本没有出席，尤其是前苏联和民主德国两个体育超级大国不出席给洛杉矶奥运会的打击可想而知。尽管如此，美国人还是让洛杉矶奥运会破天荒地在奥运史上大赚特赚金钱和声誉。1988 年奥运会在韩国的汉城召开，韩国人从美国人那里学会了赚钱的门道。韩国人就是在洛杉矶奥运会期间在美国消费了时间，也就是看到了美国人怎样让人张开眼睛就要付费。韩国人果然不凡。在奥运会历史上，汉城奥运会第二次赚钱了，这就扭转了办奥运亏本的历史。然而，并不是每一个国家的人都能消费时间。后来的西班牙人办巴塞罗那奥运会就只能持

23

一定性

平而已，这就说明消费时间也是一种本事。只有那些个体化倾向的文化与文明充分让个体有发挥自己聪明才智的机会，才能把时间这个艺术品欣赏出点味道来。

让世界焕然一新，这是个体主义对外在性的态度；个体主义对待自己则是一定要让自我成为那种被深层的内在禀赋所决定的人。这是就多元性和多元化的真正含义，这就是价值的多元方程和高阶方程的多项解。在社会和时代容许的范围内，每一个人都有自己的追求和目标，才能真正避免那种千军万马过独木桥的惊险场面，这就是人类个体独立走出自己人生困境的文化学出路。美国人最喜欢的格言大概就是"跟着感觉走"、"跟着兴趣走"、"跟着意志走"之类，这有文化上的深层原因，即每一个人都要对自己负责，每一个人从小都不是父母掌中的玩偶和所属物。这里还有一个社会学上的原因，那就是只要我们把属于自己的那种专长发展到极致，就都有市场价值，因为这本身就已经是把时间做成艺术品。美国在 20 世纪经济始终处于世界的最前列，其重要原因就在于此。

经济的发展不光要付出经济成本，更要付出社会成本。所谓社会成本就是指经济发展的标志就是劳动生产率的提高，劳动生产率的提高就要把剩余劳动力排挤到劳动力市场，造成千千万万人的失业。那么，经济发展的同时就必须解决好剩余劳动力问题，20 世纪许多国家在这一问题上都是一筹莫展。要想解决这一困境只能是创立新产业，20 世纪人类解决这一问题的实际措施就是发展第三产业。美国在这一问题上之所以捷足先登，和美国人在文化上的解放，在人格上的自立有着关联。许多新产业是美国人主要是美国儿童玩出来的，像滑板、滑水、极限运动、徒手攀岩、高空跳水甚至 NBA 等都是容纳大批劳动者的新产业。仅 NBA 就能有上千亿美元的国内生产总值。这告诉我们，强大、富裕、发展，都不仅仅是纯经济的因素在发挥作用，而是往往有深层的文化原因。

每一个人是他自己，这不仅仅是一个口号、一个要求、一个哲学概念，更重要的是必须在人生实践中去把它付诸行动。是自己就要表里如一，言行一致，言而有信，诚实，坦率，勇于承担责任，敢于正视自己，这是一种文化的至高无上的追求。人类最痛恨最鄙视最不能容忍的就是说谎，就是作弊，就是鼠窃狗偷，就是行为卑劣。西点军校的荣誉条款清清楚楚地写着：不说谎，不作弊，不偷窃，也不容忍这些事。学生在做任何事之前，应该先自问，这是否将导致任何人被欺骗？这是否为自己或他人提供不公平利益？如果易地而处，我是否愿意接受他的后果？也许我们会说，这是培养军人的。恰恰错了，西点军校不仅有军事科目，更有社会上所需要的一切学科。当然，在美国军界最高指挥官和那些名将们基本出自西点军校。你可曾知道，美国大公司的总裁和其他许多行业的成功者同样是来自西点军校的居多吗？据不完全统计，50 年来世界企业 500 强中，有 1000 个西点军校的毕业生曾任董事长，2000 个西点军校毕业生曾任副董事长，5000 个西点军校毕业生任总裁。可见人格魅力和良好的道德教育，以及正确的价值观才是成功的关键。不说谎，不作弊，不偷窃，也不容忍这些事。20 世纪 70 年代，美国总统尼克松因为在民主党总部安放了窃听器而被弹劾，告密者是一个中央情报局的高级官员。尼克松丢了总统并不是因为他放了窃听器，而是因为他说谎。

个体主义文化中的个体，毫无疑义，追求个体的功利。伦理学中的目的论学说对此有深刻的论述，伦理的准则就是要符合个体功利的目标。从表面上看，个体对功利的追求和整体主义的目标相左，然而事实正和整体主义维护者的想法背道而驰。个体主义文化最突出的标志就是每一个个体并没有天然的整体主义背景，他们处于自在状态，只能靠自为的追求去获得属于自己的物质和精神份额。这样，个体主义文化给人的启示就是自立意识、自强意识、谦逊意识、有限意识。在个体主义文化中，人们的功利主义目标往往是可分解的，也就是说个体对功利的欲望并不是一个浑然的整体主义目标，而是有限的自己可以实现的那一部分。这样，在个体主义文化的氛围中，人们能够把自己的功利性分解为一个个原子化的成分，使得功利主义可以一步步实现。因此，在个体主义文化中人们也有可能真正建立起团队意识，形成一个自觉的整体和有效率的整体。

有一个非常有趣的现象能充分说明个体主义功利目标的可分解性是实现整体最大效率的充分条件，这就是总统选举前两党总统候选人的竞争和合作的关系变换。大选之前，两党首先决定自己的总统候选人。一般来说，也常常是两个人参加竞选。之所以是两个人而不是两个人以上更多的人参加竞选，是因为经济学家已经用数学的手段推导出：只有两个候选人竞选的格局才能充分反映选举者的意图，更多人参加竞选就可能使选举的结果偏离正确的方向。表面上看，在两者择一的选举中一定有人胜利有人失败。但是，这其中有一个常识，失败者肯定在这个党中是拥有第二大支持者队伍的人物。当选者通常的做法是选择自己从前的竞争对手做自己的副手，即副总统提名来共同竞选总统。我们设想一下，如果失败者把自己的目标当成一个整体主义不可更改的决定，和自己的竞争对手势不两立，那么将是个什么结果呢？整个党两败俱伤，选举者自己也一无所获。由此可见，团队精神的基础是和个体主义相关联的。这是个必须重新审视的重大文化现象。如果每一个人都想争取做整体的代表者和组织者，团队是不可能形成的。团队不是把人简单相加，而是形成每一个人有其自己独立角色的系统。当个体把自己的目标原子化后，就能找到自己的合适位置。效率常常产生于系统内的和谐与合作，产生于每一个人都独立完成属于自己的那一份职责。

个体主义文化的更重要的特点是在个体主义的氛围中人才能学会反思。人只有对生命进行反思才能建立起彻底的和真正的生命意识。关于生命的良知是与对生命的普遍热爱和普遍尊重连在一起的，仇视生命和伤害生命的人他自己有一天就会成为被别人仇视和被别人伤害的对象。德国神学家马丁·纳墨勒说过："当他们（指纳粹）追杀共产党人，我不是共产党人，我没说话；后来他们追杀犹太人，我不是犹太人，我没说话；此后他们追杀天主教徒，因为我是新教徒，我又没说话；最后，他们来抓我时，再也没有人站起来为我说话"。① 就这样他自己也成了纳粹

---

① 这句话是德国神学家马丁·纳墨勒于1954年在纳粹集中营旧地说的一句令人感慨万千的话。

铁蹄下的牺牲品，这是没有良心的直接后果。这个在战争中学会反思的智者告诉我们一个千真万确的道理：对待生命和良心这样的大事不能马虎，不能麻木，不能视而不见，不能听之任之。我们可以把这其中的道理扩展到更大的范围，即对整个生命的态度。珍惜生命就会形成一个珍惜生命的社会良知，这其中的生命既包括人类的生命也包括高等动物的生命。

生命是一条川流不息的河。

我们曾经看到，那些对人类无害的生物都在自由自在地生活着。活泼可爱的松鼠追逐着，嬉闹着，攀援着，有时静静地站立在我们的身旁，像是在和我们诉说着幸福和美满的世界；雍容华贵的鸽子在任何一个城市都有它们的栖息场所，总是有人定时去给它们食物；胆小的獾熊在城市的郊区总能找到娶妻生子的地方，那里食物充足，气候宜人，它们一代一代地过着安逸舒适的生活。动物世界让我们描述不完，欣赏不尽，但是，还有更让人动心的事情，会使我们由衷认识到生命的不同含义。

在洛杉矶的戈林代尔市，有一块非常知名的墓地——森林草地墓地，那里的设置、建筑、机构皆别具匠心。要说它是花园绝对不会有人反对。绵延起伏的绿地一望无际，集哥特式建筑和罗马式建筑于一炉的教堂历历在目。一座把洛杉矶历史浓缩在数千张图片的博物馆总是敞开胸怀迎接你。而最值得羡慕的是，有一个影视大厅专门放映耶稣受难记的大型图画。那幅画长 70 英尺，宽 45 英尺，俨然一座宏大的刑场就在我们眼前。画中人物栩栩如生，每隔 30 分钟就放映一次画中的细节，讲解这其中的神学道理和给我们的启示。这里没有恐怖，没有森严，没有对来世的企盼，没有对死者的担心和惧怕，只有那种回归和升华的感觉。同时，这里就是当年林肯总统作了那场举世闻名的哀悼死亡将士的讲演所在地。在博物馆中就陈列着林肯讲演的油画，它在述说着那并非久远但是动人的故事。

在另一个城市工业市（Industrial City）有一块墓地，叫玫瑰山纪念园

定
性

（Rose Hill Memorial Park）。那里埋葬着各种人种的亡者。墓园都是深埋的墓穴，上边是一块墓志铭，几乎都是金属制作的。墓志铭上记载着死者生时的事迹和在世时间。就在进园不远的地方有一块集中埋葬儿童的区域，那里大体上埋着100多个年龄低于10岁的儿童。其中有11个人是当天生当天死的，也就是只有一天生命甚至根本就没有医学意义上的生命。但是，所有这些短命的儿童都有自己的命名，甚至还有母亲怀孕期间的感受，有的墓志铭上还有父母的寄语。这在传统的整体主义文化中是可以想象的吗？那只是一种生命的可能性，绝对没有生命的体验，没有生命的表征，更没有生命的贡献，那只能是在别人生命的记忆里和别人对生命的感受中。生命在流动。

有了这样的知识准备，我们就不难理解对生命的态度了。

加州大学在洛杉矶城区的边缘设立了一所医院。这是个十分特殊的医院，它专门给那些没有医疗保险的人服务，而且服务的质量绝对像其他医院一样，对那些没有医疗保险的患者像对待其他人一样；而没有医疗保险的人主要是非法移民。要是遇上手术，那种重视的程度就更让人觉得他们纯粹是小题大做。有一次，一个中国华侨做腰间盘脱出手术。按要求必须在手术前八小时内不进饮食，而这个病人并没有当回事，就在手术前两小时内喝了一瓶橘子汁。医生听说后一定要坚持再过八小时才能上手术台。病人为此和医院大吵一场，当然最后还是在医院的耐心解释下等过了八小时。吃了食物再作手术，就有术后被感染的危险。虽然这只有1%的风险，但医生就一定要当100%的概率去预防，因为这是有关人的生命的大事。

在波士顿哈佛大学的北边，有一条紧临高速公路的街道。这条街道的一个转弯处，由于被高速公路的过街天桥阻挡，视线非常不好，曾经出过一次车祸——一个楚楚动人的少女骑车从这里经过时被汽车撞死。这件事引起轩然大波。许多人和这位少女非亲非故，仅仅是有感于政府对此未加防范，应对车祸负责，纷纷到政府的有关部门去抗议。事情过了好多年了，而每年这一天到来的时候，人们还会不约而同地走到那里，手持火把、蜡烛为这位少女哀悼。

生命的移情来源于人们在反思中认识到：如果我们对别人的生命重视不够，别人就会对我们自己的生命同样重视不够。对弱者欺凌、压迫、鄙视、歧视，就难于保证说不定哪一天，你就会成为被他人欺凌、压迫、鄙视、歧视。这种认识得益于规范和原则的自反性。自反性也就是能设身处地把自己放到被害者的立场上去观察去思索问题，整体主义就缺乏这种自反性的思维惯习。

对于个体主义文化和文明的大类型特征我们已经有了直觉感受，我不想详尽地说明其细节了。但是，我们有必要在这里论证个体主义的继承性问题，就像我们对整体主义的继承性曾经作过的说明那样。

整体主义的权力传承是一种悖论。经过我们对个体主义的解剖和分析，我们可以说对于这一结论的理解会加深一层。一种文化和文明的运行和传承，要有一条可以延续下去的通路，这就是规范和原则的自反性。自反性就是限定别人的规范和原则同样限定规范和原则的制定者和执行者。让我们在心理学上对此提出一个最有说服力的证明。心理学中有一种心理疾病叫虐待狂倾向。著名的法兰克福学派的哲学家弗洛姆专门就法西斯德国的政治虐待狂作过分析。他把虐待狂解释为：虐待狂倾向的人对别人所做的事都不能反过来用于他们自己，也就是说虐待狂就是想对别人实施那些非人的待遇和非人的态度。我们做一个极端的设想，如果全社会都是虐待狂，那最后不是只剩下一个得胜的人吗？而这个人还去虐待谁呢？整体主义文化和文明的运行和传承就是依赖某一个虐待狂人格的暂时得逞，而这个虐待狂的下场肯定是被另一个虐待狂人所取代。整体主义是一种类似于化学实验中的卡璐振荡。

个体主义与整体主义的重要差别就在于，个体主义是把所有人和每一个人都看成是在同一个平面之上的具有共同本质的个体，而且一定要在个体的层面上来理解人和人类。个体主义能够把自己的原则和规范传承下去，而又不必要对前者和整个社会机制采取逐前否定的方式。之所以如此，这并不是因为个体主义文化和文明有什么灵丹妙药，而是个体

一
定
性

主义建立了一个永恒的信条：把每一个人都用一套规范和原则限定起来，绝对没有例外，没有条件，没有一刻不是如此。无论是谁，只要走上个体主义的宝座，社会的舆论就会对他格外关注和格外苛刻，就会有人专门对他评头品足、吹毛求疵、鸡蛋里找骨头。这样，个体主义文化和文明的模式就没有必要让某一个人传承和让某一个派别传承，只是这种文明和文化的模式肯定会永远传承下去。因为，它是个生命，它自己就是那种自组织起来自行运转下去的生命，就像地球是一个生命一样。由于个体主义文化和文明的模式不依赖于某个个体，个体人久而久之也就不再追求什么"千秋万代"之类的神话了。

二 转 型

　　"转型"是一个21世纪最走红的字眼之一。但是，许多人在使用它的时候却常常发生语义上的错误。何谓"型"？就是指可以在几何上定义和界说的那种图形。众所周知，几何图形的变化无论是一种怎样渐进的过程，到最后都会有一个质的突变过程。学术上称之为格式塔转换，就是结构的彻底变化。结构是和功能对应的元素或者部分组织起来的方式，功能则是结构处于运动状态所体现出来的系统性。因此，结构和功能是一个事物的两种表现形态。结构形成之后就使代表整体的系统在功能上不同于部分或元素的简单相加。结构和功能紧紧地联系在一起，同时，结构又表现为各种状态，即结构稳定性容许范围内的若干变体。这样，一个系统的演变就只能是发端于状态的微小变化和功能的涨落，系统的最终变化就是由不间断的涨落造成的。这就是比利时布鲁塞尔学派的普里高津①的耗散结构理论所定义的系统演化过程。这一理论之所以叫耗散结构理论，是因为只有处于耗散状态的系统才具有这样的特征，这类系统必须和外在环境进

---

　　① 伊利亚·普里高津（Ilya Prigogine，1917—2003），比利时化学家、物理学家，1977年诺贝尔化学奖获得者，非平衡态统计物理与耗散结构理论奠基人。耗散结构是指一个远离平衡状态的开放系统，由于不断和外环境交换能量物质和熵而能继续维持平衡的结构。对这种结构的研究，解释了自然界和人类社会的许多以前无法解释的现象。

行物质、能量和信息的交换。当系统处于远离平衡态的情况下，就会出现新结构，也就是实现了格式塔转换。转型就是耗散结构理论所研究的系统变换，这种理论的确对于文化的变化非常适用。

说到文化的转型，要想找到一个标准化的模本和样板，未免有点天真和浪漫。但是，我们可以追踪历史的遗迹和坐标，从中确立一些给我们以启发的事件和人物，让我们思索的路径和标示描述和记载一种个性化的过程，而不是普遍化的规范。当然，所有已经发生的那些带有个体主义色彩的文化演变过程，都不是某种设计的结果，而是偶然性的杰作。用这样的标准来给我们的文化转型叙事定位，还是能够有一些例证来填充这空白的。

作为文化来说，绝对是没有离开历史性的好坏和优劣之分的。但是，在一段确定的历史中，肯定会有与这段历史的要求相向还是相悖的客观性内涵。按着这样的观察和审视，给转型一个例证和素材还不是难如上青天的绝境。

还让我们拿美国为例。一方面美国自我标榜它是一个个体主义的国家，另一方面美国的文化除了个体主义之外，它也没有什么值得炫耀的东西，它没有传统和历史，没有悠久的典籍和象征。于是，拿它为证和为例，当然也就没有鼓吹什么文化绝对主义之嫌。

美国的个体主义究竟是从什么时候开始的？这是一个无从考察的发生学难题。韦伯的《信教伦理与资本主义精神》一书大量引用美国的例子，尤其是资本主义精神的定义和界说都是引证富兰克林的用语。这样，我们知道拿它来说事，可能不会产生误会。但是，从"五月花"号扬帆起锚算起，也不能说那就是美国人的文化起点。美国的先民来到了北美洲这块土地上还是没有脱离整体主义政治的统治和压榨。18世纪中叶的北美10洲还是英国的殖民地，以英国女王为代表的大英帝国的利益还是至高无上的整合力量和神圣基石。要不是那段时间里英国人对于北美殖民地采取了严苛的税收政策，美国人是否就能一定要愤而抗争英国的殖民统治，我们还不得而知。新教教义的正面教诲和英国政策的反向启动，才是北美殖民地争取自身解放的双重因素。

紧接着的北美独立战争和大陆制宪会议都是我们熟知的历史事件。但是，为什么领导北美独立战争的军事领袖和政治强人都是那样开明和优秀，那么豁达和智慧，这肯定也是一个或然率的杰作。像华盛顿、杰弗逊、汉密尔顿、亚当斯、潘恩、富兰克林，这些人都可以说是那个时代的佼佼者。他们制定了一套限制权力法律体系是值得称道的伟大业绩。限制权力首先就是限制他们自己，这就是 20 世纪的现代逻辑理论中一直争论不休的自我相关的难题。在逻辑和数学上，解决自我相关的悖论几乎是不可能的。为什么当时的美国拓荒者们就能有如此的先见之明和创造能力，顺畅而又及时地解决了这一难题？

回答这个问题真的是没有任何逻辑的线索和历史的确证。但是，我自己倒是有一个让人们思索的线索，这不过只是无数种可能性中一个还没有被人分析的一种可能性。在美国开国政治领袖中，华盛顿一直是这一群政治精英的核心和组织者，又是第一任美国总统。不过，与当时的其他美国领袖如托马斯·杰弗逊、詹姆斯·麦迪逊、亚历山大·汉密尔顿等相比，乔治·华盛顿缺乏创新的精神和深刻的思想。也许正是因为这样一种因素，才制定了一套限制权力的法制体系，也许是这些人从中领会了一种相互制约的体制比什么都重要的道理，也许是新教的精神就不容许在人类自己的范围之内确立一个人为的上帝，也许是政治家在这种情况下意识到了限制每一个人的权力膨胀一定会使每一个人受益。

下面这件事肯定和华盛顿的个人素质和个人性格密切相关，也和历史的偶然因素相关，即华盛顿在尚未任满两届总统的时候，就宣布了自己绝对不再任第三届总统。华盛顿在 1789 年当选为美国第一任总统。他组织机构精干的联邦政府，颁布司法条例，成立联邦最高法院。他在许多问题上倾向于联邦党人的主张，但力求在联邦党和民主共和党之间保持平衡。他支持 A. 汉密尔顿关于成立国家银行的计划，确立国家信用，批准 T. 杰斐逊所支持的公共土地法案，奠定了西部自由土地制度的基础。1793 年，他再度当选总统。为了缓和美国同英国的矛盾，1794 年 11 月 4 日华盛顿派出首席法官 J. 杰伊与英国谈判，签订杰伊条约，因有损于美国利益，遭到反对。1796 年 9 月 17 日，华盛顿发表告别词，表示不再出任总统，从而开创美国历史上摒弃终身总统、和平转移权力的范例。次年，他回到维农山庄园。

但是，如果没有一个几乎鲜为人知的历史人物的出奇作用，这一切完全可能是另一番模样。这个人就是乔治·梅森。

梅森是一个智慧的弗吉尼亚州人，与最初的四位美国总统华盛顿、亚当斯、杰斐逊和麦迪逊是至交和战友。但是，他却拒绝在美国第一部宪法上签字。也正是他设想出了《权利法案》。这是美国宪法的第一次修正案，此法在 1791 年通过之后，才使美国宪法成为一部可行的大法。

梅森曾经有过让美国的制宪会议代表尴尬的经历。在 1787 年，美国参加立宪会议的代表们要在宪法上签字了，全体代表中间只有三个人拒绝在新宪法上签字，其中一人就是乔治·梅森。他认为，根据这部宪法即将建立起来的联邦政府权力会过于集中，而且奴隶制仍然不能废除。另外，新宪法应该附有《权利法案》。这样的宪法没有保障民众的权益，所以，尽管他本人在宪法的起草过程中发挥过巨大的作用，但现在决定不再支持它了。

梅森是一个才华横溢的人。不过，梅森的意见能使其他合众国创建人折服，不仅仅是因为他思想的快捷与敏锐，而主要还是因为他与这些人在本质上有所不同——他无意于个人名利，而是醉心于对政治哲理的探讨。

与梅森交谈过的人都很难忘记他，他的语言既不温文尔雅，也不含蓄圆滑，而是除了带着几分幽默以外，只是一味辛辣的讽刺。杰斐逊直言不讳地说："他的语言既粗鲁又肆意，却生动形象。其中那些玩世不恭的哲理，的确发人深省，使人刻骨铭心。"

在周围的朋友当中，唯一对梅森性格不介意的人就是乔治·华盛顿，他们二人经常各自偕夫人相聚。他们几乎无所不谈，如农场、时装和奴隶。奴隶问题总是不可避免地出现在他们的生活中。实际上，华盛顿和梅森等当时殖民地的精英们从感情上已经厌恶役使奴隶这种做法了。

当华盛顿对"畜奴制"的认识尚在形成之中时，梅森已经旗帜鲜明地提出必须解放黑奴。但这事在当时却并不那么简单，因为他们认为，奴隶们没有独立生活和劳动的能力，一旦被解放，便无法生存下去；另一方面，对于种植园主们来说，解放黑奴无异于经济自杀。几年过后，奴隶问题已经使梅森感到忍无可忍，他认为解放奴隶已经势在必行。他还认识到，在考虑解放奴隶之前，一定要首先推行一项教育计划，使奴隶们能够掌握知识。

两位乔治皆以天下为己任，各自充当的角色却大不相同。华盛顿雄心勃勃，精力充沛，当仁不让地成了美国革命的领袖；而梅森的性格适合幕后策划。他们的合作可谓珠联璧合，相得益彰。华盛顿言语谨慎，处事稳重；而梅森则直言不讳，独步当时。后者明确提出政教分离等主张，还坚决反对无名堂的税收。

1775 年独立战争开始，华盛顿被任命为大陆军总司令，弗吉尼亚立宪会议邀请梅森接替华盛顿的职务，担任立宪会议的主席。梅森很快成为一位德高望重的领袖。出于天性，梅森对民众的权利特别关注，在长期从事制定法律的工作中，他倾注了大量的心血。他首创了一种政治磋商的方式以解决公民与政府之间的种种矛盾。

1776 年，弗吉尼亚召开代表大会，讨论如何改组立宪机构。年已 51 岁的梅森再次被拥戴为立宪会议的主席。大会责成他起草《权利宣言》，他感到责无旁贷，于是欣然受命。该宣言为后来制定宪法的修正案《权利法案》打下了坚实的基础。

同年的 5 月 4 日是个星期六，在这一天，罗得岛这块不大的殖民地宣布从英国独立，这条新闻使弗吉尼亚人大为激动。梅森满怀热情地加紧工作。但是他马上发现，宣言起草委员会里有一群废物，他们提出了上千条不切合实际的条款。梅森力排众议，在一周之内将这群成事不足败事有余的家伙全部推开，当仁不让地把握起草这一重要宣言的大权，大会的其他代表完全支持他的这一做法。

在《权利宣言》中，乔治·梅森第一次阐明了美国宪法的哲学思想和

转型

理论基础，这是美国政治观念的启蒙。其核心思想就是：政府的唯一目的是保障人民的"生存"、"自由"与"财产"。而人民的这些权利是"造物主赋予的，是不可剥夺的，比任何形式的政府都重要得多"。整整一个夏天，梅森为起草弗吉尼亚州宪法和《权利宣言》而呕心沥血，这就为他在11年后成为美国宪法的总设计师奠定了坚实的基础。

麦迪逊和杰斐逊都与梅森关系密切，并经常与他通信交往。这两位政治家能宽容他的一切怪癖，将他看做是一位独具只眼、智慧超群的天才。他所强调的"人权天赋，不可剥夺"这一观念，在当时的世界没有一个政府可能承认，更不要说写入宪法了。梅森首先将其写入弗吉尼亚州宪法，而后来的美国宪法才以这一主导思想为宗旨。只有保障了个人生存、自由与致富的权利，整个社会才能发展，每个细胞的健康构成了整个肌体的健康。这一重要思想被乔治·梅森超前地提了出来，并以法律的形式加以确定。

在起草著名的《独立宣言》时，梅森极力促成杰斐逊当此重任，因为他认为杰斐逊在许多方面的条件优于自己，其中最重要的一条就是杰斐逊的受教育背景及人格赢得了大家的信赖。其实大家也公认："我们信任杰斐逊，但是他的动机和内容显然是由乔治·梅森所提供的。"在起草《独立宣言》时，富兰克林和亚当斯协助杰斐逊仅仅将梅森的《权利宣言》作了一些文字上的改动，使之成为历史上最著名的政治文献之一。

1787年5月，梅森又被邀请出席联邦立宪大会并参加制定联邦宪法，这一重大事件又使他感到责无旁贷。梅森自始至终坚持着自己认定的原则。在起草宪法的整个夏天里，他同反对者进行了不懈的斗争，他所坚持的做法有时甚至违背他的自身利益或弗吉尼亚州的利益。为了保障普通人的合法权益，他敢于向任何权贵挑战。他坚持要给予新开发的西部各州完全平等的待遇。他担心联邦政府权力过大会损害各州人民的利益。另外，他还坚决反对买卖奴隶。而其他代表不同意他解放黑奴的要求使他十分失望，还仅仅是他与众代表许多分歧中的一个。到了8月份，他已经宣布："我宁愿砍下自己的右手，也不会在这部宪法上签字。"立宪大会即将结束，梅森提出起草一部《权利法案》以补充宪法。但是，当代表们对此提案进行表决时，大多数代表显然都不同意他的意见。在每州一票的表决中，结果是10：0，就连他自己的州也反对，这对他是一次致命的打击。

尽管新宪法于1789年1月4日宣布正式生效，但是梅森的反对无疑为它蒙上了一层阴影。最感沮丧的人是美国首任总统乔治·华盛顿，因为他将按照所颁布的新宪法执政。他认为这是梅森对他的公然背叛，富兰克林都签了字，为什么梅森就不能签呢？他俩自幼是知心好友，在战争年代又增进了友谊。但是，梅森后来在自传中写道："……不能将个人的好恶强加于世人。"尔后，梅森断绝了与华盛顿的往来。立宪大会后的第五年，梅森与世长辞。他死后不久，华盛顿又开始称他为自己的故友。

就在立宪会议结束的几年后，梅森付出的牺牲开始有了效果。在国会第一届会议之后，麦迪逊主持通过了《权利法案》，实现了梅森的愿望。对此，远在贡斯顿庄园的梅森发表了评论："我从最近通过的联邦宪法的修正案中获得了很大的满意。如果再能通过两三个这样的修正案的话，我愿意再次全身心地投入新政府的工作。"遗憾的是，他在1792年10月7日死于疟疾。更加令人遗憾的是，他在遗嘱中并未提出解放自己庄园的黑奴，如此壮举却让给了乔治·华盛顿。身为首届美国总统的华盛顿，深受梅森的影响，看到了蓄奴制的丑恶，临死时在他的遗嘱中遣散了自己的所有黑奴，此事被传为佳话。

我在这里之所以不厌其烦地介绍梅森这个历史人物在美国文化形成过程中的作用，就是要向世人说明一个伟大的真理：历史的创造并不是总由那些声名显赫的大人物完成的。正是由于许许多多像梅森这样的历史人物，在最关键的时刻起到了牵一发以动全身的作用，才使历史按着今天的走向不停顿地发展下去。事实上许许多多的小人物在历史书上微不足道，不值一提，但是，正是他们的一举一动、一点一滴，并且在他们非刻意追求的情况下，完成了他们对历史的创造和转变。这验证了一句名言：人民群众是历史的真正创造者。

当然我们还不能忘记在19世纪中叶，美国人打了一场南北战争。反对

转型

奴隶制的杰出代表林肯总统付出了生命的代价，才使得美国在制度上走出了蓄奴文化的牢笼。美国即或在制度上废除了奴隶制，而在实际生活中还是有种族歧视的阴影，甚至是种族迫害的暴行在各州盛行着。可见文化的转型和确立其实是一个自然的历史过程：人在历史中创造自己的历史性。

我们在"转型"这一章中就是要解释和揭示怎样在结构和功能之间，什么因素把一个整体主义的社会组织方式和文化类型逐渐变成一个个体主义的模式和结构的。

1 市场化

市场是什么？这绝对不是由经济学的简单性原则可以一言以蔽之的操作性概念——资源配置方式。市场在不同的学科中应该有不同的解释。市场甚至是一个绝对独立的生命，就像霍布斯①称呼人类社会为"利维坦"那样。虽然利维坦是一个怪兽的名字，一个吃人不吐骨头的恶魔，因此这个命名总给人以贬义和怪诞的印象，但是，至少它有自己的生命，也就是说人类社会具有生命特征。这不能不说是一个伟大的创造。利维坦的生命是和生物体的生命绝对不一样的，它有独特的生命实现方式。这种生命实现方式在霍布斯的时代只能是由霍布斯天才的整体类比和直觉感受，不可能是科学的论证和系统的解释。但是，到了 21 世纪，对于社会这样的事物，说它是利维坦式的生命已经完全可以在学理上成为条分缕析的对象了。

生命的概念在 20 世纪经历了一个翻天覆地的语义变革。19 世纪人们把生命理解为蛋白质的特殊组织形式，这是把生命这样复杂现象囿于生命载体的狭隘解释。当计算机成为了人类模拟自己的最重要的物质手段之后，人类

38

---

① 托马斯·霍布斯（Thomas Hobbes，1588—1679），英国的政治哲学家。他在 1651 年所著的《利维坦》为西方政治哲学的发展奠定了根基。

中的天才开始一个伟大的智慧长征，对于生命现象的认识正是这场伟大的智力革命的重要组成部分。计算机是人脑的模拟，甚至也可以说是人类生命现象的模拟。人们在计算机中发现，即或是计算机病毒都是生命的形态，即一种自组织的形态符号编码，只要有合适的条件，计算机病毒就会自己在计算机中成为一种存在形态，而整个计算机只是它的背景和舞台。从计算机病毒的例子中我们可以看出，生命这个东西是一种功能性的定义，而不是质料性的定义。正是这种语义上的变化，给后来的学者以更大的空间来研究生命。生命的深入研究为市场的认识论提供了可资借鉴的武器。

20 世纪 70 年代，地质学有一个伟大的突破，那就是关于地球现象的"盖雅"假说[①]。英国地质学家拉弗洛克和马格丽斯研究地球的历史和现状，他们发现地球上的硅碳循环形成了川流不息的时间序列，每隔一段时间就会出现一个自然的周期；而且地球上的生物圈、水圈、大气圈都在向着更有利于生物生长的方向变化，只是人类的出现给地球造成了伤害。为此，他们给地球一个非常有趣的名字：用大地女神"盖雅"的名字命名地球地质现象。这项研究成果预见了火星等其他天体的地质现象。同时，这项研究最杰出的地方就是把地球的生命现象中那些信息增值的结果证明了，也就是说地球的生命同样是进化的，这和有机性的生命是完全一致的。这就是盖雅假说最成功之处。于是，我们也就可以推导出生命的第一个特征一定要自组织；生命的第二个特征一定要进化，即和宇宙的熵无限增大的趋势正好相反；生命的第三个特征是不可逆，即生命的繁衍过程中不会出现倒退的可逆现象，例如，乌龟进化到爬行类已经比鱼类高级，乌龟不能再生出鱼类来。这已在雅各·莫诺的《偶然性与必然性》[②] 中给予

---

① 盖亚假说（Gaia hypothesis）是由英国大气学家拉弗洛克（James Lovelock）在 20 世纪 60 年代末提出的，后来经过他和美国生物学家马格利斯（Lynn Margulis）共同推进，逐渐受到西方科学界的重视，并对人们的地球观产生着越来越大的影响。同时盖亚假说也成为西方环境保护运动和绿党行动的一个重要的理论基础，它认为地球环境就像希腊神话中的大地女神盖亚那样，是一个生命。

② 雅格·莫诺的《偶然性与必然性》出版于 20 世纪 50 年代，它阐述了生命和人类的产生都是偶然性的杰作。

了说明。赫伯特·西蒙在其《人工科学》① 一书中对生命现象的定义与此完全一致。

假如我们接受了以上的生命定义和描述，那么我们再考虑霍布斯的"利维坦"这类生命的时候，似乎就要慎重一些。社会的确是一种有生命的事物，我们可以在上述对生命的定义中真的找到社会的生命特征，如自组织、进化，这两项几乎天衣无缝的吻合。但是，不可逆就有点问题。人类社会在有些形态的情况下却是可逆的。这又怎么解释呢？

有些社会的确是完全符合生命的三个条件。这类社会的生命并不是在场性的个体权力传承，而是结构传承。结构完全可以对个体人起到制约作用，结构的设计（当然是没有明确的设计者的设计）就是为了制约个体人的人性成分的。所以，结构原则是至高无上的，结构信息是自由流动的，结构凝聚力是强于任何个体人的。这种社会的有机性就是结构的传承性。个体人就像人体的个别细胞，细胞可以按着自己的选择去行动，但对整体性并没有本质的影响。这种社会我们称其为生命有机体社会，其最典型特征就是它们不死。不死就是说社会的结构会越来越完善，并不能因为某个人死了，或某个集团死了，社会就会出现断裂和时间的中断。这种社会的确是合格的生命。生命的本质是最高层次的功能和形态表达跟低层次的结构与功能只有间接的联系，低层次原子化的事物只是更高层次的支撑和基础能源的提供。因此，生命是一种凸显性的事物，是一种超越和维度的增加，就像宇宙是四维时空而我们只能观察到三维时空那样。于是，作为生命体的社会，其整体性是一种超越，一种凸显，一种增殖，一种结构决定，一种自组织，一种神性的显现。在这种社会中，个体人的作用完全处于二律背反之中。首先，个体人必须享有充分自由，因为在个体人充分自由的情况下才能发挥其最大潜能和提供最大的贡献；其次，个体又必须在结构的规范和制约之下，从事自己人生和事业的追求；最后，个体顺应整体性的需要，同时又同化整体性到自己的人生氛围之中。从这三点来看，

---

① 赫伯特·A. 西蒙：《人工科学》，武夷山译，上海科技出版社，2004。

人和社会的关系又有点像生物和自然界的关系，即皮亚杰①在其《结构主义》和《儿童心理学》等书中所说的儿童心理成长过程中的同化和顺应的关系，这就是个体主义文明和文化类型造就的社会形态。作为一种永恒的生命现象，自然而然，它是具有生命活力的有机体，它的发展既有奇迹又有契机，既有个体的自由又有整体的空间。由此亦可见，个体主义的文明和文化也有益于整体的发展和进步。

有的社会具有生命特征的第一项和第二项，即有自组织现象和局部进化的现象，但是缺乏不可逆的生命特征。可逆是说它在一定情况下会回到从前的某一点上，即它有一种循环现象。人类社会必然有自组织特征，因为生物的种系有相当一部分具有社会化功能，就像蜜蜂、蚂蚁等昆虫，以及像灵长类的猴子、黑猩猩、大猩猩等。这些生物都有自组织社会化的功能，这说明自组织是生物种群本能的一部分。有了自组织功能，就会有进化现象，因为自组织会表现出和宇宙的熵增加相反的方向，也就是信息的增加和有序化的增加。这样，无非是说社会具有这两项特征其实只是生物界的普遍现象，是生物功能而非社会功能在发挥作用，是生物性的体现而非社会性的体现。这就是说这类社会其实并不是在进化，只是生物的本能推动着群体形式的实践而已。换句话说，这样的社会没有社会进化而只有生物的生命演进，这只是一种伪社会，或者说是社会形态掩盖的生物社会。

是什么使得这类社会成为了伪社会和纯粹的生物社会？这是值得我们认真思索的最重大问题。答案要从人的类本质入手。

哲学人类学把人说成是特定化的动物也好，说成是客观性的动物也好，符号化的动物也好，以及社会性的动物也好，似乎都没有抓住问题的症结。意大利社会学家帕累托的一句话倒是切中要害，他说人是非理性的但能进行理性思索的动物。结合基督教经典对人的判断和描述，即《圣

① 让·皮亚杰（Jean Piaget, 1896—1980），法籍瑞士人，当代最有名的儿童心理学家。他关于儿童认知的发生认识论研究仍然是该领域的经典。

经》中关于人既是罪性又是神性的断言，可以把人的类本质揭示得十分充分。罪性和神性的结合是在一种悖论和张力之中的奇迹般的搭配。人的罪性本质和人的神性本质处于正反馈的张力之中，如果没有神性也就没有所谓罪性。因为只有神性才能把理性思索的能力达到极致，从而用逻辑性和整体性原则来实施自己的计划和目标。这种神奇和神秘的力量是世界上任何种属都不可能具备的。这里的神性不是指道德的自治力，而是指人运用理性的思考能力。基于这样的分析，人的类本质就昭然若揭了。人就是野兽和神迹的悖论和张力中的结合。有了这样的理论准备，再来分析人类社会中那种用社会性掩盖的生物社会就顺理成章了。

如果没有社会化的合理的结构、规范、原则来限制人的类本质的扩张，而把罪性和神性都趋于极端，人类社会就会掉入另一种悖论和张力之中一切整体性的社会，都是用一种叠罗汉的方式把所有人的需要、希望、目的、计划、思想、行为、传承等人类生存论状态中的成分累积起来，这就是整体性的拓扑结构。叠加的结果和结构就只能是最上边那个人的需要、希望、目的、计划、思想、行为、传承等生存论状态，成了整体性的代表和压在其他人之上的面对虚无的存在。

这样的社会不仅没有空间也没有效率。说它没有空间可以从其拓扑结构的形象比喻中直觉地获得，说它没有效率可以从其一元化和一元性的活动空间中理性地获得。发展就是多样性的展开，进化就是基因的变异，同样是多样性和多元化的运作。那么，这种虚假的整体性社会从来就不会有真正的生命，它所拥有的进化特征只是生物性显现。当整体主义作为一种文化和文明的类型而不是自然化的整体主义的时候，就一定是有人在把整体主义变成推行个人目标的工具。所谓自然化的整体主义就是指人类初民在文化和文明发生的时候，一定是自然而然地采取整体主义的形式，因为在那种情况下整体性是对个体的保护。

整体主义在某一阶段也可能造成一种发展和繁荣的假象，希特勒的第三帝国就曾经在短暂的时间里给人以这种假象。但是，由于整体主义不能传承，它的权力要么被他人夺走，要么被后来者改变了初衷，要么被其他文明和文化类型彻底打败。在还没有真正认识清楚整体主义的弊端之前，整体主义总是在自己的权力话语的传承上出现梗塞，某一个人格化的权力一定是被另一个人格化的权力所代替。这就会出现倒退，出现反复，出现可逆性。于是，我们完全可以说，整体主义文化和文明只是一种特殊形式的生物性社会。

实现人类社会的生命形态，或者说营造个体主义的社会，打垮整体主义的虚假社会形态，有一个得心应手的武器，那就是市场。

市场从表面上看只是一个社会性和社会化的交换体系，这只是狭隘经济学的定义和界说。其实这种看法只是市场的结果分析，而不是市场的发生学解剖。从源头上去观察和从运作方式上认识，我们就会在市场的杰出贡献中看到人类的发展是怎样把整体主义抛进历史的垃圾堆的。

市场的确是交换体系的总称。但是，市场刚刚组织起来的时候，交换绝对是个体人发展自己、壮大自己、支撑自己的结果。只有把自己的单向度才能和单向度追求达到一个绝对超越他人的情况下，也就是自己的生产产品有了盈余，才有交换的必要，这正是人类个体从整体主义中分解出来的标志。同时，交换还是一个最大的自主性行为——交换双方并不需要别人来替自己决定交换的品种和数量，而完全由交换者自己决定。这就是哲学中所说的主体性。当主体性来作出决定的时候，社会权力在市场交换体系中就没有必要直接参与交换的过程。市场交换像整体主义的社会行为一样，也需要一个充实的背景和舞台。但是，整体主义的背景是否定性的权力，即那种限制他人自由和管制他人行为的权力；市场的背景却因为这种新型社会行为的特点而选择另一种事物，那就是货币。历史上有一种说法，认为西方地理大发现就是找到了金钱，从而奠定了市场成熟和发展的条件。当然，这是已经发生的事实，这样总结并没有错。然而，我们更应该看到市场的力量同样会为自己缔造出交换的背景和舞台，这就是因为货币具有和市场相适应的本质。

整体主义既不能分解，不能让与，也不能传播。当市场走近人类社会的时候，市场拥有了自己的背景和整合工具，这就是上文所说的货币——

转型

一种新的结构信息和整合方式。货币可以分解，就是说货币可以从一定数量的整体性变成更小的单位，如一美元可以分解为100美分；货币可以让与，货币拥有者让与了货币不会危及他的生命。但是，货币同样不能传播，就是说不能我拥有了一定数量的货币，别人也会拥有同样数量的货币。这三条属性正是个体主义所需要的。货币可以变成更小数值的单位，才能顺利和通畅地实现交换，才能让在交换中把等价原则贯穿到底；货币可以让与，才能在交换中实现实物和货币之间的置换；货币不能传播，才能使货币拥有者因为持有货币而产生更广泛的购买权力和购买欲望，才能把主体性的身份和自我持守的需要变成现实的条件。从这个意义上看货币的原则就是个体主义的基石。

货币在经济学中有五大职能：流通手段，价值尺度，储藏手段，支付手段，世界货币。价值尺度就是用货币衡量商品的价值，流通手段就是通过货币的流通而使经济运转起来，支付手段就是用货币来支付诸如税收、欠账等价值转移关系，世界货币就是国际间的贸易往来使用的货币。在经济学和经济实践中，这几种功能都是非常重要的。但是，在文化学中，储藏手段则是更为重要的职能。所谓货币的储藏手段就是把蕴涵在商品中的时间和空间储藏起来。商品在其可以使用的范围内表现为时间和空间，这是不言而喻的。例如，100吨啤酒可以占用一万米库房，可以在100天之内饮用。如果把这100吨啤酒换回20万美元，这20万美元就等于蕴涵了和100吨啤酒相同的时间和空间。依此类推，占有了货币，就是拥有了权力。

市场化就是个体主义战胜整体主义的过程。这一过程既包括货币和权力的不等价交换，也包括货币作为权力的媒体会激发起个体性的无穷无尽的力量。市场化是一场个人才能和本事的大竞赛，因为市场化是为生产者和交换者自己的利益奋斗的文化和文明类型。这样，市场化就又在另一个方面占据了上风，即市场化和个体人的本性相一致。人是利益和动机统一的主体，而且利益和动机又是必须服从理性判断的，这就是说只要有获得利益的机会，人就会把动机和利益放在筹划和准备、程序和保险的天平上，进行真正理性的经济活动。这样，人的效率就会加倍。市场化就是这样把个体人的潜能动员起来，把个体人的欲望动员起来；同时，每一个人的充分利用又反过来促进整个社会的进步。市场化中每一个人的成果最大，整个社会的发展速度最快。因为全社会的效率是多样性和多元化的产物，这样，社会就变成了一个有机体的生命。而社会的不可逆规则又保证了这种有机体不会倒退，个体人自然而然向往着这种人类的组织方式和资源配置方式。

市场化对于合理的社会结构的形成具有十分重大的意义。社会大系统包括四个子系统，即政治子系统、经济子系统、文化子系统和生物子系统。其中的政治子系统从其功能上看是实施对整个社会管理和组织，这样它天然具有优势来把自己凌驾于其他子系统之上，这就是政治本位意识的形成和整体主义猖獗的根源。只有这四个子系统成为一种平面化的结构才能真正把社会的整体主义打破，形成合理的社会结构。市场化就是这种力量中真正自发的而又能在一定条件下变成自觉的那种前进的势能。市场让每一个人最大限度地发挥自己的实用价值，又最大限度地实现自己的交换价值，所有参加市场交换的人的集合，形成一股巨大的经济浪潮西方封建主义统治同样是一种整体主义的桎梏和碉堡，正是市场化的力量把封建主义带上了历史的审判台。西方的地理大发现中给其带来划时代突破的并不是土地和对新大陆的占领，而是金钱。金钱把市场化推向了如火如荼的顶峰，社会实现了平面化的新的组合方式。调整、规范、运筹、谋划、决定、推进社会行为的原则、步骤、程序，理论不再是那种在场性的把握于某个个人或某个政治组织的手中，而是凸显在社会的各个子系统组织成的大系统之上。这些被称为结构信息的理性精髓同样组成一个思想的大系统，并由人们尤其是知识分子去品评和批判，去完善和雕琢。这样社会这个生命体就由每一个子系统和每一个个人的自觉行动来完成其整体性的生命过程。这其中显然存在一个二律背反：越个体化就越整体化。整体一定是所有人和每一个人的功能所构成的系统效应。

市场化让人看到了自己的力量和自己选择的重要性，这就给个体人以主体性成熟的机会和可能性。所谓主体性就是人自觉意识到自己是人的那种精神启蒙和脱离动物本能的类本质回归。人类的本质在本书中可以被定义为罪性和神性的悖论结合，这里既包括对罪性的自觉抵御又包括对神性的自觉追求。当每一个人都把主体性装进自己的行为准则之中时，人第一个自我意识的成熟就是对自由和普遍人权的反思。个体人就在这一过程中成长。

市场化会自然而然地给整个社会带来巨大的社会财富。这是因为它能把每一个人的潜能充分调动起来，它能让人最大限度地实现投入和产出的平衡，把属于自己的东西和价值收归己有。这样，市场化就让每一个人，不管其能力大小，皆可以在市场化中多多少少受益。生存状态的改善和提高将是普遍的和高速的。经济实力的增长会使人们提升自己的追求层次。众所周知，人类的需求等级是无限升迁的，最底层的饥渴、性等生理需求满足之后，人会对安全、归属、尊重有更大的需求，最后到自我实现的需求时，人更多的是对平等和自由发展的追求。所有这些都是在一定的经济水准之上才可能实现。于是，我们说市场化是一种解放的力量。

市场化就是个体主义化的重要表现形式。

中国的市场化有一个宏伟的开端。当一个把市场当成罪恶的时代突然结束之后，全社会几乎每一个人都对新的生活方式和新的经济模式有一种好奇。对旧的存在状况和旧的生产理论厌倦的时候，中国在这一刻十分幸运——改革开放的伟大决策把市场化引进了古老的中国大地。

中国市场化的突破口也有点神奇和庄严。20世纪70年代末期，安徽省凤阳县的一个小小村庄引领了中国伟大的市场化进程。那里的十几户农民神秘而又严肃地解构了当时的生产模式。这本身不既庄严又神奇吗？他们的追求就是土地由个体人和家庭去经营，去管理，去收成，去交换，仅此而已。在当时，他们的确要冒很大的风险，也的确有人难为了他们。然而，他们是幸运的。当有远见的改革家需要有人率先垂范站出来的时候，上下就形成了一种包围的合力。加之，举国上下都需要把肚子填饱的时候，本能的欲求绝对是攻无不克战无不胜的力量。那些人口稠密人均土地面积很少的省份和地区，首先实行了土地家庭承包制，也就是分田到户。这样，在中国几个大省逐渐推开了农村土地包产到户的热潮，这不仅是生产的需要也是市场的需要。最早实行家庭承包制的省份和地区，劳动力早已超过土地的需求，实行土地的家庭承包就可以有相当大一部分劳动力从事其他产业，这就是当时红极一时的乡镇企业的由来。也就是说满足了土地对劳动力的需要之后，剩余劳动力一定要走进市场去寻找自己的出路。所以，在那些最早实行土地承包制的省份和地区就最早进入了真正的市场化进程。正是这些最早实行土地家庭承包制的广大农村，解放了大批的农民和手工业者，他们最早自发地进行了初级市场化的尝试，即办起了家庭作坊式的原始工业。这些原始工业虽然设备陈旧，工艺落后，技术粗糙，但是，他们的经营方式灵活，资金使用便利，决策程序简单。

当乡镇企业把自己解放出来的时候，全社会就形成了一种普遍解放的需要。城市的工商业如果不实施市场化，那么城市的生产力和人口都不能得以解放。

最开始的城市市场化是由一句口号引发的。"让一部分人先富起来"，这里蕴含着一个伟大的真理，即机会均等。这个振聋发聩的声音在我们耳边荡漾，任何人也无法抵御它的诱惑，尤其是那些没有社会职业和社会职业不理想的人。加之国家放松了对市场的管制，各类人等都会在这种情况下投入这市场的汪洋大海。一些人没有被他们的出身和社会地位而被诘难，这本身就是一种号召和承诺。这是市场化风起云涌的精神力量。

当城市的工商企业实施经营承包制的时候，市场不仅不再陌生，而且简直就是无数人发家致富和成才发达的摇篮了，这离农村家庭联产承包责任制的土地经营方式的改变仅仅四年时间。几乎所有的中国人都看到了市场是给我们财富和机会的天堂。城市的市场化肯定因为城市有巨大的市场前景，而它首先是在市场规模上扩张。1985年，全国的公司昼夜之间就增加到28万家，当然，有相当大一部分公司只是所谓的"皮包公司"，也就是所有公司的一切都放在一个皮包之中。有一句话夸张地说出了当时的情景：十亿人民九亿商，尚有一亿待开张。这其中蕴涵着多么巨大的物质力量！市场就是一架最好的激发个体主义创造力的机器。

1985 年前后的公司剧增的确是一种畸形现象，它反映出市场的缺失太久太久，反映出对市场的企盼太大太大。当时，国家整顿公司又的确是必要的。到 1986 年底，公司总数下降到 17 万家。但是，好景不长。1987 年底和 1988 年初，公司数量有剧烈反弹。凡是和市场化进程相关的行政部门都在这种情况下滋生了人格化的经济追求。"人是人"和"人是自己"的确需要市场这个神奇的力量。市场化的深入是一个不可阻挡的历史潮流。资本的市场化、金融的市场化、房地产的市场化一步步走进了中国人的身边和中国人的心里。股票在深圳和上海的上市标志着资本的市场化在中国站住了脚跟。上海的炒股大潮在昼夜间就成了市民们最普遍的梦想机遇，昼夜间就有人一跃而成了百万富翁。深圳就更是让人羡慕不已的冒险家乐园。深圳原有的居民把自己家的那点土地盖上简易的房屋，就能收回成百倍成千倍的货币。深圳的股票公司成立之后，数不胜数的冒险者趋之若鹜去那里淘金。在这些冒险性大的市场上崛起来一大批资本持有者，这正是市场化的必然结果。

个体主义向整体主义示威和抗争，是一种下意识和不自觉的过程。上边所提及的这些事件和趋势，都是宏观的总结和分析。假如我们再加上一点微观的探索和描述，也可能对我们理解个体主义的威力和作用更有帮助。

在中国个体主义演进的大潮中，一个有代表性的人物要数牟其中。牟其中是四川乐山人，生于 1940 年。高中毕业后因为成分不好没有考上大学，进入家乡的一家小玻璃厂做工。探索的天性使他很不安分，他集聚了几个年轻人成立了一个叫"马列主义研究会"的非官方承认的组织，并且还发表了名为"中国向何处去"的文章。这在那个时代可是忤逆不道，冒天下之大不韪，于是他和他的伙伴被抓进监狱。牟其中被判死刑，但迟迟没有执行。在狱中的四年多艰苦和死神擦肩摩踵的生活并没有泯灭他的意志。在出狱前他只知道奋斗就是他的天职。20 世纪 80 年代初，他组织了一个公司，是专门给销路不畅的企业打开销售渠道的。在这种对于中国人来说有点奇怪的商业活动中他非常成功，其中的最大手笔是打通了中国和俄罗斯民间贸易的渠道。他用中国的积压的轻工业品换回来了四架俄罗斯的飞机。这可以说是奇迹，是超越，是明知不可为而为之的天才之举。后来他又发射了民营电视卫星，创造了新的奇迹。

20世纪90年代中期，牟其中妄想狂的性格和时代对他的宠爱达到了扼杀他的程度：他的公司因为欠债而虚开信用证明从银行贷款，这种行为无疑是诈骗。后来牟其中被武汉某法院判处无期徒刑。据说他在监狱中还在坚持锻炼，坚定不移地相信自己的使命还没有完结。

牟其中的身上诚然反映出个体主义在膨胀和失去理性控制后的悲剧，但是，我们从牟其中身上看到了一种市场的动员机制和市场的无穷魅力：市场就能让人身上那种向上和向前的力量复活和躁动，市场就是能给人以取之不竭、用之不尽的能量源泉。一言以蔽之，市场就是个体主义的炼狱和熔炉、加油站和动力泵、发令枪和领奖台。当然，市场的成熟也伴随着人类社会文明的解构过程，这个过程同样是一种自觉的人类行为，是一种趋势，一种向心力，一种历史的必然。这里的原因其实是一个简单的逻辑：一旦踏上市场化的路径，最终的结局就是决定论的，也就是说整体主义必然被市场化打败。

2 互联网

个体主义文明和文化的演进，要是用一句政治学术语来总结，那就是通常人们所说的"解放"。解放的实际含义就是权力和权利的均衡，权力在多元化和多样性的社会行为之中的合理分配，权力实施过程中的相互制约，以及权力最终变成减少社会运行成本的结构要素。在这个意义上，人类文明发展的所有成果都会加入解放的洪流。对解放的作用和贡献是最大的，第一要属人类自身的组织方式，其中包括对权力的组织、对生产和交换的组织等。把权力话语放在平面化的结构之中，让规范与

转型

原则成为最高的决策者和仲裁者，这无疑是人类的最大进步。生产是指能够给人类直接增加物质财富和精神财富的那类活动。对生产的组织也许是所有组织中与人类的关系最直接的，因为生产最能体现人类的类本质和人类的特征。当一个人能够创造自己的本质的时候，他就最能体现人类的特征，同时就获得了生产的优先权，也就是经济学中所说的通过分工选拔那些能够把人类的才能发挥到顶峰的人。让他们从事该项生产，并保证把每一个行业中这种登峰造极的人都安放在这种生产的最佳位置，并且让这些顶尖人物能够获得真正属于他们的收益。由于他们的生产早已超过自己使用的限度，必然通过交换获得在其他方面的补偿，即交换的合理所得。这自然而然就成为了人类的最佳搭配和最大效率。发明了生产的组织方式就把世界带入了今天的境界。这种发明即法国历史学家布罗代尔所说的资本主义的经济技术，即契约制、会计双轨制、保险制度、专利制度、知识产权制度、违约惩罚制，加上后来的管理体制，整个形成了一套保护优先性和优先权的制度。这才是真正意义上的解放，这种解放表现为个体人获得了实现自己类本质的权力。由此可见，人类自己的组织方式有多么重要。

第二类要属科学技术的发现和发明。科学是那种只为知识本身的需要而进行的求知探索。人类的实践和历史已经充分证明了一条颠扑不破的真理：科学没有自身之外的目的，没有自身之外的动力，没有自身之外的动机，只能是为了科学本身；一旦有了外在性的动力、目的、动机，就会有外在的需要和压力使科学的精神异化和变态，也就是说绝对获得不了真正的科学规律和原则。那么，人类就要保证科学的内在化和内在性条件。当科学积累了必要成果时，一定会有人把科学的成果变成一种物质化的表达，这就是技术。技术就是把科学用物质的形式克隆下来，技术可以称为科学的物质克隆术。科学一旦变成了技术，就变成了人类可以直接应用的东西。于是，科学和技术就是对人类的解放，因为它们真正增加了人类对自然和环境的控制和运用的权力。

然而，有一类科学技术的发现和发明不仅在与自然的关系上使人类有了更大的把握能力，而且还促进了人类自身组织方式的改进和提高这种真正意义上的解放，即对于自然的自由和减少人类自身的束缚于一体。像冶铁的发明就是人类进入国家的关键的物质材料，有了这一步人类才能走向农业社会；碳这种元素的使用是人类实现工业化的前提条件，正是碳的神奇作用把诸如蒸汽机、内燃机之类的现代机械带给了人类社会，使世界的组织方式发生了质的变化，迎来了分工的现代模式，缔造了资本主义这样的经济怪物，实现了人类社会的整体性飞跃。但是，所有这些科学技术的作用和今天的一种科学技术的前沿状况相比都是小巫见大巫，这种科学技术就是计算机科学和技术。

计算机科学是把两个最能代表人类智慧高峰的学科结合起来的结果，这两个学科就是数学和物理学。数学中的二进制是一种只用两个数字即 1 和 0 就可以实现无穷大数计算的数学技巧，这种进制方式所得的结果当然和十进制是完全等价的。物理学在 20 世纪中叶发现了半导体材料。半导体就是具有"开"和"关"两种状态的导电现象，而且"开"和"关"正好和 1 与 0 完全同构。这样，物理学就和数学结合在一起，实现了一种新的创造模式，即用物理学的时间性实现数学的无时间性的伟大创举。在我们的世界上，绝大多数的信息形式可以用数学来表达，也就是可以转换成二进制的数学形式。于是，人类就把信息态的物质表达式完全建筑在世界上最快速度的电子传输上。

20 世纪中叶的美国，处在冷战的严峻状况下，时刻有被当时的最大敌人前苏联突然打击的风险，而风险最大的是中央指挥部的计算机系统。为缓冲这种风险，美国人想出了一个十分巧妙的办法：把计算机中心的数据分成上百个计算机在不同的地方储备起来，相互联网，亦即把一个中心分解成无数个中心。这就叫解构，一种被后现代的思维模式宠爱和青睐的思维特征，正是解构的这种人类独享的最高的方法论原则把世界带到了现代化的进程之中。解构就是在平面化的拓扑结构之上，凸显这种产生规范和原则的平等和平权的操作模式，才使人类有了今天的政治高度有序状况，彻底脱离了动物世界的丛林法则。美国人的智慧和后现代的理念究竟是一

种巧合还是纯粹后现代的产物？我们不得而知，但是，其后现代实质是无须置疑的。

计算机科学和技术的发展风驰电掣。每18个月就更新一次的摩尔系数又有被突破的迹象。计算机物质形态的发展极大地促进了计算机的应用和发展，而其中最显赫的就属网络技术和网络的应用了。这其中原因并不是因为网络的物质方面的进步，而是网络代表着一个新的可能世界。

世界是人类的生存论状态和其所栖身的大环境和背景的综合和系统，把世界想象成只是有物质状态的能让人类置身其中的地球生态系统是肤浅的。早在18世纪，德国人莱布尼茨就对可能世界侃侃而谈他的看法，他认为我们的世界只是无限个可能世界中最好的那一个。到了20世纪，模态逻辑的发展给可能世界的理论以无限的发展空间，像克里普克、刘易斯等逻辑学家构造了许多模型来证明可能世界的形态和特征。现实化的世界只是无限个可能世界中幸运地进入了我们生活视野的那一个，还有无数种可能世界在等待着我们用自己的双手和智慧去创造去开发。网络就是我们人类创造出来并开发成功的又一个可能世界。

网络世界是一个纯粹信息态的世界。在这个世界中，全世界的每一个人都能有一个纯粹属于自己的空间。这个空间只有一个维度，那就是时间。其信息态所占的空间已经到了可以忽略不计的地步，目前的网络带宽完全可以容纳整个人类的充分使用。栖息在这个世界不会有和他人直接冲突的可能性，每一个人在理论上可以说都有一个平等的网络家园，在这个网络家园中充分享受信息态给人类带来的喜悦和成功。同时，一切世界上的事物都有信息态形式表达式，也就是可以用信息态模拟四维世界的一切事物。于是，在网络世界上可以实现一切精神生活。那么，在网络世界上生活和利用网络资源就成了一种权利和权力。

人类的权力和权利是一个不断进步和进化的过程。当人类处在蒙昧的早期，原始人类能够吃到食物，住进暖处，就是生存权利和权力的最初形式。当人类组织起来形成一个种群时，个体被种群所认同就是一种权力和权利的实现。当人类进一步组织成国家时，被自己所在的国家保护就是最

52

大的权力和权利，也只有在这一阶段整体主义才有其存在的必要，爱国才是一个和人类的发展相适应的口号。紧接着，人类的脚步又踏进了一个新的历史阶段，即人类普遍的话语权力和权利的新时期。在这一阶段，代议权（既由他人代表自己或自己代表他人来参加政治讨论和决定）、接受政治仲裁权、发表自己言论的自由权、就业权、弱者被保护权和保护弱者权皆相应产生。所有这一切无非是让我们的思想和精神生活有一个充分的空间。但是，由于世界的精神空间并不是可以等量分配的离散事物，它常常会因为占有的地位不同和基础条件不同而产生不平等和不公正，世界上的许多纷争都和这有直接关系。但是，从这里我们可以看出权力和权利是一棵无限分叉的谱系树，它还会成长出新的权力和权利来。学会运用属于自己的权力和权利就是个体化的显著标志之一。

网络世界的诞生给人类带来了取之不尽、用之不竭的信息资源和利用信息资源的权力和权利，我们可以暂将其定义为网络世界的栖居权。进入网络世界，利用网络资源，发布无害信息，实现人际交往，把网络生活进行得有声有色，这就是人类的新型权力和权利。

网络权力和权利是解放，是诱惑，是魅力，是新的时代标志，是进入新世界的许可证。网络权力和权利一产生就立刻受到人们的欢呼，受到媒体的赞扬，受到时代的宠爱。这就是网络世界发展迅速的根本原因。在世界上，有许多国家因为网络的发展而带来了国家面貌的彻底改观，比如爱尔兰本只有 500 万左右的人口，许多陈腐的观念束缚着人们的手脚，又受恐怖活动困扰多年，但是，网络的普及使得这个国家迅速走出了困境。这在当今世界是非常典型的。网络带来了个体主义的解放和个体能量的充分发挥。

中国人是相当聪明的个体。有些人对权力和权利的渴望到了如饥似渴的地步，一旦有了利用属于自己的权力和权利的机会，谁都会觉得自己是一个合格的人和充分的人。解放的力量真的是锐不可当，解放的需求的确是比什么都大，解放的心愿比什么都迫切。上网成了时尚，成了成功的标志，成了时代的追求。当 1997 年中国人刚刚知道网络是什么东西的时候，

转
型

只有大约 700 万人走在前边，潇洒地做了时代的宠儿。然而，到今天情况完全不同了。据报道，到 2006 年 6 月底上网的人竟然达到了 1.23 亿，宽带登记人数 7700 万，网站 78.8 万个，联网计算机 5450 万台，互联网国际出口带宽总量达 214G。中国互联网协会理事长胡启恒院士指出，中国在互联网技术与设施、运营模式和服务品种等方面都取得了长足的进步，互联网在中国的应用已相当丰富，博客、分类信息、定位搜索等项目已经相当成熟。世界正被互联网变得越来越小。

有人说网络是媒体，又有人说网络是游戏，还有人说网络是传播，不！网络就是现代人生活于其中的、和我们的现实化世界并存的可能世界——一个把精神生活普及化和平等化的可能世界。

有多少人充分利用网络资源而把自己炒成了时代的宠儿，我们实在不得而知。这样说似乎没有对网络的作用肯定得真切。应该说只有那些钟爱网络生活的人和珍惜自己权力的人才成为了网络时代和网络世界的骄子。一切成功的背后都是权力在支撑着成功者和选择着成功者。权力在实践自己的目标时，总是先给人以权利，让那些先知们最早了解争取权利的机会就是争取成功的权力获得的机会。不要对那些敢于利用网络的成功者嗤之以鼻，不屑一顾，尽管他们确实太有点急功近利，把资源利用得太有点淋漓尽致。像刀郎、雪村、木子美、芙蓉姐姐等，这些靠网络一夜成名的人虽然很快也会成为过眼云烟，毕竟他们曾有力地折射出历史潮流。而这都不重要。更重要的是他们曾受过时代的宠幸而成为了新的生活方式的代表者，把新型权利的大旗扛在自己的肩头，成为了一种划时代的象征。

投资网络就是成功，这在一段时间内绝对是一个让梦想成真的路径，这是因为网络在一段时间内代表了时代的方向。两个青年人发明了网络的搜索引擎，创立了 Google 网络搜索引擎，就在短短的数年间成了亿万富翁。张朝阳、杨志远等不也是这样发迹的吗？根据香港地区的媒体报道，某女只在 TOM.com 的创业板上市时，投资 6.25 万新元，便成为第二大股东，后来 TOM.com 股价狂升，令其身家一度暴涨至 26.5 亿新加坡元。这不是奇迹，只是时代在搜寻自己的宠儿。

网络的效率同样造成了它的权力性媒体的地位。就像作用力和其大小成正比和作用时间成反比一样，媒体的传播速度和媒体的作用力成反比。网络的传播是由电子速度传向四面八方，最容易形成一种轰动效应。世界上有那么一些人，他们对话语权力的钟爱超过他们的生命，这些人肯定喜欢网络就因为网络能最快地把他们的想法形成爆炸事件；同时人们的感情动员也照样看传播速度，一旦有轰动效应就会动员起人们的内在力量。近几年内，有若干事件就是靠网络的速度和作用力形成了可观的媒体效应和动员规模。2003年冬天，哈尔滨的一辆宝马车撞死了一个农妇，开宝马车的司机还是个女人。据说宝马车的司机蛮不讲理，硬是往农妇身上开。这事引起公愤。人们迅速在网上把事情的经过公开了，让其几乎在一夜间就成了家喻户晓的轰动事件。有一个女护士，离异之后心情不爽，压抑过重，就想方设法发泄。于是，她就接受了一项上网虐待动物的契约。当她踩死小猫的影像一上网络，很快就让网上的哥们姐妹们难以容忍。大家纷纷在网上大加谴责，呼吁对其道德观重重批判，并要知情者举报。没有多长时间，她就撑不住了，只好乖乖就擒。在这些事件中，人们看见了自己的效率和效用，看到了运用网络的成功就是自己权力的体现，看到了人以类聚、物以群分的结构作用，知道了一个最浅显的道理：人就是被个体化支撑起来的社会存在。说网络生产个体性还有什么值得怀疑的吗？

最让人感到完全个性化的是电子邮件和电子信箱。众所周知，人的命名是自己的代码，自己的逻辑专名，但是，名字无论是在名姓搭配的中国，还是名、姓、父名一体的西方名字重复的可能性大得惊人。这就是说，在自然的世界内，重复、复制、抄袭等都是不可避免的，说某某的逻辑专名是什么，往往要加上许多注解和说明，这样逻辑专名也就不再是名副其实的逻辑专名了。人们对这样的事有什么显意识的感受无人做过调查，但其潜意识的感受我们却可以推理：我是我只能在一个特定的环境中才能成立，自己是情境化的。这仍然是意志等下意识的整体性反映。然而，电子邮件信箱却与此截然不同，每一个人只能用一个唯一性的命名给自己注册，每一个人可以注册一个信箱，但每一个信箱却必须是独一无二的。你可以有无限多个自我，但每一个自我都必须是不同于另一个自我，每一个自我都将是唯一性的承载者。个性化已经到了每有一个电子信箱的使用者，就一定有一个独一无二的命名和独一无二的自我，最低命名者是坚守这一命名的自我。网络产生个体性这是千真万确。

使用电子邮件不仅是最快捷的通讯方式，更是最直接的通讯方式。电子邮件的传递也要有第三者，但是第三者是在处理许许多多的电子设备的工作间内。面对无数的电子邮件，它通常不太可能直接查找到某一个个别信件，除非是为了某种目的。同时，随着电子信件的数量不断增加，查找个别电子信件的效率会非常低下，查找的成本会非常惊人，这是因为电子信箱完全可以用各种各样的命名，从而使这种查找难上加难。当然，完全可能出自某种特殊的目的，专门查找某一类信件或某一个人的信件。所以，电子信件这种通讯的新形式完全可以维持个体化的需要。

进入网络世界就是进入了一个纯粹的信息态的世界。信息态是一种超越，一种挣脱在场性束缚的自由，一种个体化的表达方式。因此，电子邮件必然要发展起多对一和一对多的新形式，这就是"博客"这种既是信息的广泛传播又是信息的广泛接受的电子通讯形式。博客是个人化的报纸，是自我的宣传部，是对话的会议室，是接待客人的长廊。然而，所有这一切又都是个人所为，没有必要非得找上几个人才能搭建起面对世界的讲台，个人化的自己就足够了。当一个人直接面对世界的时候，你就是世界的当然的一部分，世界也当然就是你的一部分。这就是真正的个体化。个体主义的含义当然不止这些，不过个体主义的确可以从这里起步和进展。

互联网是一个个体主义的熔炉，这只是就它培植个体主义精神而言的。互联网还有一个最值得我们欣慰的功能，那就是它能以最快的速度在人际中挑选出具有同一个性特征的个体来。一个真实的故事把互联网的组织功能推演到已如化境的地步。

2006年4月12日夜，一起婚外恋被当事者披露在网上。流言蜚语和指责谩骂像沙尘暴刮过互联网的天空，网友们把同情的潮水涌向了受害者，唾弃的口水泼向婚外恋的制造者。这个事件的当事者在短短的一夜之间就成了网络名人。这不由得让我们想起了一段有名的诗句：如果你爱他，就送他去纽约，因为那里是天堂；如果你恨他，就送他去纽约，因为那里是地狱。天堂和地狱仅一步之差的世界肯定是最好的世界，因为其中没有被历史和陈腐会对今天的现实发挥那多此一举和阻挡进步的影响。一切都有现实化和现实性的原则来创造，当然是个体化的最高境界。

网络上的交往是个绝对保护个人隐私的事情。网络是一个只有时间而无空间的世界。没有空间就意味着我们不能实在地显现，只能虚拟地显现，这就决定了上网者可以彻底地虚拟自己。所谓的虚拟就是把自己的一部分变成网络的信息态可以接受的形式。于是，网络让我们分解为可以在网上显现的任何形式：我们的实名，我们的匿名，我们的化名，我们的笔名。我们还可以在网上用各种各样的文字形态，各种各样的写作笔法，各种各样的身份，各种各样的意境来表达各种各样的思想和意见。我们自己变得可分解了，可交换了，可个性化了，可真实性了，可虚拟性了。总之，我们可以做我们喜欢做的一切事情了。互联网让我们彻底地变成了我们自己。这就是个体主义的生产和锻造。

3 新信息

信息在今天的各种各样文本中，早已经是人们耳熟能详的字眼，但要是给"信息"一词一个严整的定义又绝对是非常困难的事。按着申农的信息论理论①，信息就是有用的消息。有了这个简单的定义，我们就能看出信息这类事物是如何运动的和如何产生的，以及何谓新信息。

信息是有用的消息，这就把信息产生的原理放在了哲学的基点上：信息是一种对存在和生成的形式表达。存在就是被感知，这是千真万确的哲

---

① 申农（C. E. Shannon, 1916—2001），信息论创始人。1948 年发表"通讯的数学理论"（The mathematical Theory of communication），成了信息论正式诞生的里程碑。信息的计算类似于热力学中的波尔茨曼方程，是一种以二为底的对数运算。

学定律。生成是变化中的存在，只是被感知的动态过程。信息无非是把这些人类感知中的事物进行了另一种形态的处理，即把被感知的事物用符号形式的同构体来表达出来而已。

新信息是怎样产生的？这是个非常重要的问题。心理学家皮亚杰的发生认识论原理对此有重大贡献，尤其是他的儿童心理学中的同化和顺应的理论，准确地说明了儿童在认知成长的过程中如何与世界发生信息的交换，从而把儿童带入一个成人的世界。这正是人类产生新信息的过程，因为个体人和种系人是信息重演的，也是说个体人的认知发生过程重演了人类认知发生的历史。

同化就是把世界中自己所需要的那些有用的消息吸收到自己的机体内，形成自己机体的操作系统的一部分。顺应就是自己作出改变，从而使自己和外在世界和谐起来。所有这些信息运动过程都源于自己的本能需要和对世界的适应。由于世界的信息是数不胜数的，人只能根据自己的需要有所取舍。这样，信息怎样运动就有了一个基本上可以遵循的准则：信息是从背景世界向人类群体或者人类个体的势能运动。也就是说，信息从一个具有一定高度的原点从低处运动的过程。

文明和文化的发展是绝对不能平衡的和平均的。当人类的种群相对孤立存在于世界的某一个角落时，文明和文化发生的初始条件非常重要。所谓差之毫厘，谬以千里，就是说的这种初始条件的敏感性。那么，最早的文明和文化的孤立发生只是对环境同化和顺应的结果。由于最早的文明和文化必然是整体论和整体性的，那么，文明和文化的早期状况就只能看其是否对整体性结构和操作有强化作用。正如我们在第一章中所做的总结那样，中国的早期文明和文化就是这种整体主义中最强有力的那种类型。古代中国强大一方面因为把中国的文明和文化的模式不停传承下去作为依据，另一方面还能把中国文明和文化影响其他民族的文明和文化来作为证据。从秦朝开始，到清代末期，共两千多年的历史都是这种文明和文化的模式不间断传承的结果。同时，那些周边的国家和民族，几乎都采取了中国式的文明和文化整合方式来进行政治统治，如与中国接壤的朝鲜，与中国一水相隔的日本。

当信息从古代中国的文明和文化模式向周边一些民族流动的时候，可以不折不扣地说就是新信息在从高处向低处的势能流动。文明和文化之间的新信息其实就是强势的文明和文化对弱势的文明和文化的影响和作用。从整体观念上说，人类的文明和文化只有两种，即整体主义的文明和文化，个体主义的文明和文化。但是，这两者只是一个事物的两极，两极之间一定有"中间值"，这些文明类型和文化类型必然既具有整体主义的特征又具有个体主义的特征。

真正整体主义的文明和文化的初始条件都是和土地作为主导资源有关的地理环境。孟德斯鸠的地理环境决定论①的确有些偏颇，完全把文明和文化说成地理环境决定也的确有许多方面的因素被忽略，不过彻底的整体主义肯定是土地作为主导资源的产物，这是唯物主义的观点中绝对应该被历史尊重的内容。但是，文明和文化一定在比较中成长。在初始条件上和典型性的文明和文化有差别的文明和文化的确和典型性的文明及文化有一定的差异。例如，日本的文明和文化在基本类型上绝对是整体主义的，但是，由于它和中国相比在土地作为主导资源这一点上又不那么典型，因此，它就在整体主义的外延上多了一点个体主义的成分。我们只要读一读本尼迪克特的《菊花与刀》②就会明白其中的奥妙。日本在发展自己的文明和文化时，就从中国汲取了许多营养。当然，中国的信息一度对于日本人来说就是新信息。

真正的个体主义的文明和文化都是和财富作为社会结构信息的地理和人文环境有关。以财富作为结构信息的社会是在整体主义不完善的情况下

---

① 孟德斯鸠在《论法的精神》一书中，将亚里士多德的论证扩展到不同气候的特殊性对各民族生理、心理、气质、宗教信仰、政治制度的决定性作用，认为"气候王国才是一切王国的第一位"。

② 《菊花与刀》的作者鲁思·本尼迪克特于1944年应美国政府之邀，对日本文化进行研究以便为制定对日政策提供帮助和科学依据。1946年，作者将研究成果整理成书出版，便是这本《菊花与刀》。本书出版后在日本和世界引起广泛关注，被视为研究日本最有见地的作品，被公认为了解日本的必读书。

发生了一场重要的变革之后的产物。这里既有地理的因素，也有人文的因素。布罗代尔①的资本主义史彻底揭穿了资本主义兴起的历史和地理因素。发端于意大利威尼斯的那些资本主义的人文技术（上文已有说明）既是那里的文明和文化的延续，也源自当时的客观条件。作为欧洲的文明类型始终没有把土地作为主导资源，欧洲历史上那种极端的奴隶制即古希腊奴隶制和古罗马奴隶制反倒在奴隶的阶级之外发展起一种其他文明和文化绝对没有的自由民阶级和自由民意识，这就是整体主义的缺口和弱点。经过文艺复兴运动和宗教改革的洗礼，个体主义的信念深入人心。而个体主义的文化和文明的发祥地威尼斯又是个完全没有土地的地理环境，那里的人们想生活就得创造一种新的生活模式，这就是个体主义的逻辑起点。威尼斯人把金钱运用到超凡脱俗的地步，这就是个体主义在整体主义的薄弱环节冲杀出来的地理和历史。个体主义的文明和文化并不是一开始就坚定不移地信奉自己的文明类型是世界的先锋和中心的，这里有经过了漫长的时间和冲突才最终被人类接受了一个新的现实：周转和循环是世界发展的动力运转的形式，但是，那些仅仅依靠自然的周转和循环的文明和文化类型是自然的奴隶，只有那些依靠自己的努力把世界作一番人类自己的改造的那种周转和循环才算是给世界装上了加力泵。这就是说人类的类本质的充分发挥就会战胜那些陈腐的周转和循环形式。

文明和文化的类型之间比较其实是一种强势文明和文化背景向弱势文明和文化的一种新信息的流动，这是个没有办法抵抗的历史和现实。西方的文明和文化成了强势文明和文化之后，那种冲击力是锐不可当的，当然这不仅是因为它的武力，也是它那和人性中的追求自由和解放的内在需要吻合的力量。个体主义是一种对整体主义的解构与分化，这种趋势和效果正和人类个体的内在需要完全一致。当资本主义把生产方式彻底改革之

---

① 布罗代尔（1902—1985），第二次世界大战法国最著名的年鉴派第二代的领袖。布罗代尔把人类社会经济活动的运行概括为物质生活、市场经济、资本主义三种层次分立的模式，并从此基础出发，界定市场经济和资本主义是不同的概念。他将资本主义视为一种历史现象，置之于广阔的时空范围中加以考察，论述了资本主义的历史和结构，对资本主义作出了新的解释。

后，它获得了极大的发展动力，这种动力就来源于个人可以在自己的氛围之内去争取属于自己的那一份所得。正是这样一种解构的力量把封建主义的堡垒打得稀巴烂。个体的流动促进了经济的发展。当资本主义把商品送上了非洲酋长的餐桌上时，酋长们的第一个反应就是能否拿奴隶们的劳动力去换那些琳琅满目的精巧玩意儿，如来复枪、鼻烟壶、上好的加工过的咖啡，或者那些在新型的纺织厂里生产出来的布料。文明和文化上的解构造成了人性的解构。人性的解构就表现为个体主义的进展。于是，我们到现在应该知道了所谓在文明和文化类型中的新信息其实就是个体主义的符合人性的信息。它的流动是单向的，即从个体主义的解放向着个体心灵深处的流动。这种新信息在整体上是让人解放的新信息。也就是说，信息的种类肯定是五花八门的，但是只有那些真正给人带来个体解放的信息才能真正直达个体的心境。

中国的改革开放是一场政治上的天翻地覆的大变化。当邓小平向世界说中国要改革的时候，也许只有极少数人能够懂得这场运动的政治含义。但是，它所传达的新信息却是给人以个体解放的机会，让一部分人先富起来的豪迈口号立刻可就动员起成千上万的人们迅速投身到这场改革的大潮。这不是个体化的争取自身解放的信息流动又是什么呢？

在改革之初，兴建特区成了中国改革的重点。这无疑是一种重要的新信息。最早的特区包括深圳、珠海、汕头、厦门。其中尤其以深圳最为突出，因为那里毗邻香港，人口稀少，发展空间巨大，发展前景最为看好。在短短的几个月内，各地的有识之士纷纷来到深圳寻找自己的天地。在短短的几年内，深圳就从一个小小的渔村发展为举世闻名的大都市。这样的信息总是不胫而走，就是因为它们和个体人的心理追求相一致。

有两件事值得大书特书，这就是习俗的变化和出版业的繁荣。

西方的习俗有一个最大的特点，那就是节日多得让人眼花缭乱。什么复活节、圣诞节、母亲节、父亲节、感恩节、劳动节、老兵节、情人节、愚人节，等等。其实只要有分阶层的人的节日，就是个体主义结构的开始。当我们的国家把劳动节、妇女节、教师节等引入的时候，就已经是在

转型

进行个体主义的尝试，只是大多数人没有意识到而已。西方人的节日之所以多，就是因为这是解构的表征。有了分阶层的节日，并且举国为之庆祝，这自然是对这些人的一种尊重和关怀。但是，当我们国家把市场化的大门向全国人民开放的时候，就已经是在打开个体化的闸门。西方标志着个体性的事物会不知不觉地来到我们的门前，它们的来到和我们的欢迎常常是分不出你我的。情人节可能是我们的文化和文明最不能接受的。在古老的中国，人是不能有公开的两性可言的；就是到了近代共和国的时期，两性之间的那种感情也同样是不被提倡的，甚至是不被认同和许可的；传统的中国人总是把两性关系当成洪水猛兽。但是，一旦打开了个体主义的大门，我们立刻就会发现，最鲜明的表现之一就是在两性关系的解放上面，情人节是最好的证明。现在，不用说许多情人会自动自觉地过情人节，许多准备成为情人的人会过情人节，就连那些已经过了潇洒和冲动年龄的人也过情人节。2000年我在一个城市的几家花店作过调查，花店的老板告诉我，仅仅情人节这一天的生意就几乎是全年的三分之一。世界上什么事都会有整体主义的影子，唯独两性关系却是彻底的个人化和个体性的。

62

还有一个西方节日在中国隆重得简直让人感到无所措手足了，这就是圣诞节。圣诞的辉煌与圣诞的时间正好和新年接近有些关系，每年这一段时间正是学生的学期接近尾声的重要一刻。学生肩负着父辈的希望，承担着老师的评比上进的负荷，又是学校争取先进的力量；在学期即将结束的这一刻，一旦有机会狂欢一下，他们就别提有多高兴了。因此，圣诞节就成了名副其实的学生的节日。到了这一天，学校附近的餐馆，尤其是大学附近的餐馆，都要提前好几天就为学生们准备就餐的饮食，学生们也要好几天前就去预约才能找到称心如意的地方。而无论男生还是女生，都会尽情尽兴地把这一天过得充实又充实。个性化和个体化只要有一点点的可接受空间就会迅速成为铺盖天穹的长虹。世界上的事一定是千差万别的，但一定可以进行最简单的分类：那些和人性的成分吻合的事，就是会得到人们的欢呼和赞同。个性化和个体化锐不可当。

也许是过圣诞的缘故，也许个体性会直接给人以反思自己的权力和机会，在今天的中国，过生日成了每一个人的时尚追求。几乎是人人过生日，尤其是那些生日没有过过几回的小孩，过生日的积极性比谁都高。当然，这的确是和生活水平的提高有直接关系，但要是看不到这里的文化因素，那可就绝对是短视了。要知道，在古老的中国，过生日可是要有特权的，只有那些在家庭中有特殊地位的人，主要是那些长者和老人，才有过生日的特权。今天打破了这个习俗，其本身就是文化和文明的内涵。同时，越小的儿童就越需要用反思的形式来进行个体化和个性化的启蒙。虽然过生日在传统的观点来看，的确是一种物质的浪费，而在精神上则应该说是一场伟大的变革。

新信息就是让个体化和个体性成为现实的信息。

信息是有用的消息，在这种有用的消息中知识肯定是其中最主要的部分，而出版在信息的传播中应该是最主要的部分。当然，今天的世界大众传媒已经扩展到诸如广播、电视、电影、录像等影视手段，这些都成了传播的主渠道，但是即或在当前这种情况下，出版仍然是传播的主要方式。出版的繁荣对于新信息的普及和传播理所当然贡献最大。

出版界最值得大书特书的就是近30年来对西方名著和文献的出版。像商务印书馆的"汉译世界名著"丛书，到现在已经出版了西方名著上千种，几乎囊括了西方从古至今的所有各家之言的代表作。三联书店也不甘示弱，从改革开放到21世纪之初，三联书店推出的"20世纪哲学名著"等系列图书也可以说堪与商务印书馆相媲美。华夏出版社在20世纪80年代出版的那套"20世纪文库"同样是中国有史以来的大手笔。上海译文出版社、湖南出版社、江苏出版社、辽宁出版社、北京出版社等全国有名的出版社都为出版业的繁荣作出了不可磨灭的贡献。据说到1999年，中国的财政收入中第一次以出版业取代了烟草业，而成了纳税第一大户。

在文化和文明的交往和流通过程中，"比较"这种方法论其实是一种本体论，就是说比较是一种文明和文化的存在方式，就像人靠什么事物以什么方式把这种食物做熟一样。这个过程非常有趣。当一种文明和文化处于先行一步的状况时，它就成了一种魅力无穷的新信息。尤其是在这种新的文明和文化以多样性和多元化展示自己的时候，这种魅力就难以阻挡。因为在多元化和多样性之中，人们会看到一种繁纷复杂的争奇斗艳的情境，个人就会在这种复杂性环境之中产生一种参与意识，从而产生一种共鸣效果；对此人会自主的进行选择。于是，先进的文明和文化就成了一种背景。在这种背景下，人会不知不觉地进行比较，而且在比较中又会不知不觉地学会用刚刚学到的新信息去观察事物和分析事物。这个现象有点和协同学中的对称性破缺不太符合。对称性破缺是说，在时间性上的优先性会给人一种定势，形成一种看法就不容易改变。比如，我们在一个图形中首先看到了一个少女，我们就会经常在这幅画中看到少女，尽管这幅画中还会蕴含着一个老妇人的形象。这只是在两种选择中的情况。但是，一旦复杂性情境提供的是一个系统和许多可供选择的可能性时，情况就会发生变化。人会用复杂性建立自己的意识世界，这就是哲学家胡塞尔所说的现象学意识世界的建构方式。因为新的意识世界可以解释更多的事物和更大的空间。

64

日本有个哲学家叫中村元。他写过一本书叫《比较哲学导论》①。他似乎以为他在进行哲学与哲学之间的比较，其实他是在用一知半解的西方哲学知识来观察日本人那点可怜的哲学，他把西方哲学当背景来分析日本哲学和东方哲学。这是非常具有典型性的。走出自己就是走向光明和前途，这大概就是文明和文化的冲突过程中无法回避的事实。看看20世纪中国那些有作为的学者哪一个不是如此呢？比如王国维，他是赫赫有名的国学大师。其实他是在用克罗齐的理论做国学，在他那儿国学说穿了只是材料而已；他的研究成果就是对克罗齐理论的佐证。

在学术界发生的事情，同样也在世俗和民间发生，只不过更有点潜移默化的味道罢了。当个人主义来到中国人中间的时候，是绝对以文本的形式和行为的形式两者紧密结合在一起的合力而来的，也就是说个体主义的

---

① 中村元：《比较哲学导论》，浙江人民出版社，1987。

新信息是以人格化的形式一股脑儿来到的。个人主义和个体主义的典型性人物是法国最知名的哲学家和文学家萨特。当年他的最知名的哲学著作《存在与虚无》出版的时候，据说只卖出了十几本。第二次世界大战之后，一下子就走红了，成了全世界的畅销书。中国人第一次出版这本书时，就印刷了五万册，并且很快销之一空。我坚信能读懂这本书的人大概不会超过买者的百分之一。但是，人们知道了萨特，最低是知道了萨特是一个个体主义者。好多情况与此相似。人们了解了尼采、叔本华、康德、胡塞尔、海德格尔、库恩、波普尔、哈贝马斯、德里达、福柯等哲学家，这种了解的过程就是对自己的意识解构的过程。了解得越多，就越容易走向个体化的道路，因为思想的解构会带来观念的解构。如果我们放开眼界，从哲学的视野过渡到其他学科的视野，比如物理学、数学、化学、生物学、人类学、经济学、语言学，一句话，成了一个全才的时候，我们就一定会被知识本身的多元化带入个体主义的境界。这没有什么可值得怀疑的。因为，一切少见多怪的整体主义思潮都是来自于思想的狭隘和封闭。

20世纪80年代早期，中国在改革中急切需要人们放开眼界，了解世界上的新鲜事物和世界的发展状况，于是出版了美国未来学家托夫勒的书《第三次浪潮》①。这本书就是写当代各个学科前沿的发展和未来的前景，的确是脍炙人口。在中国出版之后迅速掀起了信息爆炸的波澜，许多人争先恐后地阅读这本书，并有官方组织评论。这书在西方也许仅仅是一家之言，但在中国就成了一股冲击古老观念的洪流。问题的关键不在于它的未来学的具体观点，而在于观察的角度从过去的定势转向了尚未到来的未来。从未来到现在的时间之矢是实用主义的公理体系的核心；只要改变了观察现实的时间方向，人就会改变对世界的基本看法和观念。整体主义一定是从过去到现在的时间之矢，因为只有从过去到现在才能把人们整合在某种在场性的象征之中。这本书的作用的确是难以估价的，它的影响很快就从下一步中国的知识思潮中体现出来。

转型

---

① 阿尔温·托夫勒：《第三次浪潮》，中信出版社，2006。

　　紧接着的 20 世纪 80 年代中后期，中国人的读书热被一个不太知名的西方马克思主义者弗洛姆垄断了，他的几本书，如《逃避自由》《爱的艺术》《为自己的人》等，迅速在中国掀起了让人难以置信的读书高温。这里的读书接力棒并没有太多的权力话语背景，只是《第三次浪潮》是被官方引进的新信息，而弗洛姆的到来就既有知识的内在线索又有个体主义的文化需要。所谓知识的内在线索就是指西方马克思主义把马克思和弗洛伊德结合起来，形成了一种处于悖论之中的超越性的结合，这里的确是一个超协调的问题。马克思的主张尽人皆知，那就是人是社会关系的总和，完全从人的社会性来观察问题。而弗洛伊德则坚定地认为，人就是动物，就是动物性的那种内在冲动指挥着人类的行为，人类的本质就是动物的本质。这两种南辕北辙的理论体系只有在 20 世纪的人类眼中才能实现调和和融洽。这是因为在 20 世纪人们才知道超协调逻辑是一个无处不在和无时不在的现象，只有超越这种悖论式的对立双方才能真正找到出路。西方马克思主义是这方面的典型代表，把马克思和弗洛伊德结合起来是他们的突出贡献。这就是说，在他们的眼中，世界既是整体性的社会化的又是个体性的生物化的。但是，这种学术的内在线索并不一定在中国人的心中有多少魅力，只是个人主义的色彩和个体主义的倾向才是中国人在弗洛姆的热潮中真正看到的内涵。我们可以不折不扣地说，弗洛姆热是《第三次浪潮》的继续和发展。这恰恰是新信息给我们的启示。

　　当弗洛姆的书还没有降温的时候，另一个西方真正大红大紫的学者加政治家马克斯·韦伯的书《新教伦理与资本主义精神》又开始引领中国知识界的风骚。这是一部真正论证个人主义如何把宗教禁欲主义变成资本主义生产方式的严肃之作，他所运用的材料丰富得让人瞠目结舌。他绝对令人信服地揭示了资本主义是怎样成长为今天的参天大树的，资本主义就是从整体主义的枷锁中分解出来，世界变成了个人主义的奋斗场所，而这种奋斗由于被基督教的新教原理所肯定，从而成就了满世界的精神需要，并立刻从精神到物质，把整个地球来了个天翻地覆的改造。这种改造的动力就是个体主义。这是一本社会学的好书。它从严肃的历史和现实结合的角度告诉人们，世界的今天就是因为有了个体主义的文化和文明。韦伯的冲击波一直到 20 世纪 90 年代也没有减弱。韦伯高潮的一个副产品则是告诫人们，不要仅仅从狭隘经济学的视角来观察整个世界的演进，应该把维度和眼界都放宽一些，文化和文明的模式，以及意识层面的那些观念和信仰，同样会给人以无穷无尽的力量源泉。所有这一切处于精神领域的事物一定只有被个体人所接受，并变成个体人心目中的行为准则时，世界才会得益于个体主义的那种自发和自觉的张力效应。韦伯还证明了社会的发展其实就是把个体的努力和成功能够系统地整合起来，而绝对不是整体主义把人们驱赶到一个由骗子和狂人设计的圈套中。这些观念和理论，以及它们的证明结果，不可能使每一个人都充分理解。但是，韦伯著作的精神实质还是被中国人牢牢地抓住了。

韦伯之后，很少有个人的学术著作让整个中国都彻底兴奋起来的机会了，但是应该说个体主义的种子已经生根发芽。随后的知识界开始对后现代情有独钟，不过后现代主义本身就是一个复杂多变的哲学集团，要想用一句简短而又精辟的总结来给后现代定义和定性不是不能，只是高度概括总会有风险。然而，有一条是肯定的，那就是后现代就是绝对反对整体主义，后现代就是要实现全世界的平面化，就是要实现人类一切组织原则的个人化，后现代就是给人以解构的权力和可能。有了这些知识准备，无论是读哪一个后现代的代表人物，就都不会迁就传统整体主义的陈词滥调了。

后现代的代表人物中，德里达是比较有代表性的。他的理论总结起来就是一个词：解构。说穿了就是要把整体主义打散，把整体主义变成个体主义，把整体主义忘却和丢弃。德里达的书非常晦涩难懂，但是德里达的结论和追求的目标倒是简单化的。因此，德里达传播的个体主义给中国人尤其是知识分子以解构的力量和解构的机遇，这就是 20 世纪最后 10 年知识分子在学术上的多元化追求而在方法论上的单向度方式。所谓多元化的学术是指每一个知识分子都知道了自己必须找到知识的冷门，给自己以开拓和创新的印象；所谓单向度的方法论就是借学术审批制来给自己确定一个位置。这也许并不值得我们赞赏和欣慰，但其中的结论是不言而喻的：个体主义的浪潮正在席卷全国。

另一个后现代主义者福柯可以说是更为深刻和更为精髓的哲学家。他的书绝对雅俗共赏。他借历史上的事件和事件的连续来说明他的意图和结论，所以，即或不能充分理解福柯也能在他的书中获得乐趣。但是，真正读懂福柯却是不容易的。福柯有意识地在告诉我们一件事：知识的背后是权力，正是权力给知识以控制知识接受者和知识受害者的地位。在知识接受者和知识受害者之间并没有严格的界限，所谓知识受害者就是那些被知识的操纵者作出不利判断的人，所谓知识接受者就是那些被知识操纵者迷惑得对知识的真实性绝对信以为真的人。像精神病人这样的个体，其实就是由知识的时代状况作出病态判断的人，也就是说一个精神病人是被关于精神病的语词内涵作出的判断；随着关于精神病的语词内涵的变化，精神病的外延也同样变化。但是，在许多情况下，人们并不知道知识也是像社会上的其他事物那样，被权力话语制约。这样，我们就看清了整体主义归根结底是由知识这样的隐蔽的权力话语来实施整体主义的。到现在为止，还有一些知识分子根本就没有真正理解福柯哲学的真正意蕴和真正内涵。

知识分子的成长在许多国家都是困难重重的历史过程。在西方国家，早在古希腊的时代，知识分子就已经踏上了社会的台阶。但是，古罗马之后的知识分子在教会的重重重压之下，只能是按着宗教的旨意来从事和自己的身份相关的事情。好在西方的宗教有一种内在的追求平等的教义原则，这就是基督教《圣经》中对于人人都平等地面对上帝的真诚教诲。换句话说，基督教本身就又有个体主义的倾向，这也就是基督教能够自身进行改革的动力源泉。因此，中世纪的西方知识分子并没有彻底泯灭良知。到了 17 世纪的英国，这个国家的经验主义传统给它装上了尊重事实的发条，而事实在没有充分的验证手段的情况下，最好的办法就是让公布事实的人能够自己持守事实的真实性原则，这就形成了用知识分子的道德良心和道德形象来作为试金石从而树立知识的真实性原则，也就是知识分子自身和自我的良知原则和真实性原则。换句话说，知识的生产者要是真实的，那么知识就是真实的。这就是波义耳那个时代树立起来的知识分子的真实性原则。真理是由真理的社会性来决定的。夏平①在其《真理的社会史》一书中对此有清楚的记载。这是知识分子成长的第一个阶段，即真实性原则的树立。

同样是在英国，18世纪又出现了一个知识分子的典型，他就是萨缪尔·约翰逊②（Samuel Johnson）。约翰逊出身知识世家，但并不富裕，很早他就需要自己维持自己的生活，但他是一个很有抱负的年轻人。当他自信自己可以站出来干一番事业的时候，他就义无反顾地开始从事他的追求。他要编一部英语字典，但是没有足够的经费。他曾经向一个绅士阐明自己的需要，而这个绅士未予理睬。他决定自己艰苦创业，把生活开支缩减到最低水准，把工作的弦绷到最高标准，让自己充分运转来完成自己设定的目标。当他即将完成的时候，那位绅士又产生了怜悯之心，想来帮助他，但是，约翰逊婉言谢绝了。他写了一封长长的信，阐明了他的创造知识的独立立场。这封信感人之深，以致后人把它当成知识分子的楷模。

20世纪50年代，美国的媒体知名人士李普曼在其一生中倾其全力拼命地在公共事业和公共媒体上鼓吹知识分子的公共作用和知识分子的公共权力。他为不公平的事打抱不平，为一切弱势群体和弱势人物撑腰，他把媒体完全变成了公共的传声筒和公开的意志表达器。在他的不懈努力下，美国的媒体终于彻底变成了一种和政治权力分庭抗礼的权力话语体系。

知识分子是公共性、真实性、独立性的典范，这里是一个存在着内在悖论的人格结构。因此，知识分子的人格建构一定要有一种超协调性的统筹功能超越知识分子的自我的各个层面。这的确是一个伟大的系统工程。

2006年7月1日的《南方人物周刊》第16期上发表了该刊对数学家

---

① 史蒂文·夏平（Steven Shapin），1943年生，当代英国著名的科学知识社会学家、科学史家。主要著作有《利维坦与空气泵：霍布斯、波义耳与实验生活》（1985年与沙弗尔合著）、《真理的社会史：17世纪英格兰的文明与科学》《科学革命》《科学化身》。他证明了真理只是社会建构。

② 萨缪尔·约翰逊（1709—1784），英国18世纪著名学者，著述颇多。他知难而进，不畏艰险，执著入迷追求自己认定的目标。

丘成桐的专访,题为《丘成桐:中国教育走了很多好笑的路》。丘成桐先生对目前国内的高等教育和科研现状发表了自己的尖锐看法。他说:"中国很多大的项目,表面上请了很多人来,特别是引进很多外国专家,实际上是假的。"说这话可真的要有点勇气。你再看下边的内容,简直叫你毛骨悚然了:"中国很多高校唯利是图,就是看钱,看经费,真的研究成果从来不在乎,这是高校的大毛病。"你再接着看,非跳起来不可:"院士制度根本可以废除,你去找一个在学术最前沿的有学问的年轻人,问他对院士是什么观感?"而指名道姓的批评和揭露则更是中国人从来不敢为之的,尤其是对那些据有公共资源的机构和个人更是如此。既然这样,丘氏的胆大妄为让人振聋发聩,他对北京大学等著名高校在引进海外人才是造假的指责可谓如此:"一个在美国的全职教授在国内也拿全职的薪水,就来国内那么短时间,怎么可能会做出好学问?"他的讲话引发舆论界的重大讨论高潮,即"北大清白门"之争。

2006年7月底,在丘成桐先生发出批评声音一个月之后,北京大学就他的观点进行了回应,新闻发言人称:"对北大引进海外人才的说法是一种不负责任的说法,歪曲事实,严重侵害了广大海归学者和北京大学的声誉,在社会上造成了极其恶劣的影响。"他并声称将向媒体详细介绍引进海外人才的有关情况。随后,北大新闻发言人表示:"一个得到国内外同行公认的海外学者,即使完全符合招聘条件的所有规定,还要经历严格的筛选程序……长江学者在聘任中,必须接受教育部的履职检查。聘任结束后,北大还要组织全面细致的工作评估,结果报送教育部。严格的选拔制度和评价机制可以确保招聘人才的质量。"

北大发表回应声明半个月内,没有任何迹象表明北大会拿出相关证据。网络上却出现了34个人的名单,其中所列人士都是北京大学从海外引进的"长江学者",有人调查了这些人的海外任教履历,爆料称这些教授其实都是有海外全职的。这些情况是真是假,北大的海外专家引进情况如何?《南方人物周刊》在当年8月10日约访北大新闻发言人,但这个先生干脆拒绝了采访申请。他说该说的我们已经放在新闻网上了。就在人们都在等待北大的进一步回应时，丘成桐关于中国大学教育和科研的种种看法在高校和网络得到了热切的回应，在某网的网络调查"关于北大'人才'造假说到底谁在撒谎"中，他得到了91.52%的正面支持。

　　一个社会的成熟最典型的标志之一就是看其知识分子的成熟和其作用的发挥。知识分子是社会的良知，更重要的是知识分子是社会权力清廉和正直的保证。政治的功能是实施对社会的管理和仲裁。爱丁顿勋爵的那句"权力使人败坏，绝对的权力绝对使人败坏"，其实就说的是政治权力一旦失去监管和制约一定会走向败坏。对于政府权力的败坏，只有一个办法，那就是让政府的权力有一个用另一种方式运转的权力来和其抗衡和对其监督。那就是民众的话语权力。同时，话语权力是由知识分子来运作的，那么知识分子的状况和知识分子的水准就成了一个社会是先进和落后的关键。在这方面有一个很有见地的社会学研究，这就是法国社会学家布尔迪厄的反思社会学。这种社会学的核心和主旨就是要对一个社会的知识分子进行反思，原因是知识分子是对社会进行反思的，那么反思知识分子就会得出该社会是否是一个合格的和进步的社会，所以把布尔迪厄的社会学叫反思社会学，其实那是反思反思者的社会学。当一个社会自觉地反思反思者的时候，这个社会就已经开始走向成熟和走向进步。反思反思者的过程就是建立合格的、合理的个体化社会的过程，因为反思反思者就是在极大地促使社会进行解构和制约，就是促使社会把个人的权利建筑在整体性之上，从而实现一种超越性凸显，让规则和规范、程序和准绳、现实性和多元性成为指导社会的神圣指标。

　　丘成桐事件和其参与者是在反思反思者，尽管他和他们还不是自觉地、清醒地反思，还不是理性地、整体地反思，但是这其中的含义和寓意已经不可低估。不管怎么说，知识分子的历史责任感还是不可泯灭的，因为踏上知识的讲台就会受到知识纯洁性的感染。但是，有一条是千真万确的：把精力用在别的方面就一定是在知识的生产上弄虚造假。虚假的知识拥有者是最容易被揭穿的，因为知识绝对需要个体化的努力和拼搏，需要知识的确定性和真实性。个体主义的曙光正在一步步逼近。

转型

这场个体主义的变革中，知识分子的作用还是不可低估，尽管知识分子在追逐着个人的名利。当然，这种追逐本身就是个体主义的，因为个人在这场文化和文明的改革大潮中解构为多样性的目标导向，这就在本质上实现了个体主义的模式。在这场巨大的变革中，滋生了许多在从前看来根本就不是什么可以大惊小怪的问题，而在今天就因为在多元化和多元性的追求之中变得越来越敏感。有一个问题，的确是知识分子的作用才有了今天的社会意识和社会责任，这就是对于环境保护和生态状况的关注。在1972年斯德哥尔摩第一次环境会议上，中国只有一个与会者。30多年来经过相关知识分子的努力，经过环境保护者的宣传，经过政府环保部门的工作，人们早已明确了环境的重要和保护环境的责任。这里更多的是和经济发展有关的政策的问题。但是，让人们在这一环境意识增长的同时却学会了不少正确对待动物和对待生态的知识和爱心。本来对动物和生态的意识和态度其实是由一种宗教情结传达的属于终极关怀性的理念，那是由虔诚的宗教人士史怀泽在非洲丛林中不倦地宣传和不倦地坚持才在全世界形成了一股潮流的。现在，在中国虽然还不能说爱护动物和生态已经蔚然成风，但人们不再对此不闻不问。每一年全国都有爱鸟日活动，中央电视台和各省电视台纷纷举行爱鸟宣传活动，已经涌现了许多可歌可泣的事迹，表达了中国正在走向关爱生命的新篇章。连动物都要关爱，何况人乎？关爱人类是从关爱每一个个体开始的。个体主义是信息多元性和多元化的必然的归宿。

4 大地理

文化的发生学就是精神地理学，就是在一块地理面积上发生的精神现象并被习俗、观念、理论文本、生活方式、组织原则、财产和权力的传承，以及感情和情绪的表达等固定下来的那种群体的存在，就是文化。文明是比文化更高一级的精神生活，或者说是比文化更固定和更具有凝聚力的群体存在的模式，那么，文明的发生学就更是精神地理学。这样说并不是重复孟德斯鸠的地理环境决定论，只是说文化和文明主要是地理的产物。因为地理上的诸多客观性，被生活在其上的人群，随机地选择一个让他们青睐的一种作为后来放大到文化和文明的组织要素和信念成分，这就产生了文化和文明。因此，我们既不能说地理环境决定又不能说地理环境不决定，只能说地理的精神性就是文化和文明。比如，古希腊人的地理就是那么一点点土地，我们说什么也不可能让他们产生固守土地和只从土地获得生活资料来源的意识。相反地，我们中华民族的文明和文化就和土地的能产性密切相关，因为中华民族拥有广袤的地理面积和土地资源，依赖土地和耕耘土地所具有的一切特征我们几乎全都享受到了。

文化的持守和文化的纯洁、文化的不变态延续和文化的不走样传承，就是要严格封闭和严格固定在一块地理之上。这种情况只能是文化而不能是文明，因为文明已经是几种文化模式所固定下来的达到了更高级阶段的文化，已经是文化之间的争斗和比较了。地理是和文化和文明密切相关的事物。一种文化和文明离开了它赖以生存的地理，它就会改变，甚至彻底改变。中国历史上的元朝创立者即蒙古人是靠中国北方的地理发展起来的一支武装力量，他们的文化是那种地理和与中国比邻而形成的。蒙古人发明了马镫这个和他们的文化密切相关的物质材料，即他们靠骑马打仗来掠夺其他物质资源，包括食物，就像狼不合成碳水化合物而由草食动物合成一样。马镫这个小玩意儿的作用只是对他们这种文化才是一个性命攸关的重心，再加上他们把社会的组织和军事的组织合而为一，战争就是生命，战争就是婚姻，战争就是传承，战争就是一切。但是，当他们走上了封建君王的宝座之后，地理变化了，新的地理和他们那一套在旧地理上成长起来的文化格格不入。他们必须改变自己，改变自己的身心深处的文化根子和文化组织方式。历史并没有证明他们是否适应了这新的地理，只是他们不久就失败了。看来地理绝非一个无关紧要的因素。

但是，地理也不是仅仅一个地球上的面积概念，地理应该分成固定的地理和流动的地理。所谓固定的地理就是僵死在地球的某一位置；所谓流动的地理就是指人用自己的手段和能力让地理流动，让地理在自己的心理流动和生理流动。而所谓僵死的地理只能是在这块地理上随机地选取地理所能提供的条件，主要是和事物的供应相关的条件，把自己的文化模式固定下来，这种固定文化的操作服从初始条件敏感性原则，也就是什么因素最早进入人们的生活境遇，它就成为了文化中把其他因素组织起来的那种力量。美洲的印加文化、玛雅文化、阿兹特克文化所在地都有丰富的贵金属，但他们没有把贵金属变成货币，更没有发展起来市场经济。

流动的地理给人类一种新的文明和新的时代，这就是西方的地理大发现。哥伦布发现美洲的确给西方世界一个最美好的机会，但是我们必须看到，西方人要是没有在地理上解放自己的欲望，是不可能有发现地理的事实的。早在古希腊的时代，土地的贫瘠和稀少，就给西方人一种梦想，那就是增加自己的土地，最好是意外的由天赐给他们土地。只不过到了哥伦布的时代，条件成熟了而已。与其说是哥伦布发现了美洲的土地，倒不如说是哥伦布发现了美洲的黄金、白银等贵金属。但是，要是没有他在欧洲的生活模式和经济经验，贵金属的作用不会被释放出来。正是西方的整个历史给哥伦布的地理大发现准备了让地理流动的丰厚积淀，美洲的地理才进入了西方的世界。

大地理就是流动的地理。

20世纪70年代末期，改革开放给中国人打开了欲望的阀门。欲望就是要改变自己的那种力量。有了人类的欲望，世界的改变就在眼前了。欲望的启动和欲望的生产就是要人们萌生一种对现实不满的情绪并让这种情绪上升为情结，所有这些在那个时代都造就了——几乎所有的中国人在那个时代都产生了改变自己的欲望。心理学家马斯洛①的人类的需求等级模型又告诉我们，欲望是处在不同层次上的，处在哪个层次上，就决定了欲望要从哪个层次出发，去争取新的层次的满足。

---

① 马斯洛（Abraham Maslow，1908—1970），美国人本主义心理学家。其关于人类的需求等级学说最为知名。

中国人的欲望和世界任何民族的欲望没有什么两样，无非就是在大类上可分为生存的欲望和发展的欲望，或者说现实的欲望和未来的欲望。有了欲望就是造成大地理的首要条件。现实欲望的人和未来欲望的人在形式上分道扬镳，但在实质上却殊途同归。

在改革开放之前，跟地理关系最小的是农民。因为农民是中国经济的蓄水池，中国经济的聚宝盆。正因为这蓄水池和聚宝盆的两个功能，中国农村在改革开放之初只是在为生存而奋斗，中国农民也只有现实目标。当改革开放的大潮到来的时候，欲望的强烈程度就决定了谁能彻底走出农村经济的桎梏，因为政策已经给了一个窄缝和动力。最早走出自己的路的那些人，就是大地理的受益者。从地域上看，广东、福建、浙江、江苏、四川、湖南、湖北等省的农民就是大地理的先行者。这些省的人口密集，土地稀缺，信息灵通，都是他们走出大地理之路的动力。当后来中国城市基本建设的需要更是把大批大批的农民召唤到城市去从事城市化建设的劳动。到 21 世纪初，中国农民走出家门，走进大地理的人数已经超过了一亿七千万。

走进大地理的农民，也逐渐开始分化。有相当大的一部分进城农民因无一技之长而从事着简单的劳动，诸如修鞋、拣废品、搞卫生、做家政、在工地上当力工、收拾垃圾堆等。当然也有人由于走出农村较早，或者个人的能力超群，或者自己的机会很好，从而发迹了。北方某省有一个农民，年轻的时候就做泥瓦工。改革初期，走进城市开始做小的工程承包，逐渐积累了一点资金，加上自己的组织能力和观察社会的眼力，很快就走出了自己的路，成立了自己的工程公司。后来中国证券市场开放的时候，他又组织自己的公司上市，而且他所在的省份又没有竞争者，私营企业上市又是一块改革成功的招牌。所有这些条件他都具备了。于是，他就成了中国农民在大地理的浪潮中的成功代表。这些凤毛麟角的人物对于那些农村打工仔来说肯定是一种榜样的力量，这种向往和希望是纯粹个体化的。这就是农民的大地理中的悲哀和欢乐。但是，这在文化和文明的意义上是个体主义的解构将是毫无疑义的。

在农民为了生存而进城打工的过程中，出了一件不尽如人意的事情，那就是许多雇用农民工的机构、单位、企业、个体经营者等人拖欠农民工工资。据报道，到 2003 年秋天，数年来共拖欠农民工工资达 3000 亿元以上。但是，在 2003 年之前，却很少有人通过法律的渠道来解决这个问题。2003 年，当温家宝总理去四川时，一个偶然的机会使得农妇熊德明把这个事直接报告给温总理。温总理当即表示这是个重大的问题，并斩钉截铁地说国务院和中共中央一定要帮助农民工讨薪。当年举国上下为农民工讨薪的运动声势浩大，效果显著，农民拍手称快。这的确是大地理给农民带来的全新的意识，那就是要用法律的手段来维护自己的权益。法律是承认个体人的权力和权益的。

当历史进入 20 世纪 80 年代的时候，中国的哥伦布无须去乘一只远航的风帆到美洲结识新的大陆和新的人种。再也没有地球距离和地质条件的限制，只是还有极少数人不知道在地球的那一边有没有吃人的野兽。绝大多数人大概都已经知道了大地理就像它当年恩惠哥伦布那样，也会恩惠我们这一代。而当时的政府的确是深谋远虑，看到了大地理必将给这个国家带来一片光明。20 世纪 80 年代初，政府组织了一大批学者和那几年毕业的学生分赴西方国家，其中主要是美国。从 1980 年至 1999 年，光清华大学和北京大学的本科毕业生大体就有 70% 以上的人去了国外学习。到 2005 年，全国统计的结果大体有 80 万留学生在国外学习过，或者还在国外工作和学习。这是一条通往未来的大道。

出国热 20 多年来有增无减，到今天已经不再是公派为主导的格局了，有能力的家庭可以找到各种各样的通途直达未来欲望的门口。21 世纪的大门一开，许许多多的中学生一拥而上地走出了国门，到其他国家去读书。经济合作与发展组织（OECD）2006 年 9 月 12 日公布的报告指出，自 1995 以来，全球各国大学的外国学生数量已增长一倍，达到 270 万人，其中逾半数以上的外国留学生仅在 4 个国家挑选大学。美国吸收的外国留学生人数占留学生总数的 22%，英国为 11%，德国为 10%，而法国占 9%。这的确是文明和文化的冲突和融合的结果。中国是最大的留学生出口国，占了全世界留学生数量的 15.2%，计有 40 余万人。连中国香港、澳门地区这些历来都很羡慕内地大学水准的地方，而今天竟也成了国内的学生竞争求学的场所。看来大地理绝不是某种力量的专利，而是启导和打开心灵的窗口。什么东西如此魅力无穷呢？

在任何一个新学期走近美国的大学，在任何一个大学的迎新生的门口和大学的校园内，我们会发现几乎到处是一种内容的标语：Join a club or start a new one（加入一个俱乐部或者自己成立一个）。这幅标语中就能看出个体主义和整体主义的差别。

美国洛杉矶市有一个中国人家庭。父母和一个男孩子，可称为核心家庭了。但是，这一对夫妇并不是那种借出国留学而踏上西方文明通途的幸运儿，而是出国为了现实欲望的那一伙人中的一对。对他们终日辛劳，儿子历历在目。这个儿子很孝心，看到父母的辛苦就表示自己不再争取上什么好大学，只要能当个汽车修理工足矣。但是，有一件偶然的经历让这个儿子猛醒。他的祖父病逝，只有他才有可能回去奔丧。在家的那些日子，他有幸和孩提时的伙伴在一起畅谈人生的感受。他的那些同学几乎都不约而同地表示，最让人痛苦的就是考大学这个环节了。这个小伙子听到这些以后，他暗暗地下定决心充分利用在美国的机会，不能白白浪费掉如此难得的天赐良机。回美国后他就进了一所社区大学。但在这所社区大学之中，他却脱颖而出。加州政府要推选出若干的学生去代表加州参加教育改革听证会。洛杉矶是加州最大的城市，有五人当选为第一轮的代表，还要到加州首府萨克拉门托市去参加最后一轮竞选。最后，这个湖南来的小伙子当选为加州唯一的代表。就因为这件事，哈佛大学就决定让他到哈佛学习，并给他全额奖学金。这里的确有一种东西让人羡慕和钦佩，那就是个人主义原则。

中国播种留学已经到了收获的季节了。现在，关于中国的最时髦用语之一不是别的而是"海归"，海归者从海外归来者也。这些归来的人士，究竟占出国人数的多大比例，众说纷纭，莫衷一是。总之，已经有一大批人回国了。他们在政界和学界皆让人无法胜数，像教育部长周济、北大党

转
型

委书记闵维方、北大光华学院院长张维迎。究竟我们能从海归派那里学到多少东西尚不得而知，不过个体主义的思考模式绝对会对中国人有所影响。

随着中国经济的发展，中国的一些发达地区捷足先登，率先富裕起来了，像上海、浙江、苏南地区、广东等省市和地区，人均GDP已经和中等发达国家没有什么差别。其中尤其是浙江的温州地区和萧山地区的义乌一带，最早进入了市场经济的模式中，并且发展起来了完全属于自己的实业内涵，有自己的拳头产品，如义乌的小五金和其他小商品、温州的鞋帽，其发展速度在世界上也是罕见的，其发展规模是绝对惊人的。这些地区的经营者早已瞄准了世界市场，并已经在世界许多地方建立了稳固的生产和经营的基地。2005年，西班牙几个城市都出现了规模不同的反对华人鞋业垄断的示威活动，甚至是暴力行为；南非等地也出现了一定规模的反华事件。这些足可见华人已经开始走向世界的经济舞台，进入世界的入口。无论是学术还是经济，整体主义的模式是不灵的，只有分解为一个个活灵活现的个体形式，才能释放活力，这就是世界的世界化方式。世界的世界化就是世界的个体化，就是让每一个个体都充分体现人类的类本质。

地理的流动从来都是双向的。有中国人走出国门，就一定有外国人走进国门。当然，和中国人出国的数量相比，外国人走进中国的人数实在是少得可怜。但是，只要看到外国人在中国人之间发挥的作用和产生的影响，就是再少也不可忽略。目前在中国的教育界、新闻界、企业界，以及体育界等都有外国人的身影在活动。他们在这些行业中任职，自然就会把个体主义带进中国人的群体中。当然，影响是互动的，作用是双方的。不过，在一定意义上讲个体主义代表着和现代社会与时代潮流相一致的趋势，这是个人责任制的当代社会所需要的。究竟外国人在中国有多少，我不敢妄言。但是，我们可以看一看国家对外国的相关立法就大体上知道了外国人在华数量是有增无减：国家对于外国在华的绿卡已经有了相关规定，外国人在华买房子也已经有具体的说法。

河南郑州大学下属一所学校，是外国人独资的二级学院，隶属于郑州大学，即西亚斯学院。这座学校完全按着中国教育模式和教育方法办学，完全融入了中国教育氛围，完全系统地以中国的教育目标教授课程，完全是中国式的学校。它已经在中国办了七年学，培养了上万名合格的中国大学生。它的学生总数已经达到15000人。它有100多个外教。这所学校经过几年的艰苦努力，在生源并不出色的情况下，已经从名不见经传到了在英语过级考试、英语演讲、汉语演讲，以及其他可评比的指标考核中名列前茅。我觉得营造了激励个人创造性和积极性的个体主义的文化氛围是其最根本的变化依据和变化动力。

中国的旅游业在改革以来有了长足的发展。地理是一种资源，地理是一种财富，地理是一种交往方式，地理是文化和文明的表征。这些先进的理念和观点在改革开放的30多年间，逐渐成为了中国人的共识。这样一方面是由经济的需要催生出来了大市场的意识，各个地方的政府所能控制的资源中地理资源可能是最牢固和最得心应手的，各个地方发展开辟旅游资源的兴趣很强烈；另一方面，公共关系的需要也是各地办旅游的积极性高涨的重要原因；同时世界性第三次产业的发展高潮也产生了极大的旅游市场。这三方面的原因使得中国的旅游业风起云涌，旅游景点的开发越来越多，旅游设施的建设越来越好，旅游交通的条件越来越方便，旅游项目的种类越来越丰富。于是，来中国旅游的人数骤然增多。外国人来中国旅游，中国人看见的外国人越来越多起来了，外国人和中国民间的交流越来越深入了，这不能不说是一种促进中国人反思和反省自己的文化和文明的启蒙良药。外国人从小就自立的意识就给中国人以深刻的印象。外国人对待孩子基本是让他们自立而不是像我们那样，事事由父母包办和替代；人们在子女问题上表现出那种总是输不起的架势，把某种可能性当成必然性。例如，小孩子学走路时一定会摔跤，这是很自然的事。家长就怕孩子摔坏、摔伤。这里当然存在一种概率，但是，毕竟摔伤的可能性小得可怜。外国人对待这个问题就是放手让孩子去学，并不把那些概率很小的危险当成一回事，这给中国人的印象很深。大地理就是文化和文明交流的场域。

旅游业的发展给文化和文明的撞击从浅层次直到深层次，有些事情简直就出乎我们的预料之外。改革开放以来，其他国家和其他民族对我们中国人的文化和文明感兴趣的越来越多，尤其是中国儿童的那种聪明和善解人意的性格给他们以无尽的好感。许多外国人愿意收养中国儿童，仅美国的相关机构和个人在这20多年间就收养了中国儿童达五万人以上，这还是不完全的统计。这些和中国形成了血缘关系的美国家庭，来往于中美之间，形成了一种自然、活泼、生动、逼真的文化和文明下意识和潜意识撞击。美国家长对待子女的平等意识、隐私意识、双向需要意识、独立成长意识，都给中国儿童留下了不可磨灭的印象。美国家长真诚地说，他们更需要子女，并不把抚养子女看成是对他们的拯救，更不把子女的消费看成是对自己的欠账，也不把子女当成未来望子成龙求的寄托；他们抚养子女就是在抚养的过程中获得愉快，这个过程就足让他们陶醉。个体人的现实原则和独立原则在这里充分体现出来了。

在美国生活多年的中国后裔同样把个体主义潜移默化地装进了自己的心灵。一位学校的校长是美籍华人。由于结婚后多年没有生育，夫妇两人就决定收养一个孩子。当这个女孩长到能够知道身世是怎么回事时，夫妇两人就郑重其事地告诉了这个女孩，他们不是她的亲生父母。这个女孩不仅和自己的养父母没有隔阂，而且还真正把养父母当成自己的知心朋友。后来，她的亲生母亲来找她，养父母就征求她自己的意见，对她讲完全由她自己来选择。她选择了留在养父母家，但也没有伤害自己的亲生母亲——她定期去看自己的亲生母亲。两家走动得亲亲热热。

大地理的意识当然要有经济基础。当中国人腰包丰满的时候，中国人也产生了云游四方的潇洒和自由的追求。中国政府的国庆节等数个长假的政策的确功不可没。有了长假，人们可以获得充分的时间走出家门，走出国门，走近另一种天地之中。不用说走出国门进入他国的另一个世界，就是进入异乡也是一种心旷神怡的感觉。这是一个简单的道理和事实。这就是法国最著名的人类学家列维—斯特劳斯所说的"人要学会运用遥远的目光来观察自己"。这本是日本演员世阿弥的一句名言，它是指一个演员要用观众的眼光来观察自己。列维—斯特劳斯将其借用来说明在文化和文明之间也要用另一种别的文明和文化的眼光来观察自己，在这种遥远的目光观察下就会成长起个体主义的意识和自我独立的意识。当一个民族真正走出了封闭之后，就走出了传统的整体主义，不管是走出家门还是走出国门。走出家门，进入属于自己的那种文化和文明的亚类，同样会有一种新鲜感和新奇感，同样会有一种置身异域的冲突。自我就会被调动起来思索和沉静，就会产生以自己的意识世界同化和顺应的需要。这就是个体主义的萌芽和生长。

邓小平关于改革开放的神来之笔要算是在香港的边缘建设一个新的城市，这就是深圳。今天的深圳纯粹是人工智慧的结果，它不是那种自然城市的中心化和分散化成长的过程。它就是在一种需要之下，用一种政治的开拓精神和开拓能力所创造出来的城市。这个城市绝对是大地理的产物。全国各地四面八方迅速集中到这个新兴的蓝图城市集中地，让其在短短的几年内就变成了拥有近900万人口的城市，真是人间的奇迹。全国各地到深圳的人口并不是平均化的，有的省份较多，有的省份较少，其中东北人大致占深圳人口的1/10。东北人应该说比较有整体主义特色。这是因为东北的自然资源较为丰富，而气候又相对恶劣，生长期只有三四个月，到了冬天人们就进入了一种近似于群体性生活的阶段。黑龙江省关于冰雪文化的若干研究对此有相同的结论。但是，来到深圳的东北人经过了一段时间的适应和自我的拼搏之后，几乎绝大多数人都学会了自己面对自己的个体主义的生活观。我在深圳的东北人的群体中作过一点简要的统计分析。下面是我和一个出租车司机的对话记录。

问：你来到就适应吗？

答：那怎么可能？刚开始来时，什么都不会，总想找个熟人什么的，没有人帮忙，只好自己帮助自己来。

问：那你为什么要到深圳来谋生呢？

答：别提了。我的家乡是东北长春郊区的一个小镇。改革开始那时候，我就卖瓜子，没有多久，手里就有了点钱。大伙看我干这行，

转型

都出瓜子床子。我一看不行了，就改行开出租车，赚了一点钱。可是，我的那些兄弟们看到我发达了，就眼红，总是想法跟我手里拿钱；地方上的那些有头有脸的也借钱不还。到后来我就没有招了，就这么来的深圳。到这才知道，人就得自己管自己，把自己转起来，就是不能过法律的线。我的那些兄弟们后来也来了深圳，他们也受了教育，懂得了人要自立的道理。

我听了这段后不由自主地喃喃说道：流动的地理就是让人长进。他似懂非懂。我们就结束了谈话。改革开放使中国的地理开始流动了，这是不可阻挡的潮流。

5 世界经济一体

在有关现代性的概念中，无论是学术界还是世俗界，对于世界经济一体化的理解可能是误会最多的。很少有人深入思索过世界经济一体化究竟是什么因素在深层发挥作用，更很少有人对于世界经济一体的后果作过深层的分析。许多人误把世界经济的整体化效应不假思索地认定是民族国家积极促进的结果，甚至也有人认为是联合国在其中作出了贡献。真实的情况到底是怎样的呢？

1929 年到 1933 年的世界经济大萧条，造成的惨状是不可能用语言来形容的，甚至是不可能用数字来计算的。事后就有人认为之所以出现世界性的经济大萧条，就是因为国家设立贸易壁垒和非贸易壁垒，就是因为政治上的需要把私人资本封闭在国家的狭小范围内。可惜，这种声音并没有被重视，原因就是当时政治上的纷争压倒了经济上的思考和追踪，国家之间的战争迫在眉睫。

第二次世界大战之后的 1947 年，世界上若干有影响的国家的代表集中在日内瓦，签署了世界关贸总协定。有了上一段时期的准备，我们就知道了关贸总协定的真正动力机制并不仅仅是国家和政治集团，也是私人资本的扩张要求。之所以如此，完全是因为在战争的浩劫过去之后，人们反思战争的起因和结果，发现战争和20世纪30年代的可怕的大萧条关系密切。正是因为大萧条造成了德国几百万的失业大军，才使希特勒有了煽动民族主义情绪的大好时机，并把德国拉进战争的深渊，使整个世界也跟着遭殃。这种反思形成了政治人物的共识，并非他们的善意和开通，而是谁都怕战争还有借尸还魂的可能。

当时关贸总协定的诞生并没有真正实现资本的自由流动和贸易壁垒的彻底铲除。这是因为那个时代国际间严格划分为两个针锋相对的国际集团，即以美国为首的西方集团和以前苏联为首的共产主义集团，两个集团内部都有密切的相互往来，但其中都有霸权政治的影子。在关贸总协定的概念框架内成立了国际货币基金组织和世界银行，以帮助发展中国家的经济为目的。但是，世界银行和国际货币基金组织似乎没有和关贸总协定的宗旨完全合拍。尽管国际货币基金组织和世界银行都有明确的规定，一般不干涉债务国的内部事务，但是，国际货币基金组织还是愿意把资金借给所需国的政府，债务国一旦金钱到手主要是发展出口替代工业。然而，大量的资金投入并没有取得明显的效果。原因是一些债务国把资金挥霍得让人吃惊。到1970年，世界银行计算得出，如果仍以相同的速度维持借贷，为以前借贷所付的支出额度将超出新的借贷。这些发展中国家的内部灾难又雪上加霜，被另一种更大的灾难所击垮，这就是石油输出国组织大幅度提高了油价，大多数发展中国家是原油进口国。富油国的财富流向了欧洲和美国银行。这些钱急于借出，因为银行家只知道数钱，你究竟用这笔钱或那笔钱做什么那是你自己的事。这样它们提供给发展中国家商业银行的借贷远远超过了政府和国际银行。

原油进一步涨价早已在人们的预料之中，因为石油输出国绝大多数是伊斯兰国家，在它们对抗西方国家的武器中石油无疑是最有威胁的。美国是石油进口大国，它提高利率同样是在预料之中。在这种情况下，轻松借款的好时期戛然而止。既然偿付借贷要用新的借贷，债务国的危机就再也无法避免了。危机聚焦在墨西哥，这个国家威胁要违约还贷。在这种情况下，当时的国际货币基金组织发挥了双向功能：既向债权国施压，要债务国更多的借款；又向债务国施压，要墨西哥保证还款。这种新的形势促进了全球经济代替国际经济——所谓国际经济就是由国家出面组织的经济活动，所谓全球经济就是私人资本自由运作的经济。这项转变是在美国财政部的带领下，由关贸总协定的国家，在华盛顿签署了一项称为"华盛顿一致赞同"的文件，它规定关贸总协定的缔约国的经济发展必须由跨国合作投资来组织和实施，而不是由政府组织和政府间的协议来实施。

这项国际间的新规定，显而易见，是针对墨西哥的赖账行为。它的深层思考也许是规定制定者永远也不会想到的，甚至是它的后果也永远不是其制定者可以想到的。经济对整体化是一种解构，这已经被国家经济所证明，现在又被国际间的经济所证明。到了这一步任何人大概都会想到"华盛顿一致赞同"会带来什么样的结果了。这是真正的世界经济一体化的重大决策。发达国家的私人公司到发展中国家去办跨国公司，要是发展中国家没有吸引人的魅力，那是绝对不可能把发达国家的私人公司吸引来的。

发展中国家的经济魅力究竟是什么？有两件事让西方国家垂涎三尺：劳动力的廉价和市场准入的低门槛。这两件事都是自然形成的由历史带入到了20世纪的遗痕。劳动力的低廉是历史原因所造成的。市场准入的门槛是由权威制定的，也就是由政府制定的。当"华盛顿一致赞同"把这些条款写进协议中时，其最终的结果是可想而知的。个体主义的历史发展应该是世界性的社会解构的过程。

就在"华盛顿一致赞同"成为了国际间经济的准则的时候，人类的思想史也进入了后现代的历史时期。1968年，法国人东施效颦地搞了一场闹剧，那就是他们根本不知道中国的"文革"是怎么回事，就效法中国"文革"来一个学生造反，弄得整个法国乌烟瘴气。但是，这场法国闹剧却在另一个意义上宣布了法国进入了后现代时期。当年，后现代的领军人物之一的德里达发表了三部巨著——《声音与现象》《书写与差异》《元书写学》，奠定了他在哲学史上的地位。另一个领军人物福柯也已经出版了他的绝大多数脍炙人口的书籍。最重要的是，后现代本质是什么？后现代的宗旨是什么？后现代的目标是什么？这些问题在那个时代已经清清楚楚了：后现代的本质就是世界的平面化；后现代的宗旨就是去科层化；后现代的目标就是用超越性和凸显性来营造一种氛围和制度，所有的一切在场性的事物都由超越性和突显性的规则和规范来指导和指挥。在这场世界性的经济转轨、转型、转舵的过程中，世界经济不也是融入了世界性的新思潮的雄壮队伍之中了吗？

发展中国家基本只有一个经济优势，那就是廉价劳动力。就在那个时代中，许多国家只要融入了世界经济的大潮中，政府就要让步，就要给劳动力的价值加码。发展中国家的劳动力成为了世界性的经济机器的一部分，成为了在世界范围内流通的商品，这才是劳动者彻底实现自己的价值的良好机会。人类的第一次经济创业是哥伦布的地理大发现，那次的真正收获并不是地理面积和地理美景，而是货币。也就是说是货币对于人类的发展起到了极其重要的推进作用。这是一次偶然的奇迹和偶然的契机，在这次创业的基础上发展起人类的原发性现代化，这就是资本主义世界的成功，它是世界的经济国际化的一次壮举。人类的第二次创业正是这次世界经济一体化的过程中由廉价成本的劳动实现的。

亚洲的日本是在第二次世界大战后，由美国占领军的统帅麦克阿瑟将军强迫日本政府实施了民主政治。但是，它的经济发展并没有和它的政治改革同步。只是到了 20 世纪 60 年代，也就是世界经济一体化的前夕，它由于没有庞大的军费开支，正好在世界经济一体化的准备阶段开始了经济腾飞。到了佐藤荣作任首相的 8 年，日本经济突飞猛进，其本质原因就是廉价劳动力和日本人的那种争强好胜的劲头。

亚洲的其他国家和地区，在这场经济一体化的开始阶段真正受益的就是亚洲"四小龙"——台湾、香港、新加坡、韩国。其中韩国还较晚些，因为光州事件之前韩国的开放程度还不够。其他几只小龙都是因为廉价劳动力换来丰厚的资本和资本积累。经济学家常常惊叹，为什么在 20 世纪 50 年代，香港人均国内总产值几乎是上海的一半，到了 20 世纪 90 年代香

转
型

港的 GDP 就已经是上海的 10 倍以上。其实，原因就是香港进入了世界经济一体化进程。同时，在这场世界经济一体化的进程中，这些国家和地区也都发生了社会的巨大变革，即社会制度和社会运作方式都有了翻天覆地的变化。

世界经济一体化的另一个条件就是市场准入的门槛必须降低。在经济的压力下，几乎所有进入关贸总协定的国家都降低了市场准入的门槛，也就是把关税壁垒和非关税壁垒一步步取代，换上新的法令和法规。这些新的法令和法规则是保护跨国资本的经营权力，对各国资本一视同仁，大力规范市场秩序，全力保证机会均等的实施条件。所有这一些都告诉我们，世界经济一体化在某种意义上讲就是经济对政治的冲击和改造，而这种冲击和改造并不是政治主动接受的结果，而是经济自然而然形成的压力。这是世界性的社会解构。谁说它不是后现代的操作？当然，从文化学角度我们必须说，那是个体主义的黄金时代，就像哥伦布的时代是个体主义的黄金时代一样。

20 世纪 80 年代起，中国就确立了"一个中心两个基本点"的治国方略。一个中心就是以经济建设为中心，两个基本点就是改革和开放。改革就是改革经济体制，开放就是向世界开放。一般而言，只要开放，就一定要服从世界经济一体化的两个定律：用低廉的劳动力和市场准入的低门槛吸引外国资本，体现多样性的个体主义文化和文明逐渐影响社会各个领域。这是不以人的意志为转移的历史规律。

中国的开放是循序渐进的。20 世纪的最后 10 年，中国的情况起起伏伏。最开始是经济的低谷，主要是市场疲软，人们的惜购心理和世界对中国的看法和态度加在一起是市场疲软的重要原因。但是，世界对中国的需求是显而易见的。在关贸总协定运转了 40 年之后，于 1996 年被由世界贸易组织所代替。这种升级的内涵是非常清楚的，对贸易壁垒和非贸易壁垒的冲击关贸总协定的确起了很大的作用。但是，它和世界贸易组织相比，那只能是小巫见大巫了——一种协定和一个组织不能相提并论。在这个转变前夕，世界并没有忘记中国，还是给中国很多机会。要是能在世界贸易组织取代关贸总协定之前加入后者，中国就能顺乎自然地成为世界贸易组织的成员国。当时的中国早已开放多时，决心坚定，但是还有一个致命的伤痕，那就是知识产权在中国人心目中还是一个零概念，盗版的书籍、音像制品、其他含知识产权的商品在中国被肆无忌惮地盗制。2001年9月的拉哈会议上，中国终于成为了世界贸易组织的缔约国。这个组织其实是个体人解放的俱乐部。

中国有庞大的消费品市场，有庞大的劳动力市场，有庞大的技术市场和金融市场。世界只要还是按着市场的方式运转其物质资料的生产和知识的生产，它就不会把中国拒之门外，因为金钱的流动是从不考虑国家的边界和国家的态度的。台湾地区到那时已经有1000亿美元的黄金外汇储备，急于为这笔资金找到出路；香港、澳门地区已经回到了祖国的怀抱。在这种情况下，中国的固有优势人口的数量就发挥了极大的引力效应：许多国家和地区的资本纷纷抢入大陆，抢占中国大陆的滩头阵地，东南沿海的各个省份都是重点和热点；没有多久，中国内地尽管投资环境未必很好，但也成了投资的热点和重点。外资的到来极大地活跃了中国的经济和中国的生产。到2006年，中国的资本总额的46%和进出口总额的55%是由外资实现的。中国拥有了近一万亿的外汇。这些金钱中国人民用自己的生命和热血，用自己的辛勤劳动和努力拼搏换回来的。

有什么理由说这也体现出个体主义化的进程？

中国必须要签署相应的承诺才能成为世界贸易组织的成员国，这些承诺都是给个体主义大开绿灯的闸门。诸如农产品保护的时间表、机电产品保护的时间表、金融产品保护的时间表，金融的开放、农产品的开放、机电市场的开放等等，都是向个体主义让步的承诺。于是，外商们以个体的形式纷纷进入中国。他们的原则就是一个：看赚不赚钱。这就是个体人的显著标志。

到中国一定赚钱，这是铁的定律。中国的劳动力供应永远大于需求，只要没有战争之类和饥荒之类的马尔萨斯效应。劳动力供过于求，就意味着劳动力的价格一定要低于它的价值，这就是说只要在中国雇用劳动力就

转
型

一定会有比较高的利润。外商来了，他们就是朝着低廉的劳动力价格来的。他们来赚钱就足够了，他们也许不会想到在他们赚钱的同时也会解决中国的劳动力就业问题，给中国带来发展的机遇和突破就业困境的可能，更不会考虑他们国家和政府的态度。他们成为了经济人就是成为了自己。在这一过程之中，中国的劳动者也同样成为了他们自己，当然，劳动力供过于求的现状使得他们处于劣势而已。

中国的打工仔们成为自己的含义当然是指他们的个体追求所形成的整体性效应。2005 年到 2006 年间的世界经济有一个最为敏感的问题，那就是中国的汇率问题。世界上许多国家的政府都对中国的巨大贸易顺差十分不满，都想催促中国提高汇率。但是，在中国投资的外商们并不一定完全赞同这样的意见。如果中国的汇率提高了，那就要相应提高劳动力的价格，也就是要多付劳动者工资。这样工资的成本就会提高，外商的利润就会减少。外商们也不愿意和发达国家的政府合作，这是显而易见的。中国政府对此当然也持反对意见，因为那样一来在中国的外资有些就会撤走，劳动者就会失业——这就是个体主义发挥效能的方式。各种因素只在此时此刻此地才有作用，才能形成一种基于利益的合作和默契。这正是个体主义的力量所在和魅力所在。那么，劳动者的整体效应不就是一种制衡的力量吗？

世界经济一体化就是个人人权高于主权的象征和标志。货币作为新型权力的载体，它有一种十分特殊的功能，就是它只能在个人手里增值。因为如果货币在许多人手里，人们就会对货币繁衍自身的结果不加以珍惜，这就是经济人的动机与利益统一原则所要阐述的内容；许多人拥有一笔货币就是等于没有人拥有这笔货币。动机与利益的统一一定要统一于个体人身上，世界经济一体化就意味着世界的整体正被一种新型的权力媒体来整合和使其流动。难怪在关贸总协定时期，竟有人出来组织讨论政府还有什么用。当然，在世界经济一体化的进程中，新的权力媒体的作用也一定是循序渐进的。但是，它所开辟的道路是确定的。

世界级的经济大亨对于新的整合文化和文明的权力媒体的促进作用是

难以估价的，比如微软公司、摩根士丹利公司、美孚石油公司、沃尔玛超级市场等。这些跨国公司解构整体主义的有力武器就是向世界宣布，把世界变成一个网络，它就不由某种在场的力量来决定其命运。树立指导世界的规则和规范是个体人成为一种自我控制的生命的重要道路，更是让社会成为某种生命的重要道路。这些榜样的力量成为了人们追逐的目标和样本，鼓舞着许许多多的人去争取成为个体主义潮流的弄潮儿。

中国的情况也反映出和世界潮流一致的趋势。《瞭望新闻周刊》在2006年9月份报道，我国新的社会阶层以及从业人员人数已超过1.5亿人，约占总人口的11.5%，掌握或管理着10万亿元左右的资本，使用着全国半数以上的技术专利，直接或间接地贡献着全国近1/3的税收——这些数据不禁令人惊叹：我国社会阶层结构已经发生了深刻的变化，新的社会阶层正产生着巨大的影响力。这些新的社会阶层就是这种个体主义成功的典范。

胡锦涛总书记说："我们要全面贯彻尊重劳动、尊重知识、尊重人才、尊重创造的方针，要尊重和保护一切有益于人民和社会的劳动，尊重和保护一切为我国社会主义现代化建设作出贡献的劳动，努力形成劳动光荣、知识崇高、人才宝贵、创造伟大的时代新风，不断增强全社会的创造活力。"这极有利于调动个体劳动者的积极性和创造热情。在这种精神指导下，中国知识分子响应者云集。在财富的增长越来越依托于知识的增值之时，中国传统知识分子"学而优则仕"的观念也正在经历重大的变迁。中国零点调查与前景策略董事长袁岳被认为是新式知识分子群体中的一员，新华社2005年11月报道了他获得2005全球华人企业领袖远见中国奖的情况。另据《人民日报》报道，2007年5月，北京市政府从回国创业的留学人员中遴选出袁岳等17名优秀代表，授予北京市留学人员创业奖荣誉称号。袁岳认为，"我们所处的转型社会，新的财富积累方式使我们的生活价值观发生了巨大的改变。""一方面，在我们国家，对人的评价体系中，财富聚焦能力的排名比其他不少国家更靠前。在我国，七岁孩子的理想职业，'总经理'常常排在前列；另一方面，人们全力追求 Quick Money，想

89

转型

赚'快钱'，社会机会很多，追求变化的动力也大。这种转变带来的有利方面是：社会转型的突破口需要通过某种冲击来实现；不利方面是：很多人把价值观定为追求财富，许多人也把社会负面因素归结为对财富的追逐"。而新型知识分子要探寻的财富路径，是一条良性互动于社会的和谐之道。

一个合格的社会财富结构一定是纺锤形的，即极度贫穷的和十分富有的阶层分别只占全社会的一小部分，中间阶层则是十分庞大的，将其用几何图形表示就类似于一个纺锤树。这是一个社会能够理性存在的基本结构。第二次世界大战之前，工业化国家的中间阶层是农村中的中小有产者，他们构成了社会稳定的要素。第二次世界大战之后，在现代化潮流的冲击之下，这个中间阶层明显减少，这是因为社会化劳动分层的加深，社会的管理、情报、信息活动的增强，国家行政和企业管理机构的膨胀，一个由中间职员、中间官员、专门科技人员等职业知识分子组成的新中产阶级——白领阶层，成为了现代社会中的举足轻重的中间阶层，成为了实现社会控制和生产管理的不可替代的中介力量。

中国近30年来，创富主体几经变迁：第一代是个体户；第二代是农村家庭联产承包责任制后的承包到户者、农副产品加工企业主、乡镇企业主；第三代是城市改革过程中通过承包制、采购链和服务体系转型富起来的个人，他们当中当然也有利用垄断经营、价格双轨制等而暴富的人；第四代则是邓小平视察南方讲话后，在干部分流、教师下海浪潮中形成的企业家，主要涉及房地产、国际贸易、开发投资产业；第五代是2002年的党的十六大后，在我国产业结构调整、国企改革、城市化加速、民营经济加速发展和经济全球化程度迅速提升的浪潮中成长起来的企业家。

如今，历史正在促生第六代财富创造者，经过市场洗礼的新知识分子正在成长为创富主体。一批出生于20世纪六七十年代的正值壮年的新知识分子，由于其成长的年代是改革开放的黄金时期，他们面对的财富更具有流动性，更具有可分解性。他们正在通过创业获得对财富的支配权，通过创办实业或者治理公司而实现自己的人生理想，通过大众媒体获得话语权。

根据国家人事部的统计，目前全国的专业知识分子有 3800 万，已有 1000 万在非国有企事业单位工作。调查还表明，这个群体的相关状况是：学历在大专以上占 86.18%；涉及 20 种不同业务，可归纳为中介机构中的专业人士、非公有企业的技术人员和管理人员，以及自雇知识分子三大类；他们谋职的方式 86.70% 通过市场，26.01% 自主开业。世界经济一体化就是要生产一批和经济的现实需求相一致的富人。靠自己的才能和本事致富就是个体主义的重要典型。

　　中国改革开放的年代的确崛起了一批用自己的知识致富的知识分子，在这些人中王选和袁隆平是比较典型的。王选是汉字激光照排系统的发明者，被称为"当代毕昇"。他作为北大方正公司的创始人之一，把自己的技术转化为产品，成为中国第一代"知本家"。至于说他是全国政协副主席、中国科学院院士、中国工程院院士、第三世界科学院院士等职务，只能证明他已被社会所高度认同而已。袁隆平是世界公认的水稻专家。1998年，湖南四达资产评估事务所对袁隆平进行了品牌价值评估，结论是其品牌价值为 1000 亿元。世界经济一体化会生产强者和富人，每生产一个强者和富人就是给个体主义加上了有力的砝码。有两种选择：其一是跟上世界经济一体化的进程，个体主义会纷至沓来；其二是拒绝世界经济一体化，传统整体主义的桎梏最终会把整体主义自身引向死胡同。何去何从，这是一个值得思索的选择。

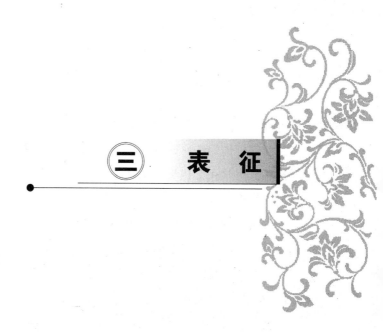

三　表征

当我们确立了两个极端之后，说某一个阶段的终结，就是说事物已经从这一极端向另一个极端运动。这里既有趋势，也有现象。一种文化和文明，一种政治和社会，一种思想和观念，一种行为和惯习，要想彻底走出世界的舞台，那几乎是绝对不可能的。我们探索个体主义的表征，只能是某种概率、某种倾向、某种苗头，仅此而已。但是，当我们的确可以判断，新的范式、新的标准、新的依据、新的背景已经被更多的人所认同时，我们几乎就可以说这就是新的表征、新的呼唤、新的世界、新的未来。

当人类进入文化的时代，文化就是把个体人组织起来的那种力量和把整体效应持续下去的惯性。因此，我们完全可以说，文化的早期形式一定是整体主义的。这样一说，个体主义取代整体主义不是一种反常现象吗？要回答这一问题，必须明确整体主义作为文明和文化的模式也同样有两种截然不同的本质。只有说明了这两种整体主义的根本区别，才能最终明确个体主义所要取代的是那种打着整体主义的旗号行个体人的人格化利益的整体主义。换句话说，个体主义取代的是假的整体主义。

人类学自从创立以来，始终没有离开对于那些处于世界潮流之外的人类种群的研究。当然，我们不能说那是对原始人的研究，已经有人揭示了若干人类学研究标榜的是对于原始人的研究，而后来深入探索的结果却证明了那些所谓原始人只是某种文化的产物。人类学就是对于这类族群的研究。再加上文化学的研究，如本尼迪克特等，也都是研究这同一类族群。当我们把他们的研究成果综合起来的时候，就会得出一个鲜明结论：所有这些人类学和文化学的研究成果都充分表明，处于较为原始阶段的人类族群，基本按着整体主义的文化模式来整合自己的简单性社会和种群生活。那种蒙昧阶段的整体主义的模式，我们完全可以从列维—布留尔的《原始思维》、摩尔根的《古代社会》、本尼迪克特的《文化模式》诸书中体会出甚至完全总结出其要点和本质。在这些绝对整体主义的模式里，个体人无论怎样在其简单性的社会里显赫与威严，都不会对整体性的成因起到组织和整合的作用。那些显赫的人物，如酋长或者部落领袖之类的人物，也只是在整体性中传递某种信息，从事十分简单的组织功能，享受一点比别人多的优惠，仅此而已。这就是说，在这种整体主义的模式里，整体性是一种不在场，是一种凸显在整体主义之上的规则和规范、观念和信仰、传统和惯习在发挥作用。比如，本尼迪克特的《文化模式》里描述的酒神精神的文化典型和日神精神的文化典型，都只是规则和规范、观念和信仰、传统和惯习在从事组织的功能。这种文化的整体主义的特征，在很大程度上还体现了某种幸福感和悠闲性，这就是因为所有人都是整体主义的成员，都几乎平等和平均地分享着整体主义提供的氛围和基础、环境和条件、道德和观念、利益和和谐。这就让最近几年来人类学家和文化学家研究锡金和不丹、尼泊尔等小国的人民时，得出了一个让人吃惊的结论：这些国家的人民有着极高的幸福度。这种不在场的整体主义有如下鲜明的特征：第一，置身于文化中的个体对整体主义的形成和持守都不起关键作用。因此，在场性的人只是模式的对象而不是模式的看守者，更不是模式的创立者。也就是说，这种文化模式是彻底不在场的。第二，这种文化模式是彻底的现实性的，人们的确知道是传统在起作用，是某种历史性在延续，但是，文化的参与者只感受到现实就是由文化模式组织和保证的生存论状态，没有必要追寻历史或者未来的那种意蕴和意境，更不需要在历史或者未来确立和确定现实的根据。这两点即不在场性和现实性，正是原始阶段（而非原始社会）的整体主义的本质特征。

这种现实性的又不在场的整体主义文化模式，一般只能停留在文化的阶段，很难进入文明的历史时期。我在这里使用文化是指那种脱离动物的生存状态而进入人类独特的生活状况时的那种组织形态；文明则指文化经过一段相当长的发展之后，形成了一种模型化的文化观念和信仰、制度和体制、行为和惯习，并把若干个民族国家整合到这种模式化的群体中。在世界的范围内，这就叫文明。这是和汤因比①、亨廷顿②等人的看法一致的理论。处于不在场的整体主义文化形态中的人类社会，如果没有比较原则和比较对象与自己的文明类型发生碰撞和冲突，这种整体主义会一直延续下去。这种整体主义中的个体并没有被整体主义压榨的烦恼，每一个个体都可能无忧无虑地生活到自己生命的最后一刻，这是因为不在场性保证了几乎每一个人都严格遵守整体主义的信条和规则，个人的欲望和利益追求都不至于到那种绝对侵犯他人的程度。这就是 20 世纪中叶的一种理论，即比利时的布鲁塞尔学派的普里高津③所建立的耗散结构理论的适用范围。在这种整体主义的状况下，系统处于封闭状态，熵达到了最大值，也就是所谓的无序状态。这里所说的无序就是指每一个元素都和其他元素彻底按同一种原则形式处于同一种状态。一旦系统处于平衡态，当然就是最稳定的。

所有整体主义的社会都有规律，就是必须按着某种集体表象的规定和

---

① 汤因比（Arnold Joseph Toynbee, 1889—1975），英国著名历史学家。汤因比对历史有其独到的眼光。他的 10 册巨著《历史研究》讲述了世界各个主要民族的兴起与衰落，被誉为"现代学者最伟大的成就"。

② 1993 年美国著名的国际政治学者哈佛大学教授萨缪尔·亨廷顿在《外交》季刊夏季号上发表了《文明的冲突》一文，对文明有明确的解释。

③ 伊利亚·普里高津（Ilya Prigogine, 1917—2003），比利时化学家、物理学家，1977 年诺贝尔化学奖获得者，非平衡态统计物理与耗散结构理论奠基人。耗散结构是指一个远离平衡状态的开放系统，由于不断和外环境交换能量物质和熵而能继续维持平衡的结构。对这种结构的研究，解释了自然界和人类社会的许多以前无法解释的现象。

示范作用来把整体凝聚在一起。集体表象是列维—布留尔在他的《原始思维》一书中提出的。他有一套严格而又严谨的定义，我们似乎没有必要按着他的定义来解释这个概念：一方面后人对其批评最多的就是这个概念；另一方面他的解释也只就原始民族的状况来说明，没有充分考虑到的是在那些非原始民族中也同样有集体表象，尤其是那些并非处于不在场的整体主义的社会中，集体表象作为一种人为制造出来并且由个体人的特殊需要来维持下去的特殊精神需要。这种情况下所谓的集体表象其实对于那些坚定不移相信集体表象的人来说，集体表象才是列维—布留尔所定义的那种在这种情况下，集体表象就需要重新来说明。

整体主义都需要集体表象。但是，原始人的集体表象是那种每一个人都要按着它的要求来规范自己的生存论状态，也就是说集体表象是在现实的需要之下，现实的每一种活动都是在集体表象原则的范围之内，并且只有现实的原则而没有未来的原则隶属于集体表象之下。他们的生活就是集体表象的具体形式，或者称把集体表象现实化。集体表象绝非目标，绝非未来，绝非由某一个个体或某些个体控制，集体表象就是把精神生活整合起来的并且影响物质生活的那种话语权力。比如说，原始图腾物是熊，那么原始人就把自己想象成自己既是人又是熊的那种原始二元论。熊图腾由话语权力传递，围绕着熊图腾会形成许多行为和话语的戒律和准则。它们一定要由话语权力的形式来表达才能构成集体表象，那么这种话语权力就是集体表象。

在另一种整体主义的情况下，集体表象要由话语权力表达毫无疑义。只有话语权力的表达而非实在的经验表达才能称为集体表象，而表象就是那种由话语的形式进入精神生活并且在精神的各个层面上都会反复出现的概念和范畴、语句或语段的篇章。但是，这后一种整体主义的集体表象并不是指向现实而是指向未来的，那么这就不再是一种生存论状态而是一种改变现实的行动原则了。一旦现实原则被未来原则所代替，集体表象就失去了现实的判断标准，在集体表象规范下来行使话语权力的那些个体就不再仅仅是集体表象的遵守者，而成了集体表象的制造者和筹划者。在这种形式下，个体主义就开始以个人奋斗和个人疏离的方式顽强地表现自己；同时就会出现个体主义的潮流。这股潮流就是个体主义表征自己的出色演出。

在这两个极端之间存在着极大的中间地带，有许许多多的人在其中觊觎着成功和发达，又深深地知道只有进入整体主义的内部才能真正实现自己的目标。在没有实现自己目标之前，他们会不遗余力地努力使自己钻进整体主义的内部，成为整体主义的追随者和获利者，而实现这种目标的过程不可能是整体主义的，一定要以个体的形式去争取自我实现。这的确是一个悖论——在整体主义的文化和文明的进程中，这种悖论是无法避免的。在整体主义的模式里，只要把人的欲望调动起来，整体主义就到了崩溃的边缘，因为每一个整体主义中想要奋进的人只能走个体主义的道路，奋进者会把个人的条件和需求的层次发展到极致，这同样是个体主义的表征。

把以上几点加起来，就得出了个体主义表征的各项内容。一是在整体主义中争取个人出人头地的努力一定是个体的，但是并不能一概而论把这种个体的奋争都看成是个体主义的表征，只有那些并非为了维护整体主义的模式进行的个人奋斗才属于这一类。二是在整体主义的穷途末路时已经看清了问题的症结，并改弦易辙地采取个体主义的方式来彻底改变文化模式的那些头脑清醒者的个人努力。三是完全崇尚个人努力和个体行为的那些意志坚定者、坚信个人的奋斗一定会成功的那些人，在个人成功的道路上所创造的奇迹，以及让从众者吃惊的那些行为和言论。当整体主义已经被人揭穿的时候，个体主义会以迅雷不及掩耳之势顽强地表现自己。因为在这一刻，人们会看清老的文化和文明模式可以肯定不会持久，更多的人会用新的模式去争取成功。这种情况一般发生在集体表象被彻底揭穿的那一段时期。

自然人对社会人的背离

20 世纪最伟大的哲学成就，就是人类在自我相关的高度上认识了人类的类本质，人类的类本质是寓于个体人那里的、由个体人承担的创造自己本质的那种本质。这句话虽然有点绕嘴，却恰如其分地说出了人类这个种属的最典型特征。世界上的一切事物，除了人类之外，都是由类的特征来决定类本质的，即类型特征是类本质的标志。唯独人类与此不同。人类在类型学上的特征，如直立行走、使用语言、性交、发明并使用工具、高级思维能力、逻辑判断，甚至哲学人类学所说的未特定化，等等，严格说都不是人类的类本质，因为在比较心理学的进化的阶梯上，这些特征都能在非灵长类那里找到一些相似性。那么，人类的类本质究竟是什么，就值得我们认真地思索。应该说在这方面哲学人类学的贡献远没有哲学自身的贡献大，甚至没有心理学贡献大。

　　20 世纪的哲学是从现象学的门槛进入新世纪的大门的。现象学的创始人胡塞尔虽然恪守笛卡儿的"认识论剩余"①，把哲学局限在认识论的狭窄范围内，但他也走到了哲学范式更替的前沿——他让认识论退守到个体性的意识世界里，已经到了分出单子化个体的境地。海德格尔作为胡塞尔的门生，首先是接过了现象学的衣钵，然后才是存在主义的创新。所谓存在主义，就是变胡塞尔的"笛卡儿剩余"而成"柏拉图剩余"，我在这里用"柏拉图剩余"来指本体论，就是研究什么是存在的那种学说。海德格尔在胡塞尔的基础上彻底揭示了世界上只有人类的个体存在，个体是本体论的最小单元，个体是世界的原初起点。这里的世界实质上是指那种可以自我指称的世界，也就是可以反思自己的世界。知道自己存在的种属才是一种真正意义上的存在，才是自我相关自我指称的存在。其他事物的存在只是我们人类的命名和分类的结果；唯独人类的个体既不用命名也不用分类，这就是活灵活现的存在和自我定义的存在。在这方面海德格尔的杰出贡献绝对是不可抹杀的。后来者萨特对存在主义的贡献则是让这种学说成了家喻户晓的市井哲学。神学家田立克②有一本书

---

　　① 指胡塞尔的哲学一直没有走出笛卡儿的认识论樊篱。下文的"柏拉图剩余"含义与此相同。

　　② 保罗·田立克（Paul Tillich, 1886—1965），生于德国，逝于美国。他是一位新教神学家、新保罗主义者，并且经常被认为存在主义神学家，甚至被视为美国的存在主义者的代表人物。见《存在的勇气》，源流出版社，1990。

叫《存在的勇气》，他是在神学上说明人类的个体敢不敢正视自己的个体性存在，才是人类是否紧紧跟随神的步伐的考验。当然，这也和基督教的本质完全一致的。

20世纪的心理学突飞猛进，硕果累累。但是，真正对人类的自我认识最有意义的绝对是弗洛伊德的精神分析学，19世纪哲学和社会学有一个最大的偏见，就是把人完全说成社会关系决定的社会动物。这个偏见对于19世纪的政治、经济、文化都有相当大的影响。20世纪是弗洛伊德那振聋发聩的声音让人们猛醒：人在本质上就是动物。这是多么真实的深层思索的结晶！人回到了他生物学上的起点，才能恢复他的真正本质。弗洛伊德发现了人在所有情况下都是按着自己内心深处的那个动物的原点来行事的。于是他让人对于自己有一个真实的镜像效应；他更让人都回到了同一个水平面上，人成了和自然界的动物一样，没有任何区别的平等和平权：他让人有了自己首先是自然人的概念。

但是自然人并不是和动物没有区别的、完全按着本能冲动行事的怪物。弗洛伊德虽然建立了自然人的概念和信心，但是他也有自己的缺陷和不足，即他没有说明白自然人是怎样在社会中和在世界上形成的。这里有一个让人百思不得其解的问题：自然人确实是社会建构的。这无疑是一个悖论，然而这是无法回避的事实。

人类进入社会化阶段之后，不可能再回到茹毛饮血的动物水平上去实践自己的自然人本质。进化是不可逆的，文化的进化同样是不可逆的。然而，社会的组织方式、运行原则、结构规范、平衡法则等，又都需要人必须以个体自然人的身份进入社会之中，获得个体性的创造自己和坚守自己的权力和权利。因为只有这样，社会才能真正起到保护人类的类本质的历史使命。每一个人都要创造出和他人绝对差别的个体性来，这是实现人的类本质的最高要求。而从反面上看，如果社会对于某种人群采取抵制的态度，一旦被社会容忍，这个社会就会在一段时间内抵制这一群体，再过一段时间就会抵制另一个群体，最后迫害的结果就是几乎全社会所有的人都会在被抵制的范围内。让每一个人成为他自己，让每一个人都有实践自己

表征

的机会和权力，这就是社会的组织原则中最神圣、最道德、最公平、最理性的成分。

回到自然人那里，这绝不是一个简单的形式倒退的问题。自然人需要社会建构，这是个最重要最需要在理论上阐述清楚的大事。自然人具备了哪些条件才是合格的人类中的自然人呢？

自然人是自由的。自由是和必然相对的一个范畴，自由的范围和程度是由必然限定的领域，自由既体现创造又体现规范。作为自然人的自由，绝不是对某种行为的类别的具体规定，而是对于自然人行为原则的超越性指导。这样，自然人的自由即包括良心的自由、信仰的自由、情感的自由、超越政治标准的道德基础的自由。显而易见，这些自由的内涵和界定，是由社会建构的，是由社会的历史和现实一步步把自然人的自由范畴在人类个体的精神生活中树立起来的。

何谓良心的自由？良心是关于社会和世界的是非判断，这里最值得再次提出并要进行充分说明的，是这种是非判断一定要在自我相关的尺度来理解和确定。所谓自我相关就是指一切是非性质的判断一定要把判断者加在被判断的范围之内，也就是说判断者是判断命题的一个适用领域。比如，"不许剽窃"是一条适用于学生的准则，如果一位班长讲这话时不包括他自己在内，这就是一个非自我相关的命题。罗素对世界的一大贡献就是提出罗素悖论，这个悖论的内容是说有一个理发师，他有一条规定：本理发师只给那些不给自己理发的人理发。如果把这位理发师加在这条规定之内，这条规定就不适用了。因为，他不给自己理发他就该给自己理发，他给自己理发他就不应该给自己理发。良心指的是对于社会和世界的是非判断一定要包括判断者自己在内的那种命题，良心的自由就是指它要超越判断者和被判断的对象。

良心不自由是人类的最大灾难的滋生地。良心自由是对抗和遏制没有良心之人的最好方法，甚至是唯一途径。裴多菲的那首诗："生命诚可贵，爱情价更高；若为自由故，二者皆可抛。"这就是在说良心的自由。

良心自由是自我保护的最好途径，良心自由才能让整个人类成为一个真正的整体。如果人们都没有良心的自由，我们就会发现人类的社会就只能是某个人或某些人的天堂，对于其他人来说那就只能是地狱。由此可见，良心自由是缔造人类整体性的康庄大道。人类实现自己的类本质就是要求每一个人都有良心的自由。

　　信仰的自由则是另一种自然人的本质。所谓信仰的自由就是指每一个人都应该有完全属于自己的对人类未来前景的信念和精神选择，而信仰是对超越者和超越性的追求。这种追求直接涉及人类的本质，它总是以宗教的形式来表现的；选择哪种宗教是每一个人绝对的权力和权利。宗教是人类本质中唯一一个纯粹属于精神层面的特征，其他特征都多多少少带有体能的成分，如人类创造性、大脑的未特定化、自私性原则、用斗争来争取对物质的占有等，都和体能有关系。宗教性却纯然是属于人类自己的精神活动的。在已知的世界中，唯独人类能够给自己和给世界设计未来，这种设计主要以宗教的形式来表现。宗教是拯救人类的，但是，只能是那种宗教自由的竞争和宗教在比较原则中的逐渐完善和改进。所以，必须让人们充分地享有宗教自由的权力和权利——这样宗教就成了思想的实验和精神的锤炼。

　　由于宗教是严格的思想领域的活动，它具有伯格森所说的绵延的性质，即思想的事物完全可以把时间秩序按着自己的需要进行重新组合，现在、过去、未来完全可以颠倒和重叠。这样思想中的事物并不一定符合现实需要，人们不应该把思想的成果直接用于现实。宗教也具有休谟所说的把任何事物肢解并重新组合的能力，如我们可以在思想中构造"金山"、"火龙"、"飞马"等现实中根本就不可能存在的事物。正因为有了这些性质，宗教作为纯粹思想领域的活动绝对不应该直接参与现实世界的管理和组织所以，信仰自由是必须保证的人类最大的原则之一。

　　信仰自由的内涵就是信仰要由信仰者自己来选择。正如良心的自由是个体意志的表现一样，信仰的自由同样是意志的自我持守。每一个人都生

表
征

活在不同的背景中和不同的环境里，每一个人都因为背景的不同和环境的不同而形成不同的思想特征和人生追求，而正是这种多样性和多元化形成了每一个人的不同信仰，每一个人也要因为自己的背景和环境所形成精神特质来选择自己的宗教，当然包括不选择宗教这种选择。在这样的情况下，人类的思想实验才能真正起到其应有的作用，人类才有了在思想实验的基础上进行整体性选择的最佳条件。

从上面的阐述和论证中我们可以看出，良心的自由和信仰的自由有很大区别。这种区别集中表现在良心的自由是纯粹个体的持守，信仰自由却是整个人类的存在条件——人类要通过信仰自由来保证自己的纯洁和透明。自由的这两个极端是人类的发展和进化的充分而又必要的条件，社会建构自然人的精神就必须充分保证这两个条件的彻底实施。

情感的自由是自然人的另一个自由的表现。情感源于本能，从昆虫的世界到人类的社会都有情感的表达。螳螂在交配的过程中，雄螳螂会自觉地把自己的头颅交给雌螳螂，让雌螳螂吃掉，以保证幼虫有充分的体能；哺乳类动物几乎都有保护幼仔和抚养幼仔的天性。这叫做有条件利他主义。人类也有有条件利他主义的天性，像母爱、父爱、手足之情、对幼小孩童的爱，等等，都属于这一类有条件利他主义。但是，由于人类有更高级的精神生活，包括有条件利他主义在内的许多感情因素和感情惯性会持续下去，成为凝聚人与人关系和交往的精神因素。当然，这其中包含着许多理性预期的利益因素，如因为利益关系而维持着某种感情的延续。这样感情既可能是捆绑我们的锁链，也可能是为了自己的利益而利用他人的工具。无论哪种情况，都是情感不自由的表现。情感的自由同样是自然人的必要条件和充分条件。

情感自由的表现就在于不被情感所限和在需要超越情感时不被情感所动。人既可以爱，也可以恨；既可以喜欢，也可以厌恶；既可以鄙视，也可以尊重；既可以崇拜，也可以蔑视。但是，所有的情感都要服从良心的自由和信仰的自由这些理性的需要。当一种情感占有了我们的时候，我们要知道应该走出这种情感的桎梏。情感是一种本能

102

的流动，不让它们流动是不可能的。但是，驾驭情感的理性能力必须在我们的心灵深处时刻发挥作用，使我们既在情感中受到激情的振荡和激励，从中萌发出力量和勇气，又不是任由情感完全控制我们和支配我们，这就是情感的自由。显而易见，情感的自由是情感对象和情感主体双方的事情。

也许最需要慎重说明的是道德基础的自由，这种自由是在比较原则的立场上进行的定义和界说。政治和道德都是社会的组织方式，但是，两者的实施途径截然不同：政治是科层制的，道德是平面化的。科层制就是一层一层叠起来的结构，而且越往上权力越大，越往下权力越小；平面化就是说每一个人都处于道德规范和道德戒命之内。道德没有好恶，没有亲疏，没有例外，对谁都一视同仁。道德把每一个人都看成是处于同一平面之上的原子，受道德规范和道德戒命的辐射，道德在这种情况下就像是原子核对于电子的那种凝聚力一样。政治是非自我相关的，道德是自我相关的。所谓非自我相关就是说政治的实施过程是由上而下的，科层制的上层对下层实行管理和控制。所谓自我相关就是指原则和规范对于原则和规范的制定者和实施者同样适用的，没有任何例外，没有程度的不同，没有先后顺序的差别。

如果没有某种结构的力量来限制，政治肯定越过合理的界限来干预道德领域的事情。中国古代社会它的文化定型以来，就一直是以道德本体化作为其文化模式的，这在儒家学说中体现得非常明显。儒家哲学的实质就是道德作为人存在的依据，并把道德上升到政治的层面和政治的功能之上。中国封建社会的意识形态是儒家学说，这种学说是伦理本体化的。伦理本体化就是指伦理的规范和原则是人存在的根据和标志，而伦理的真正含义在中国是指代际之间的关系和规范。代际关系又分成血缘的代际和辈分、拟血缘的代际和辈分——前者指家族之内的辈分，后者指政治上的上下级关系。这样封建伦理就成了维护和强化等级秩序的阶梯。

政治越过合理的界限而干预道德，一定会造成道德的败坏和败落。道

表
征

德标准的树立是一个社会的建构过程，往往要历经多代。这种建构的本质就是一步步建立起自己的标准，一步步把自我相关性当作其本质特征。道德自立就是道德成了一种自我审判的法庭，一个人如果越过了道德的界限，就会受到包括自己在内的全社会的审判。

良心的自由，信仰的自由，情感的自由，道德的自由，这几条就是自然人的准绳和自然人的标志。之所以说它们是自然人的条件，是因为它们都以个体的形式体现，都以个体独立的思考和维持来形成全社会的行为标准，都必须扎扎实实落到个体人的头上，都要有个体人自觉的实行。合格的理性的社会其个体都应该如此。

社会人是和自然人相对的一个范畴。它是指由社会赋予某个个体以某种社会角色，由这个社会角色的相关内涵给这个社会角色以一个行为规范和权力范围。这个社会角色被整合到社会的大机器之上，社会机器的运转会给这个角色以相应地位和名誉，同时，这个社会角色还会在他不再担任这一角色的时候，有一个持续的惯性，使他照样享受这一社会角色的某些荣誉和利益。经过如此定义，我们马上就会看到，社会人是一个暂时的命名和任用，是社会为了正常运转必须采用的角色。而这种角色要想做得名副其实、真真切切，又只能由合格的自然人来担当。因为，社会人只是一个符号，而且这个符号没有具体所指；谁在一段时间内做了它的所指，谁同时就意味着就将走出这个符号的范围。同样有一句中国的古话：铁打营盘流水兵。正是说的这种事。

个体主义的社会就是合乎标准的自然人担当社会人的那种社会，最低是合乎标准的自然人占社会人的绝大多数；自然人既是个体化的和个体性的又是属于他们自己和特立独行的。于是，这样的社会就能够创造，就能够延续，就能够承继，就能够发展。在这样的社会中，人们绝对不想让自己的权力永远维持下去，不想让自己的血缘永远传承下去，不想让自己的业绩和作为永远千篇一律。它还有一个伟大的特征，那就是合格的自然人一旦发现自己在某一刻或某一地做过错事，说过错话，他们会义无反顾地坦然承认；自然人能够在反思中实现对自己的认同。

自然人的增多和觉醒是个体主义的表征。但是，这里有一个非常难于统计数字的问题。由于现在没有更好的方法来解决这一问题，我们只好枚举几个个案来分析了。

有一个最典型的人物注定要成为我们的主角，他就是杨振宁。杨振宁是华人第一个诺贝尔奖得主，世界著名物理学家，物理学九大方程组最后一个——杨—米（杨振宁—米尔斯）方程组的构造者之一，可谓是华人科学家和华裔杰出人才的代表。杨振宁的父亲杨武智是清华大学的教授，20世纪初留学美国的著名物理学家。杨振宁的岳父更是大名鼎鼎，国民党著名将领杜聿铭将军。杨振宁读过书的学校也是赫赫有名，他小时在清华园长大，后来考取西南联大，赴美又在哥伦比亚大学读书。1957年，杨振宁与李政道两人合作获得诺贝尔奖。获奖的研究课题是发现了宇称不守恒的现象。后来，两人分道扬镳。杨振宁又在规范场论方面有突出的贡献，即提出了著名的杨—米方程组。

杨振宁对于中国人来说真正名声显赫的原因不仅仅除了他是诺贝尔奖获奖者大家都知道，他是海外华人佼佼者中第一个回国定居的，他得到的重视和接待的级别可能是连国家元首都要瞠目结舌，另外他和李政道的关系也一直被人所关注。而杨振宁在21世纪之初更是让中国人石破天惊了一把。2004年杨振宁82岁的时候娶了一个28岁的媳妇，这就是当年媒体炒得炙手可热的杨翁之恋。两人结婚之后据说每每出行都是手牵手肩并肩，亲密无间。他们究竟怎样相恋那不是我们关心的问题，这里关键的是杨振宁和翁帆不是一个伦或称辈分中的集合里的元素，这完全不合中国的传统伦理或称儒家的伦理。杨振宁的儿子女儿肯定比翁帆要大许多，这其中要是没有感情的自由是绝对不可能的，杨振宁至少要从一个集合中把自己区别开来，那就是他那个年龄段的人的集合；没有伦或辈分的概念才能作出这样的选择。只要我们看看媒体上对他们的反应，那就应该承认，中国文化和文明正在经受着一场考验，即个体主义的考验。他们的结合一露头，立刻就有人大声惊呼这下子可是乱伦得有伤风化了。但是，很快媒体上就有了两种意见：其一是说他们并不合适；其二说这是人家自己的事，何必

105

表征

妄加评论。至少，已经有一部分人拿那种僵死的眼光看待这在西方世界司空见惯的事了。

要说杨振宁不自觉地和过去的传统唱了对台戏，应该说还有一个更有力的例证。就在 2006 年 8 月份，杨振宁有一次讲话。他说他一生中最让他后悔的事就是他和李政道的朋友关系的破裂，这是他第一次在公开的场合讲这样的话。我不想猜测李政道见到这样的话会是个什么心情。但就杨振宁来说，可以肯定是一种自我的反思和自我的敞开。一个人能做到这一点，就已经是个体主义的表征了。我们可以翻一翻近几年来关于杨李之间关系的报道，如李政道的那本自传，就提到杨振宁的父亲在北京住院期间，李政道去医院探望。据说杨振宁的父亲直截了当地对李政道说，杨李分手责任在杨振宁，而杨振宁的妹妹却说根本没有听到。把这些前因后果联系起来，我们就能充分理解杨振宁在这种情况下讲这样的话是要有些勇气的。他要是走不出自我情感的桎梏，包括妻子、妹妹等一批人的情感封闭，是不可能如此坦诚的，而这在一定意义上就是个体主义的复活。

还有一个人，真可说是这个时代中的用个体主义的原则武装自己的典型，这就是最近在中国大陆十分走红的相声演员郭德纲。郭德纲在北京天桥开一个曲艺社，叫德云社。到 2006 年 10 月，德云社已经走过了 10 个春秋。2007 年 10 月 19 日，德云社郑重宣布，德云社的 10 年庆典要请下边这些演艺界的大人物，大腕级的大哥大和大姐大，听听真让人吓一跳：张国立、崔永元、水均益、陈鲁豫等人将是德云社庆典活动的主持人，章子怡、赵本山、周华健都将是德云社的嘉宾。2007 年 10 月 29 日开始，共演出 6 场，有古曲专场、老先生专场、群口相声专场、反串场等；而且价格不高，一般老百姓也能够承受。德云社之所以如此成功，除了他们的勤奋努力（德云社每周要说 50 多段相声，每一个人都是掌握了多段相声，并能够连续上场）外，最主要的是他们有自己的宗旨，那就是坚持相声是娱乐的原则，10 年不变。而当被问到为什么不上春节联欢晚会的时候，郭德纲的回答让人感到希望就在那些坚持自己是自己和自己成为自己的人那里。他说他的相声是娱乐，不符合春晚的要求。"上春晚无非是让更多的人认识我。但是，如果我上了春晚，全国的观众骂了我一年，那我就得不偿失了。"郭德纲给我们的启示就是成功者将是那些按着个体主义原则真诚地把握自己和真诚地奉献自己的人。

无独有偶。中国演艺界有一对曾经在 20 世纪 80 年代叱咤风云的人物——陈佩斯和朱时茂，他们也曾经多年没有上中央电视台的春节晚会；人们也对此大惑不解。2006 年 10 月 16 日，朱时茂和一干人马在赴沪参加"第二届民生银行杯高尔夫名人邀请赛"时直言透露，上春晚如果成本太高就有些不值得。为春晚钟爱和捧红的他们究竟为什么如此"无情"呢？朱时茂此时终于向记者道出了实情。因为与央视的版权官司，他们被春晚拒之门外 10 年之久。近年来，开门办节目的春晚几番不计前嫌，向他们伸出了橄榄枝，但是这对哥俩倒是拿起了架子，不顾舆论和观众的呼吁一再地拒绝。朱时茂长叹一声："过去被伤过心了，伤口至今还没有愈合。"去年和前年再度接到邀请之后，媒体争相对他们的"复出"进行报道，而这对搞笑哥俩其实早已经拿定了主意。朱时茂在记者的询问下，打破了和央视曾经达成的约定，对春晚的现状给予了批评："春晚长期以来一家独大，独霸荧屏，省级电视台在除夕都纷纷避开让道。应该允许竞争，才能更加地百花齐放。如果春晚因此收视率下跌了，就说明节目有些问题，才能进一步找到原因壮大提高自己。"

2006 年冬，央视名嘴黄健翔突然离开中央电视台，一石激起千层浪，对黄健翔的这一行为众说纷纭。面对自己职业发展与规划的重大调整，他自己到底是怎样反思的？还是让我们听一听他自己的心声吧。

    记　者：你如何看待自己的职业？

    黄健翔：解说是一种娱乐，是一种表演。职业体育，跟江湖卖艺是一样的，也是一种表演。我可以比别人跳得高，我跳到的最高的高度，别人达不到。我天生是干这个的。

    记　者：你比较喜欢抛头露面，秀自己。

    黄健翔：每个人都有这样的愿望，只是每个人不一定具有同样的机会。现在这些真人秀节目为什么这么疯狂？

记　者：你或许更加突出？

黄健翔：不是每个人都承担得起。任何事情都是两面的，得到一些就会失去（一些），名人会失去自由，失去隐私。像有人觉得世界杯我出了很大风头，那时候许多中国人扮演了一个道德法庭的角色。他们不知道我承受了任何人都承受不了的压力。事实上，调查表明，中国人最喜欢的除了中国队之外，还有意大利队。

记　者：那你为什么还要在解说里这样说呢？

黄健翔：我不知道为什么，如果知道就不会这样做了。那你说齐达内世界冠军都不要了，去顶人是为什么？不是每件事情都有理由的。我有时候对一些事情很敏感，很细腻，反而出了这样大事之后，我特麻木，特平静。

记　者：以前你有类似的状况发生吗？

黄健翔：没有。再有一次就该成仙了。

记　者：发生了世界杯的解说事件，你居然还保住了你的位置？

黄健翔：是啊，我要感谢领导。

记　者：你最喜欢的事情是什么？

黄健翔：自由。我本来就是一个奇迹。

记　者：有人曾经拿你类比过 NBA 的解说员巴克利，认为巴克利不掩饰好恶，以敢说话赢得观众。

黄健翔：我不知道巴克利。

记　者：你解说一直都怀着激情？

黄健翔：我也有例行公务的时候呀。

记　者：你这样的性格，在中央台这样的体制内，怎么可以活下去呢？

黄健翔：如果刘××像我一样，早就被开除600次了。我本来就是一个奇迹。一个帽子只有一个脑袋能戴进去。一个人红了，会有很多人眼红。一个人一旦成为公众人物，就不要指望得到公众的宽容。

这是麦克·斯马克的传记上写的。知道麦克·斯马克吗？是打网球还是打桌球的？

记　者：我……是不是搞传播学的？（联想到了麦克卢汉）

黄健翔：你是给我开玩笑吧？不错，有点幽默。别人在做事，他在做别人。有很多这样的人。我这个行业，业务上的争夺是很极端的方式。就是做损人不利己的事情，以此为乐。他们只看到了风光，看不到人为这个行业付出的痛苦和代价。

记　者：你觉得谁可以接替你的位置呢？

黄健翔：没有人要学你，每个人都要做新的自己——你没看电视广告呀？

记　者：韩乔生说过，现在的环境对你挺宽容的。

黄健翔：韩乔生宅心仁厚。我们已经有两个月没见面了。他是我们的前辈，他有扶持过我们的，他厚道，没有倚老卖老。不像有些人，在业务上不钻研，在人际关系上搬弄是非。我从来不害人。

记　者：你说过，你就是行业标准。非常肯定？有无过度自信？

黄健翔：过度不过度要让别人说了。别人爱高兴不高兴的。

记　者：你不是挑衅别人的承受力吗？

黄健翔：别人也在用他们的方式挑衅我。

记　者：你在体制内就是一个奇迹怎么说？

黄健翔：奇迹就是奇迹，没道理可言。我有艺术家气质。

（引自《南方周末》2006 年 11 月 23 日，吴虹飞、师欣报道）

表征

　　这段激情洋溢、文采飞扬的文字不正是他黄健翔的自我推销说明书吗？体育节目主持人不能标榜自己、称赞自己吗？足球节目解说员不能活在自己的内心世界中吗？或许黄健翔不是乖员工；但是黄健翔之所以是黄健翔——参加时尚杂志派对、到大学里作演讲、跑到娱乐圈里说相声、参加百花奖晚会——就在于黄健翔成为了他自己。

　　2006 年中国史学界被易中天搅了个天翻地覆，他的《品三国》成了书店和盗版书摊上最红火的书籍。魏晋三国的历史素材历来是无数史家感兴趣的焦点，易中天为这段历史加入了怎样的调料，涂抹了怎样的色彩，竟然争取了这么多的眼球？还是让我们看一看他的《品三国》原文吧。

刘备第一次去，罗贯中为他安排的节目，是先听歌，再看山，再碰钉子，再观景，再见崔州平。山是"清景异常"，景是"观之不已"，人是"容貌轩昂"，而且不同寻常：童子不懂事，农民会唱歌，朋友满腹经纶。这一番看得刘备目瞪口呆大开眼界赞叹不已，只觉得隆中这地方真是神秘莫测，那卧龙岗上藏着的必是高人。

第二次去，就没有必要再看景了，只看人。先见其友，次见其弟，再见其岳父。如果说上一次只是让刘备开了眼界，那么，这一次就让刘备更加按捺不住。你想，诸葛亮的朋友、弟弟、岳父都如此地超凡脱俗，诸葛亮本人还了得吗？

所以第三次刘备就要择吉斋戒，沐浴更衣了。而且，离草庐半里，就要下马步行；到草堂之外，就要拱立阶下；诸葛亮高卧不起，他就要一等再等了。那心情，已不像一个礼贤下士的招聘者，倒像是上门求婚的痴情人。

实际上刘备初入隆中，刚刚听了歌，看了山，便已肃然起敬。因此当他"亲叩柴门"与童子对话时，便有了些《西厢记》里面张生见红娘的味道。张生见红娘时是怎么说的？"小生姓张，名珙，字君瑞，本贯西洛人也，年二十三岁，正月十七日子时建生，并不曾娶妻。"结果被红娘抢白："却是谁问他来？"刘备怎么说？"汉左将军宜城亭侯领豫州牧皇叔刘备特来拜见先生。"结果也碰钉子："我记不得许多名字。"两个场景，岂非神似？

当然相似的。如果说戏剧中的崔莺莺是"待字闺中"，那么，小说中的诸葛亮就是"待价隆中"。他们都是心气极高的人，绝不肯随随便便就"以身相许"。所以，他们都必须摆足了架子，做足了文章，吊足了胃口，以保证对方的诚意经得住考验。

另一方的情况则略有不同。张君瑞对崔莺莺，自然是一见钟情；刘玄德对诸葛亮呢，按照罗贯中的说法，也是相见恨晚。刘备怎么就那么想见诸葛亮呢？因为"水镜先生"已经让他意识到，自己迟迟不能成功的原因，是缺少一个可以运筹帷幄总揽全局的智囊型人物，一个当代的姜尚和张良。好不容易有了一个徐庶，又走了。其实，徐庶离开刘备，是在诸葛亮已经出山之后。《三国志》的记载很清楚，诸葛亮出山以后，曹操南征，刘琮投降，刘备"率其众南行，亮与徐庶并从，为曹公所迫破，获庶母"，《三国演义》改成了"元直走马荐诸葛"。这一改，就改出问题来了。请问，徐庶既然知道诸葛亮是经天纬地的政治天才，为什么早不推荐，非得要等自己走了才说？这岂非等于说徐庶害怕诸葛亮抢了自己的地位和风头吗？罗贯中显然也想到了这一点，便安排徐庶在推荐了诸葛亮之后，又特地去做说服动员工作，结果被诸葛亮臭骂一通。也就是说，徐庶之所以早不推荐，是因为他知道诸葛亮不肯出山。但这样一来诸葛亮的道德品质就成问题了。一个"每自比管仲、乐毅"的人，偏说徐庶的推荐是把自己当替罪羊、牺牲品，还要勃然变色，这也未免太矫情了吧！罗贯中想帮诸葛亮抬价，结果却是给他的脸上抹黑。这和"状诸葛多智而近妖"一样，都是弄巧成拙适得其反。

前面讲的那个故事也如此。尽管罗贯中说得天衣无缝，实际上处处露出马脚，让人一眼就看出刘备在隆中的那些奇遇和巧遇，其实都是诸葛亮的刻意安排。什么会唱歌的农民，不懂事的童子，满腹经纶的朋友，道貌岸然的丈人，都是诸葛亮的"托儿"。其目的，就是要把买方市场变成卖方市场，让刘备出大价钱把自己买断。

所以，《三国演义》里面这个"三顾茅庐"的故事，完全可以看作三国版的营销学教材。在这个故事里，刘备好比投资方。他要买断诸葛亮，又不知道货色如何。这倒也是商家的正常心理，但于刘备为尤，因为《三国演义》里面刘备这家公司的资本，是他打着"皇叔"的招牌忽悠来的；而他这个"皇叔"身份虽非假冒伪劣，却也含金量不高，有点"注水猪肉"的意思。因此刘备就会想，我这个"皇叔"是注水猪肉，诸葛亮那个"管仲"、"乐毅"就货真价实？我刘备可以忽悠天下，诸葛亮就不会忽悠我？这就要探个虚实。所以，他听了徐庶的推荐后，并没有像老祖宗刘邦那样冲动。刘邦听了萧何的推荐，立即就拜韩信为大将军，刘备却得先看看再说（当然他手上的官帽也不多）。所以他的三顾茅庐，表面上看是礼贤下士，实际上是实地考察。刘备这点小心眼，以诸葛亮之聪明，哪里会看不清？便给他来了个欲擒故纵曲径通幽。这就是我对"罗贯中版"之"三顾茅庐"的理解。

这当然未免有点"以小人之心度君子之腹"。它只是我的一点"个人意见"，连"时代意见"都算不上，更非"历史意见"，也不会是罗贯中的意见。那么，罗贯中为什么要这样写呢？我想原因之一是为了好看。看过《三国演义》的人，不管相信不相信，都承认这故事实在精彩。另一个原因，则可能是寄托了罗贯中自己的人生理想。罗贯中是元末明初人，据说曾经当过义军领袖张士诚的幕僚。明代王圻的《稗史汇编》说他"有志图王"，只不过壮志未酬而已。因此，他在写作《三国演义》时，难免会借古人之杯酒，浇心中之块垒，把自己的理想抱负投射到人物身上。其实，像他这样的古代读书人，是差不多都有"诸葛亮情结"的。他们敬佩诸葛亮的才智，仰慕他的人品，感动他"鞠躬尽瘁，死而后已"，叹息他"出师未捷身先死"。他们和诸葛亮之间，几乎处处都有共鸣。

问题是，历史上和诸葛亮一样具有这些优秀品质的人并不在少数，成为读书人精神偶像的也还有一些，为什么诸葛亮最受崇拜呢？原因之一，我认为就在"三顾茅庐"。中国古代的读书人有一种矛盾心理。一方面，他们希望出将入相，建功立业，至少也得谋个一官半职，以便光宗耀祖。另方面，他们又很清高，很脆弱，碰不得钉子，受不了冷遇。没错，"男儿本自重横行"，但那也得"天子非常赐颜色"呀！最好是那机会，那职务，那乌纱帽不用自己去求，去考，是人主恭恭敬敬给你送来，八抬轿子请你出山。诸葛亮享受的就是这种待遇。他就是刘备"请"出山的，还请了三回，实实在在给足了面子。

这就太让人羡慕了，也太让人向往了，因此必须大书特书。读书人是没有什么权力的，能够有的也就是"话语权"。那还不把文章做足？"罗贯中版"之"三顾茅庐"就这样诞生了。

历史的厚重、严肃、扑朔迷离和众说纷纭就这样被易中天的通俗易懂和贴近生活的方式重新解读了，是抄近路？是媚俗？是歪曲历史？都不是，这是彻彻底底的创造，易中天的历史哲学用克罗齐的话讲就是一切历史都是现代史；易中天是第一个吃螃蟹的勇者。对于敢于走出历史学陈规旧俗的人，市场给予了最充分的肯定。在北京某报不久前公布的"中国作家富豪榜"上，易中天以800万元排名第七。余秋雨的走红和火爆遵循同样的市场规律。

相信大家一定能够感受到历史故事新式解读的魅力了，如果中国每一位历史学的研究者都能走出自己独一无二的研究路数，这才可营造"百花齐放、百家争鸣"的繁荣景象呢。

在文化和文明转型的时候，最可怕的一件事莫过于转型的过程会造成道德的真空和价值的真空。在这种情况下，人们没有了道德约束，没有了自我持守的能力，而法律的天网又可能存在着极大的漏洞。法律的惩罚本来就只是一种概率，当这种法律的概率低到一定程度的时候，那些道德真空的人就会铤而走险，去做那种在法律看并不过格但在道德上却是严格越界的行为，即使有些地位很高、学历很高、智商很高的人也不能幸免。这其中最重要的原因，就是自然人和社会人的两重人格冲突中，他们往往走不出社会人的那种现实功利的诱惑，最后做出让自己和社会、让自己和后代、让自己和世界都不能充分理解的事情，甚至给他人和社会带来了极大的危害。

没有爱情的婚姻和没有婚姻的爱情同样可悲；从一而终、嫁鸡随鸡嫁

三

表征

狗随狗的婚嫁观念肯定需要改变。心理实验已经证明，恋人之间的那种相互吸引不会持续五年以上。当然，五年之后的夫妇如果还有亲情的话，仍然在一起自然无可厚非，但是如果有人提出分手，对方还是因为陈旧的理念而拒绝另一方请求，同样是不道德的。随着经济状况的好转，个体主义的信念和理论知识的增长，人们对于爱情和婚姻问题可能会用另外的方式处理。但是这里最关键的还是个体主义的文化和文明模式必须真正树立起来。

生活中包二奶的现象和有情人的现象，是文化的断裂，是少数人的个体化选择，走向歧途的表现。断裂就说明，曙光已经在太阳没有升起在地平线之上的那段时间中把自己的光线折射在云层上，从而又让人们看见了它的前兆，并把天空粉饰一新。那只是个体主义在争取自己的地位和作用的过程中的一个副产品而已。这些不尽如人意的现象，既需要道德说教和法律手段，也需要在每一个人都有良心的自由、信仰的自由、情感的自由、道德基础的自由时，这些属于道德层面的恶习才能最终解决。

2 经济人对政治人的背离

这是个绝对具有中国特色的标题。经济人在经济学中本已有明确的定义，但是，一旦把经济人和政治人对应起来，成为一个对立而又互补意义上的范畴组时，"经济人"的内涵就会有所改变。要知道，"政治人"这个概念并不是世界学术界可以广泛接受的词语。这是因为，在其他国家和地区那里，政治的作用和中国的情况几乎完全不同。在中国，政治不仅统治人，它还塑造人，也就是说政治具有本体论的地位——这并不是说政治家和政治从业者那种职业本性，而是说政治在中国从来就是社会人的模本和样板。因此，我们只有说清楚政治人究竟是什么之后，才能最终把经济人和政治人的对立解释清楚，从而就能证明整体主义在中国正在终结。

　　知识社会学的创始者曼海姆①把知识体系区分为意识形态与乌托邦两种。他这样做的本真目的是要说社会上有两种思想体系，其一是维护现行秩序的思想体系，其二是反对现行秩序的思想体系。但是，曼海姆之所以能够有这种思想的产生，绝对是有其深刻根源的，这就是西方的思想始终是两种体系的斗争。这两种思想体系的源头就是柏拉图和亚里士多德的思想体系的繁衍。柏拉图要在变化之外寻找恒常性，亚里士多德要在变化之内寻找恒常性。前者是要把世界分成彼岸世界和此岸世界，只有彼岸世界才能提供一套现实世界的准则或价值；这就是在变化之外寻找恒常性的含义；后者则认为，世界只有一个，我们的世界之内包含着一些不变性的东西，正是这些不变性决定着我们世界的原则和方向。这两种思想体系此消彼涨，一直在西方世界的人们头脑中回荡。而在西方说意识形态与乌托邦的对立，确实有其明确的所指和具体事例。比如，奥古斯丁就是柏拉图派的，阿奎那就是亚里士多德派的。他们的思想占统治地位的时刻，就是意识形态，反之，就是乌托邦。

　　中国古代历史上的秩序只能靠政治建立起来，其他的社会子系统，如经济、文化、生物等，都不可能有建立秩序的能力。从秦代开始的漕运制度，到汉代著名的盐铁官营的争论和最后盐铁一直被政府控制的事实，更能让人看清政治在秩序建立过程中的作用。这样的思想体系最主要的问题在于：它不仅是一个认识世界的工具，它是维护政治秩序的工具；这种思想体系直接参与政治活动。

　　到了宋明理学的时代，中国的知识分子又有了新的贡献，那就是伦理本体化，也就是把伦理准则和伦理规范变成了人存在的方式和根据。本体论在西方哲学中是产生最早的哲学分支，也就是研究什么存在问题的思辨思考。到了中世纪，人们主要明确了"什么能够存在"这样的问题在逻辑

---

　　① 曼海姆（Karl Mannheim，1893—1947），德国社会学家。曼海姆是知识社会学的创始人和主要代表人物之一。著有《意识形态与乌托邦》《变革时代的人与社会》《自由、权力与民主设计》《时代诊断》《知识社会学论集》《社会学系统论》等。

上是不能自洽的。我们能够就什么存在提问，但是我们不能就什么不存在提问，因为对什么不存在的设问，已经包含了某种东西存在，才能对其否定。这就是著名的哲学难题"柏拉图胡须"①。到了 20 世纪，人们的本体论研究和以往的截然不同，哲学开始研究怎样存在。这在海德格尔、萨特、梅洛·庞蒂②等人存在主义哲学中体现的非常明显。美国哲学家蒯因在其《什么存在?》一文中也持这种态度。这就是说本体论归根结底是研究怎样存在的学说，这就正好和中国历史上那场轰轰烈烈的新儒学运动的方向吻合起来了。而新儒学的宗旨是要"存天理，灭人欲"：所谓天理就是维护等级秩序的那一套具体规定和理论阐释，所谓人欲就是人的本质。没有欲望就没有人，这已在前文中我们对弗洛伊德学说的解释中说得非常清楚。具体到中国的本体论就成了人怎样活着，天理就表现为儒家的伦理。没有一点点欲望，只有伦理规范和准则是人的存在论核心，这不就是说伦理本体化吗？这也就是按着伦理的要求活着。

秩序是政治创造的又表现为政治秩序。伦理的核心就是维护政治秩序和家庭秩序。家庭秩序是既可能是一个等差级数的表现（如父子关系和婆媳关系），又可能是代和代之间的那种交替，所有这些几乎不用维护，它就自然存在。而政治秩序却必须维护，不维护一天也不能存在下去，因为这里没有任何可以作为自然依据的条件来确认政治秩序，只是谁拥有权力谁就是政治秩序的代表者。如果政治秩序变成了伦理的核心，伦理就变成了一种人格化的秩序和表达。所谓人格化的秩序，就是指越往上边的政治人物就越有伦理性或道德性，越往下边就越少有伦理性或称道德性。孔子说"唯小人与女子难养也"，大概就是指的如此吧。在这种情况下，政治的作用就又多了一层，那就是政治是伦理本体化的标准和尺度，而在人格

116

---

① "柏拉图胡须"是指在本体论中的悖论，即否定某物存在就事先假定了它的存在。见蒯因：《什么存在?》载其《从逻辑的观点看》（人民大学出版社，2007）。

② 梅洛·庞蒂（Maurice Merleau·Ponty，1908—1961），法国 20 世纪最重要的哲学家、思想家之一。他在存在主义盛行年代与萨特齐名，是法国存在主义的杰出代表。著有《知觉现象学》《人道主义和恐怖》《意义与无意义》《辩证法的探险》《符号》《眼与心》《可见的与不可见的》《自然》等。

化之后就成了政治家和政治人物是伦理本体化的标准和尺度。

社会存在本体论是匈牙利的马克思主义者卢卡契①的哲学概念。他用这个概念来说明人在社会上要有一个存在的条件，他把这个条件定义为劳动和语言。他的这个定义也许对于西方的社会是有用的，但是，对于中国社会不一定适用的。距离政治中心最近的是知识分子，也就是余英时所说的"士"这个社会阶层。用"士"来界说知识分子，确实很精彩。这里既有形象的比喻，即在象棋里"士"表示和"将"或"帅"最近的那个角色，又有训诂学上的联想，"士"和"仕"同音，后者代表官宦的生涯。这就是为什么中国知识分子要走仕途道路的原因之一。中国知识分子官僚化的道路是他们的重要选择，因为这是实现社会存在本体论的重要路径。

在中国古代知识分子官僚化的道路有一条畅通的大道，即科举取士。这里还多少有一点公道和公平可言，也就是必须要经过某种考试，尽管考试也有不公平的现象和作弊的可能，但是在程序上还是要履行公正原则的。所以，通过科举考试走上仕途的人还多少有点良知，他们中的一部分还会在某种程度上保留一些儒学的仁义礼智信的道德观念。但他们在利害、利益、安全、名誉等诱惑面前也会只想成败，不问是非，因为失败就意味着失去社会存在的根据。

政治活动有组织的权力，有管理的权力，有动员的权力，有指挥的权力。这些权力都有多元化的可能，也就是有多条实施的路径。但是，有一个权力却绝对不能是多元化的，不能是两个以上并行的，那就是仲裁的权力。仲裁是决定谁是谁非的那种权力，在社会中比什么权力都重要，因为人类社会的最大特点就是有一个超越性的仲裁权力，其他生物种属都不会有这种权力。众所周知，仲裁只能有一个最后的仲裁者，由他来实施最后一锤定音。权力引诱人腐败，绝对的权力绝对使人腐败，就是因为权力绝

表
征

---

① 卢卡契（Georg Luacs，1885—1971），现代匈牙利美学家、文艺批评家、哲学家。主要论著有《理性的毁灭》《美学》《审美特性》《美学史论文集》《文学与民主》等。西方马克思主义学派的创始人和重要代表。社会存在本体论是其晚年提出的概念。

对化之后，权力的拥有者就完全不受限制，完全没有监督，人性中的那种生物的冲动就会代替社会规范和原则，从而对社会带来危害。对这一种人性败落和堕落的认识是人类的伟大成就。美国人对总统小布什不太尊敬，常常有人说他智商很低，在媒体上会经常见到对他的批评。但是，布什却说过这样一段话，他说人类最伟大的发明并不是科学的定律和技术的精巧，而是人类发明了把政治家放在笼子里的观念和措施。他不无风趣地说，他自己就是站在笼子里向大家讲话的。

现代学者任继愈和他的门生李申认定儒家是宗教，但有的地方并没有说明白。儒家并没有明确的组织形式，没有宗教意义上的终极关怀，没有信仰的神学教义，在这些方面它的确和宗教有差别。但是，儒家学说和中国宗法式宗教有千丝万缕的联系，它是宗法式宗教的学说和精神主旨，在这些方面它就是宗教的一个侧面。

正因为政治人在中国古代文化和文明氛围中有自己特殊的含义，所以，中国的经济人也应该有其特殊的内涵和外延。经济人在古典主义经济学家和自由主义经济学家的眼中，具备了两个人格和职业的特征。第一是动机与利益统一的原则，即经济人的动机就是要使自己获利，这就是贝克尔①在他的《人类行为的经济原则》一书中所阐明的"每一个人都要按着产出与投入的比大于一的原则来判断自己的行为"的公式。当然，其实早在亚当·斯密的年代，人们就已经看清了这里的奥妙，经济的动力就是经济人追求成本外的利润这个最简单的道理。马克思对此也毫无疑义，只是马克思还加上了一条社会存在决定社会意识的假设，也就是说一旦人的社会存在不再是私有的时候，马克思就认为人完全可能变得不再自私而是一心向往着整体。然而，到今天为止人类自我反思的结果完全证明了人类无法消灭私有，财产所有权是道德神这个孟德斯鸠的名言千真万确，放之四海而皆准。人类既没有能力消灭私有，更没有必要消灭私有。第二是经济

① 贝克尔：《人类行为的经济分析》，上海人民出版社，2003。贝克尔是1992年诺贝尔经济学奖得主。

人是趋于利润最大化的，这就是说经济的追求就是要把经济的运转能力充分动员出来。把利润最大化完全理解为是获得个人收入的满足，不免有点狭隘。当货币超过一个临界值时（很少有人作过这方面的调查，但是，确实是金钱超过一定限度，金钱持有者就不再是为了消费而去赚钱），它就不再是一个和物质等量的事物，而是升华为纯粹的支配性的力量，也就是人们常说的金钱权力。在这种情况下，经济人的这个追求就是经济再创造社会存在本体论。正是这样一种力量才是人类社会打开暴力枷锁的钥匙。当人类的历史就进入了一个新的时期，历史开始缔造一种人类组织的新的模式，即由规则和范例、理性和逻辑、话语和事实来指挥和规范人类的需求的时代。因此，社会能否有能力保证经济人的利润最大化就成为了事情的关键。美国20世纪伟大的伦理学家罗尔斯在他的《正义论》一书中对于人类社会的伦理化理想提出了一个著名的"最大最小原则"，也就是说社会的所有优惠和优越的岗位要最大限度地向每一个人开放，全社会要不遗余力地惠顾那些最需要惠顾的人。这里所说的最大原则应该向各方面扩展，首先是向经济领域的经济人扩展，就是保证经济人有最大限度获得利润的权力和保证。政治是经济的集中表现，人类的历史已经充分证明，人类社会在很多情况下是由政治子系统来实施财富和资源的分配的。人类的活动和行为本身确实是解构的，即包括各种各样的行为和活动，而各种行为和活动又没有可通约性。但是只有一种行为是完全属于人类个体的，那就是经济行为，也就是说经济行为的直接结果是属于经济人自己的。于是，经济人把利润最大化当成自己的目标就充分反映了经济子系统的自立。

政治本体论就是政治成为了社会整合的因素和社会的组织因素，并在文化和文明的深层意义上变成了一种由历史延续的范式，成了由现实的暴力作为背景的意识形态——政治就是文化和文明的价值取向和价值标准。作为价值取向和价值标准，要有它终极的特殊成本，也就是把政治推崇为社会的主宰和主旨的地位，要有人力资源和自然资源的消费。

政治本体化对于社会的影响是根深蒂固的和普遍深远的，其中一个最

表
征

大的影响就是中国人始终不知道经济是社会的命脉和经济是发展的动力。自古以来，中国人就有点鄙视经济活动。因此，经济被人所不齿。人们走上经济的领地，不是为了发挥自己的使用价值和实现自己的交换价值，而是为了赚足金钱。这就使得中国从来没有产生经济人这个社会角色，更不用说真正意义上的经济人了。因此，在中国谈及经济人的现代内涵，就一定要加上一个中国特色的条件，那就是从事经济活动的社会成员是否把政治本体化当成自己的终极目标。哈耶克有一本书叫《通往奴役之路》。在这本书中，哈耶克深刻而又尖锐地指出，权力管制经济就是通往奴役之路。所以真正意义上的经济人的出现则是现代社会真正意义上的曙光。

改革之后的中国，最大的变化甚至是最大的收获之一就是在本质上缔造了一个正在成长的经济人队伍，或称为新社会阶层。这是中国社会的一个新的亮点。

按照中共中央统战部负责人不久前接受《人民日报》采访时的说法，新的社会阶层人士主要由非公有制经济人士和自由择业的知识分子组成。目前全国私营企业有450万家，投资人1100万，自由职业者约有1000万。据相关统计，新的社会阶层及其从业人员人数已超过1.5亿，约占总人口的11.5%，掌握或管理着10万亿元左右的资本，使用着全国半数以上的技术专利，直接或间接地贡献着全国近1/3的税收。

中央党校党建研究专家叶笃初向《第一财经日报》分析指出，2007年7月份的统战工作会议第一次全面系统地阐述了中国共产党关于新的社会阶层人士工作的理论和政策，其中培养和造就一支具有较强代表性和参政议政能力的党外代表人士队伍的要求，格外引人注目。"这次提法中的'党外代表人士队伍'，显然包括新的社会阶层人士。"叶笃初说，这次统战工作会议的精神，正是着眼于团结新社会阶层构建和谐社会的新要求。

中央统战部研究室副主任张献生向记者指出，中央统战部的工作主要是放在两个层次上，一是具备一定企业资产规模且政治素养又不错的代表性人士，另外就是一般的非公经济人士。"后者主要是由各地的工商联配合开展，中央统战部主要就是做这些代表性人士的统战工作。他们经济实力强，社会影响力大，又具备参政议政能力。凡是参加统战部组织的培训班，或者其他中央统调的学习培训代表们，都是政治能力相当强的分子，就很有可能按照我们的会议精神，作出一定的选拔任用等其他政治安排。"据张献生介绍，中国社会阶层结构已经发生了深刻的变化，工人阶级、农民阶级和知识分子早开始逐渐分化，但非公人士还只是新社会阶层的一部分，并不能忽略其他的组成力量。

叶笃初注意到，今年中央统战部网站上开设了"非公有制经济人士"一栏，"这绝对是很有意义的举措。网站上的这一细微改变，实际是构建和谐社会的要求，也是统战工作的需要"。"现在如此强调对非中共人士的培养任用，用意是很明显的，我们需要广揽新社会阶层人士，直接参与国家的治理，与执政党一起挑起构建和谐社会的重大任务。"叶笃初说。叶笃初还说，上半年以来，中央与地方的非公人士培训频繁，这体现了党对这一群体的关心和重视，"表明了党的一个政治态度，也给新社会阶层指出了一个大的努力方向，同时是为迎接十六届六中全会作准备"。事实上，随着新的社会阶层的逐步成熟，以更丰富的形式参与国家建设也成为他们的一种诉求。经营一家广告公司的重庆市政协委员唐建旗对记者说："新阶层人员的内心都是爱国的，但在以更丰富形式参与国家建设问题上，始终有些途径和通道的问题。"

眼下一个有意思的现象是，在中国私营经济最为发达的浙江温州，一下飞机就径直往自己村里赶的都是大大小小的商人，因为各个村都在进行村民委员会的选举。据当地有关部门的知情人士说，有很多私企老板都希望选上"无品"村官，就连作为民间组织的商会会长，也竞争激烈。不少温州知名民营企业主，纷纷成为了省市级人大代表或政协委员，有的还跨入了"国家队"。最近两月已经巡回演讲了六七场的张献生，对课堂上接触的非公人士印象颇佳："不管是把这些私营企业主作为新阶层看待还是社会群体看待，他们的可塑性都表现得相当强，而且对整体的政策把握得很不错。"

专门研究社会分层和社会发展的中国社会科学院社会学所副所长陈光

表
征

金认为，现在所谓的新社会阶层远没有形成整体意义上的共同阶层意识，政治上的追求也缺乏一整套系统的东西："他们只是在主观和客观上被逐渐建构起来，某些问题的认识上倾向性非常明显，还不是作为一个阶层的集体意识出现。"

陈光金也分析指出，新社会阶层的主要利益诉求是希望能在一定程度上影响政策的执行力，从而为非公经济发展创造更加稳定的政策和法律环境，"通过对政策执行力度产生客观影响，变成政府对投资环境的一个考虑"。

我还想从一种集团性力量的角度来说明经济人的成长对于中国社会的影响。

《新民晚报》报道，山东海滨城市日照因为"教授花园"一下子成为人们瞩目的焦点。据报道称已经有 300 余名北大教授在日照买房，而日照的房价已从 1999 年的 1200 元/平方米涨到 4000 元/平方米。新民网今日采访了日照"教授花园"的开发商——山海天城建集团相关负责人金先生，核实这一情况。

据金先生介绍，北大教授到日照买房子，并不是集团策划的，而是 1999 年的时候北大的十几位老师在东部沿海地区不断地考察，想在海边找适合居住的地方，最后选择了日照。因为很喜欢日照的环境，于是他们委托山海天帮助建房。这个项目开始之后引起了北大校领导的注意，并到日照考察，促成了山海天集团和北大燕园社区服务中心的合作。北大那边负责组织教师考察看房，而山海天负责建设和物业管理。金先生证实了 1999 年是房价在 1500 元/平方米左右，一期有十几名教授买房；而二期 2000 年底开始，到 2002 年也有 70 多名教授买房；到 2003 年三期的时候房价上涨为每平方米 2000 元，现在房价在 4000 元/平方米左右，目前一共有 300 多户教授在日照买房。由于现在房价上涨，北大教授买房会有每平方米 1000 元的优惠——给出如此大幅度的优惠，就是为了吸引更多教授买房居住。

按照核实的情况计算，1999 年到 2002 年有 80 多名教授买房，按每处房产 200 平方米计算，现在已经升值为 $80 \times 200 \times (4000 - 1500) = 4000$

万，而 2003 年以后房价上涨，北大教授陆续买房的价格为 2000 元/平方米到 3000 元/平方米之间，这期间有 220 名教授买房，计算平均获利 220 × 200 × （4000 － 2500） ＝6600 万。据保守估计，这些北大教授在日照买房，整体已获利 1 亿元以上。

有没有什么措施阻止教授买房后再转手卖掉？金先生说当初买房的时候双方已经说明，如果教授的房子想卖掉，就按照买房时的市场价卖给山海天集团。但是并没有在这方面有什么协议限制，双方建立在互相信任的基础上。金先生说教授来买房都是看中这里的环境要来居住，目前为止还没有一个教授提出要退房。

金先生说现在在"教授花园"买房的不仅有北大教授，还有山西大学、中国政法大学、清华大学、中国人民大学、上海交通大学和复旦大学的老师，其他学校的教授也享有一定幅度的优惠，但没有北大教授优惠幅度那么大。"教授花园"的建设，直接推动了日照大学城的发展，现在已经有曲阜师范大学、济宁医学院、泰安水利职业学院、山东体育大学、山东外国语职业学院等 7 所大学进入大学城。

以上我们用群体的事例来说明在中国特色的历史氛围中，一批带有经济人思维特征的群体如何在新的文化环境里来实施自己的追求和实现自己的人生目标。这其中有一个最让人感到欣慰的事实，那就是政治本体化和伦理本体化已经开始动摇，至少是人们已经下意识地和一种中国的传统决裂。最大限度地发挥自己的使用价值和最大限度地实现自己的交换价值，把自己充分运转起来，实现自己的个体化目标这和传统的整体主义不能同日而语。中国改革的过程中，的确是产生了一大批和市场配置资源的需求有关系的社会群体，这就是上文中所说的那些新社会阶层。其中最典型的除了私营企业家、海外归来开发产业者、从事个体智力劳动的人，大概最受益的就是教师这个职业群体了。个体主义是无孔不入的，只要在整体主义的堤坝上有一个小小的洞口，就会在刹那间冲开整个大堤。当然，整体性的个体主义行动总是一种悖论式的社会运动，其中必然夹杂着滥竽充数的成分。但是，这里的趋势和压力还是清清楚楚。

表
征

　　我们在介绍群体趋势和压力的时候，切不可忘记个体主义都是一个个行为化和独立意识的人在行动和筹划。在今天的时代，要想找到几个个性化的人，那是如探囊取物。但是，其中典型化的人物还真的难以确定。前几年石破天惊的芙蓉姐姐的事例，令你不得不惊叹，个体主义有多么大的魅力和动力！

　　2005 年，在中国大地上突如其来地崛起了一个耀眼的社会明星。我在这里不能再用具体的命名给这个人物勾画其出名的行当了，只能用"社会"这个最笼统的用语来为芙蓉姐姐作陪嫁了。她在 2005 年神奇地出了名，她的名字传遍大江南北。但是，很少有人来思索她为什么出名。下面是我的一个朋友的未发表的文章，其中有对芙蓉姐姐的心理分析和社会分析。

　　首先看看芙蓉姐姐的身世：

　　1977 年——7 月 19 日出生于陕西武功县史家村

　　1996 年——第一次高考未果

　　1997 年——6 月 12 日遭遇车祸

　　1997 年——第二次高考

　　2002 年——第一次考研未果

　　2002 年——某电视人准备打造她，她不辞而别

　　2003 年——第二次考研未果

　　2003 年——创办了火冰可儿塑身舞蹈协会

　　2003 年——北大未名论坛考研版发表文章

　　2003 年——先后为北大清华晚会献舞

　　2003 年——年底在北大 BBS 上发表第一张照片

　　2004 年——9 月在水木清华贴第一组照片

　　2004 年——考完研痛离北大

　　2005 年——各大媒体纷纷报道芙蓉现象

　　2005 年——6 月 19 日参加互动电影演员海选

2005年——6月20日应邀作客新浪聊天的活动因个人原因临时取消

2005年——6月称近期将开媒体见面会

2005年——6月29日，芙蓉姐姐自行辞去出版社编辑职务

2005年——6月29日，芙蓉姐姐因隐私被曝光，与同事发生冲突

2005年——7月2日，芙蓉姐姐首次拍戏

这样的一个生活上的失败者、事业上的失败者、爱情上的失败者，怎么能够迅速地走红大江南北，成为大众追捧的对象？这还要从我们这个民族的心理惯习说起。中国人的伦理观念与西方人不同：西方人的伦理观就是追求幸福，这一点已经扎扎实实地写进了亚里士多德的《尼各马可伦理学》中；中国人的伦理是辈与辈、伦与伦之间的规则与原则。辈分原则的最佳体现表现在父与子的关系上。父亲无论在精神上、经验上、体能上、财富上、社会关系上都远远优越于儿子……

仔细阅读芙蓉姐姐的言行录，我们能够发现她的两个性格特点。第一是自恋癖。自恋癖是一种人格倾向，具有这种人格倾向的人只能够体验到自己内心的现实，主要是恐惧与贪婪。对他们而言，外界现实是不真实的，只有对他们有利或者是有威胁的才是真实的。芙蓉姐姐只是知道出名对自己有利，通过标新立异的奇装异服和奇谈怪论就是她吸引眼球的本钱。第二是裸露癖。这种现象在芙蓉姐姐身上泛化为不切实际地追求美女加才女的名声，上网大肆张贴自己的玉照，多次想要踏进娱乐圈的冲动，等等。总之，芙蓉姐姐开始了自己的冒险之旅，就像我们分析的那样，正是"她的美丽，她的才华，她的洒脱不羁，她的绝对自信，她的完美的人生履历，她的健康的身体"为她赢得了成功。恐怕天下想找到比她更"完美"的人不容易了，要找到比她更点背的人也不容易，每一个人都能够轻而易举的找到优于她的方面，每一个人都能够面对芙蓉姐姐产生优越感。用一个网友的话

讲，就是永远不要让她醒来，就让她活在梦中。于是网上成立了所谓的芙蓉教；一大群自称小莲莲的网友哄着芙蓉姐姐开心；刚出道的芙蓉姐姐最受欢迎的时候，据说有5000网友等着她的照片挂在网上。北大清华的莘莘学子万里挑一，与命运的弃儿芙蓉姐姐相比，二者之间的差距可是不小，如此之大的势能怎能不让我们高素质的天之骄子们望眼欲穿地期盼芙蓉姐姐，并把她的存在迅速普及到互联网的边边角角。莘莘学子可是害怕这个活宝哪一天幡然悔悟了，突然间无影无踪，那谁又能满足他们心中嘲讽的强烈欲望呢？这倒是不用害怕担心，2006年初芙蓉帮的新伙伴"芙蓉大娘"顺利浮出水面。我看过她的玉照，我连饭都喷不出来了——全吐了。和芙蓉姐姐走相同星途的还有四个女人——木子美、竹影青瞳、流氓燕、黄薪，为什么她们没有芙蓉姐姐走红的时间长，影响范围广？原因很简单，这里面坎坷和挫折经历最多的就是芙蓉姐姐——前者无非自曝身体隐私，同时长得像猪八戒的师妹而已——从1996年到2005年，九年间她动了七次大手术，进过大大小小无数次医院；她参加了三次高考，三次研究生考试，每次考试都以不尽如人意为结局。谁要是能比芙蓉姐姐的遭遇还凄凉悲惨，并且愿意自报家丑，肯定大受欢迎。明星就是这么被制造出来的，而且是一夜成名。

也许我朋友的分析有点尖刻，但是，不能说他的分析不入木三分。这里透露出一个最让人吃惊的事实：芙蓉姐姐的遭遇和不幸让她不得不把自己的资源用到极致。到了芙蓉姐姐的地步，她还有什么资源可以利用呢？恐怕只有她的那些不可让与的资源才能给她一点点的安慰和希望。她也的确是这样使用了自己，炒作了自己，出卖了自己，当然，最主要的是她赢得了自己和占有了自己。芙蓉姐姐可以毫无愧色地说：自己是个体主义的典型和标本。同时芙蓉姐姐一夜成名的事实，不也正好说明芙蓉姐姐在我们这个时代中恰恰成了一些人内心深处的楷模了吗？一些人其实也想像芙蓉姐姐那样成名，却是那种不裸露却又想裸露的人。裸露癖就是那些敢于裸露又有裸露机会的人，特别是他们就在规则容许的裸露机会到来时，不遗余力地裸露的人，这正好就像体育界和文艺界的某些明星和某些追星族一样。芙蓉姐姐用个体主义赢得了世界，虽然她不是青史流名的那种英雄和才女，但她就在时代最需要的那种东西急切地被人追逐的时候，她提供了。这就是时代，这就是转型，这就是变迁，这就是千载难逢的机缘，这就是明知不可为而为之的意外收获。这里毫无疑义有许多随机性的成分，但是，有一点却是可以判定的：个体主义的趋势和压力不可逆转。当然，像这种方式呈现的个体主义不是完美的，也不是值得提倡的，因为它缺乏一个明确的自省和阳光的方向。这也是个体主义自身上的一个悖论。

国营企业与集体企业在1949年建国后成为中国经济领域的主体，甚至在一段时间内成为所有制经济体模式。其实它是马克思政治经济学的社会实践所致——社会主义与资本主义的三大区别之一就是资本主义是市场经济主导，私有制为主；社会主义是计划经济主导，公有制为主——在那个政治挂帅、政治主导一切的年代，所有的事情发生得那么自然而然。人类历史上一场罕见的社会实验就这样开始了。

当我们明了了国有企业的一把手必须扮演的社会角色的文化内涵时，有必要弄清楚"厂长、经理、主任"的社会外延是什么。在计划经济时代，国有企业的一把手必须按照行政命令完成生产指令，交够税收，尽心尽责地为不属于他的企业废寝忘食地工作和服务，这是社会角色赋予他的外延。如何在内涵与外延中确立平衡点，是社会人的外在角色战胜了自然人的内在需要，还是相反？当然是社会人的角色要求服从自然人的内在需求，人的生物性是人的第一属性，自私性又是人的生物性的核心属性，于是自然人的自私自利的内在欲望诱发了厂长们、经理们在没有任何权力制约和制衡的条件下一定要中饱私囊，其社会人的面具只是权色交易、权钱交易的遮羞布。

计划经济时代的特征就是商品短缺。科尔奈的《短缺经济学》对社会主义下的计划经济作了充分的说明，轻工业品、重工业品、日常生活用品、生产用品，所有你能想到的商品都是短缺的。无论是市场经济还是计划经济，在供给与需求的对立关系中，供给一方拥有天然的优势和加权，能够决定供应商品的数量、品质、供应的时间、地点甚至是选择需求方。计划经济又为供给方再次加权，当所有的消费与生产的商品被一家或者几家企业垄断的时候，人们都没有选择的余地，只能选择购买商品而不是放弃选择，并且为自己还能够买到需要的商品窃喜。毕竟能够买到商品比食不果腹、衣不蔽体强得太多了。在这样的经济环境中，无论企业生产的商品怎样低劣、粗制滥造、不适销不对路，都没有卖不出去的问题，只有供不应求的问题。

当邓小平在1978年决定改革和开放的时候，计划经济的时代就向我们说再见了。改革与开放的政策制定既有领袖的英明神武，也有时代的要求和人民的呼唤。研究中国30年的改革历史就会发现，在一定意义上讲，中国的经济改革实际上是被"逼"出来的。30年前是农民活不下去了，于是就放手让农民搞家庭联产承包责任制，搞农村改革；在解决不了城市就业的压力以后，就放手让人们自谋生路，于是就有了民营企业、乡镇企业。广东不是国有企业重地，于是放手让它搞改革，搞经济特区；而上海因是国有企业经济重地，国家财政命脉所系，前些年一直不敢越雷池一步。而结果是放开一点就活一点，不让放开就死路一条。市场经济或者说自由经济正在蚕食鲸吞计划经济的领地，而作为计划经济的代表，国有企业的改革也同样遵循这种逻辑。不改革是等死，民营资本、外资资本、国营资本三者同台竞技，孰优孰劣由市场和消费者决定。当产品的生产量第一次超过了对产品的需求量时，短缺经济不存在了，这次是消费者用货币投票来决定企业的生与死。那么，外在环境的改变使得国有企业的竞争力一下子大白于天下；产品不被市场接纳，就等于市场为企业开出了死亡证明书。

从经济学角度看，造成国有企业困难的根本原因，主要是社会总需求得到抑制后，市场由供不应求的"卖方市场"转为供求平衡直到供过于求的"买方市场"，从而导致企业销售不畅的矛盾加剧，产品积压上升，生产率下降，产销率偏低。针对市场疲软这一问题，1996年中国人民银行连续通过取消保值贴补率和两次下调利率，指望此举刺激消费，降低产品积压率，但几个月过去后收效甚微。针对企业老化、技术落后的问题，政府则采取注入资金、大搞技术改造、对生产要素重新进行优化组合等方式，促进企业进行技术创新和技术进步。但是在所有的措施陆续出台以后，并没有出现预期的结构大调整、技术大进步、存量大流动的局面。人们从各类传媒公布的消息中得知，国有资产的经营状况令人担忧：国有企业资产损失和资金挂账问题突出，空壳企业占全部企业总数的1/4。而国有企业负债率过高（平均达70%）这一事实，已使人们预感到：如果再不着手解决国有企业问题，任其将危机转嫁，最终的结果是拖垮银行，导致金融危机。

中国国有企业的改革起始于20世纪80年代初，先后经历了三个阶段。第一，扩大企业经营自主权，实行利润留成，改变高度集中的计划体制，推动企业走向市场。第二，颁布《企业法》，推行承包经营责任制，实行厂长（经理）负责制，明确企业是相对独立的商品生产者、经营者，促使资产所有权与经营权相分离。第三，贯彻《国有企业转换经营机制条例》，划分政府与企业的权限，推动企业转换机制，政府转变职能，进而推行企业法人治理结构，建立现代企业制度。从利改税、放权让利到所有权和经营权适当分离，从单项改革到多项改革，进而到建立现代企业制度，能想到的方法都用了，一些大型国企因此而增强了整体竞争力，但依然有部分国有企业的改革陷入困境甚至失败。

那么，改革后什么样的国有企业能够生存下去？答案只有一个：看企业所有权到底归谁。因此，近几年来关于国企产权和企业产权的研究也非常火热。国家也随后成立了国有资产监督管理局，它们代表国家行使出资人的权利与义务，履行相应的监督管理职责。这无疑是一种巨大的进步。

从历史上看，汉武帝实行铁盐国营后，原本存在的私营矿业和私营盐业很快就被挤出了社会，刚刚独立的经济子系统被扼杀在摇篮里。用行政手段管理经济是极其不妥当的，也不科学的。经济改革的实质，就是要让每一个参与经济运行的人都成为经济活动的受益者，收益大于成本才能驱动逐渐形成主体经济、市场经济、自由经济。参与经济活动的经济人一定

表征

要按照经济的自返性原则受益于经济活动，把追求经济目标当成自己最大的人生目标，按照动机与利益相统一的方式追求最大剩余价值；而且这其中最重要的是改革要面向社会全体改变不合理的分配机制，而不再是维护一小部分既得利益者的既得利益。

按照这样的标准来重新梳理国企改革的脉络，我们就能够坚定不移地得出一个结论：只有国企改革改制改良的结果是产权人格化，才能真正挽救国企。这样，我们的政治制度与经济模式就会发生根本性的变革。

2007 年春天，广袤的中国大地又传来了令人万分振奋的消息：中国通过了《物权法》！只要我们了解了这部法律的出笼过程，就会充分理解它对于当今的中国文化是怎样的一种冲击！

中国十届全国人大五次会议于 2007 年 3 月 16 日上午召开闭幕式，备受争议的《物权法》草案在中央全力护航下，以赞成 2799 票、反对 52 票、弃权 37 票表决通过《中华人民共和国物权法》草案。历经 14 年争议，受到各种各样观点的人的批评和赞誉，中国共产党执政以来第一部明确保护私有财产的法律草案终于获得通过。这部从 1993 年开始起草、历经 8 次审议的物权法在中国人大十届五次会议的最后一天以高票获得通过。这部法典分为五编，共 247 条，将于同年 10 月 1 日起生效。随着这部法典的实施，在中华人民共和国历史上，私人财产（物权）将首次享受与集体及国有财产同等的法律地位。

多年来，很多人对制定物权法一直强烈抵制，他们的观点集中反映在北京大学某教授的一封公开信中。这封信指控物权法违背新中国立国之本，是对社会主义的出卖。在他们看来，新中国以消灭私有制为己任，建国之初，就消除封建剥削制度残余，建立集体所有制及全民所有制，如今要对私产加以法律保护，岂非时光倒转，再回剥削压迫时代？

十七大召开之前，《物权法》最终由全国人大表决通过。《物权法》是中国经纪人成长的法律平台，它能够确保市场经济的法律基础，加速中国与国际接轨，也可防止国有资产的变相流失，保护产权。

在 2007 年 3 月 5 日全国人大会议召开前夕，反对《物权法》草案的人聚集在一起，为阻止该草案通过做最后的努力——3000多名学者和退休官员联名上书，要求全国人大否决《物权法》草案。那些联名上书的人包括30名退休的副部长级官员、10多名退役将军和约50名中央党校教授。请愿者称，该法没有区分合法获得的私有财产和通过腐败落入私人手中的公共财产。他们还认为，社会主义中国不能让私有财产和国有财产获得同等的法律地位。

据中央党校一名教授透露，当物权法的反对者第一次提出反对依据（《物权法》草案可能违宪）时，党中央非常重视他们的意见。不过，在与他们谈话之后，中央领导人发现他们的意见有些偏颇。经过近30年的市场经济的实践和从来没有过的经济增长，中国已经到了必须进行立法来保护公民私有财产和保护市场经济模式的时候了。在这部法典的最终版本确实也受到了许多主流学者和经济人的热烈欢迎。

中国是当代各大国中没有民典法的唯一国家。物权法立法工作的完成使中国在朝向首部民法典的道路上迈出了关键一步。民法典的另一支柱《侵权责任法》已被列为全国人大常委会2007年预备立法项目。物权法确认物的权属，《侵权责任法》确认权属受侵害行为的法律界定。专家指出，与物权法相比，《侵权责任法》起草难度小得多，且主要涉及技术层面。因此，该法的出台为时当不致太远。

《物权法》的重点之一是对土地补偿费的规定。草案规定，征收集体所有的土地，应当支付土地补偿费、安置补助费、地上附着物补偿费等费用，并足额安排被征地农民的合法权益，保障被征地农民的生活；草案规定，征收单位、个人的房屋及其他不动产，应当给予拆迁补偿，维护被征收人的合法权益，征收居民房屋的，还应当保障被征收人的居住条件；草案规定，住宅建设用地使用权期届满自动续期，解除了人民群众对其住宅在期满后的担心；草案规定，不动产登记费按件收取，不得按照不动产的面积、体积或者价额的比例收取，减轻了人民群众进行不动产登记时的负担；草案完善了担保物权制度，增加规定经当事人书面协议，企业、个体工商户、农业生产经营者可以将现有的及将有的生产设备、原材料、半成

表
征

品和产品抵押，建造的建筑物、船舶、航空器可以抵押，基金份额可以质押，应收账款可以质押等；草案规定，私人对其合法的收入、房屋、生活用品、生产工具、原材料等不动产和动产享有所有权，私人的合法财产受法律保护，禁止任何单位和个人侵占、哄抢、破坏。

这部法律的确立和实施，从一定意义上讲在哲学上等于确立了人的社会存在本体论地位。人作为一种实在，已经不再是一种虚幻的社会承诺，而是实实在在围绕着自己的物质条件构造属于自己的生活空间。在人类社会上，每一个人在理论上都是经济人，都是在使用经济的天平来衡量自己和他人的得失。承认这些最基本的事实，才能确实保证人是其自己和人爱其自己。物权法的通过，无论如何都要可反映出中国到了成批生产经济人的时代了。难怪国际上都对中国经济这个庞然大物吱吱赞叹——中国有了保证经济人生长的土壤。

我们当然不能说经济人就是在经济活动中成功的人，但是，经济人就是把经济目标当成价值取向的人。在经济上成功的人肯定有各种各样的因素，其中也不乏运气和社会的偏好，不过，我们总可以说成功的经济人总是被人青睐，被人羡慕，被人嫉妒。要说经济人谁最富？香港地区的媒体最近给出了答案。

2007 年 11 月底，由香港亚洲经济杂志社等数十家权威机构主办的第二届"亚洲品牌十大最具价值代言人"评选活动在香港落下帷幕，经过近半年的追踪调查，姚明和刘翔力压章子怡等娱乐明星，以状元和榜眼的位置当选。随着奥运会的临近，更多广告商把目光投向了体育明星，其中姚明、刘翔不仅外表出众，而且成绩斐然，自然成了商家们竞相争夺的形象代言人。目前，刘翔一年的广告收入将近 2000 万元。而年龄渐长的姚明开始改走成熟路线，新婚不久就做起保险公司代言人。小巨人 13 岁时开始和耐克合作，他代言的品牌一度超过 10 个。在 2007 年 3 月公布的福布斯中国明星榜上，姚明 2006 年入账 2.6 亿元人民币，折合 3500 万美元，雄踞综合排名首位。除去他在火箭队 1500 万美元的年薪，小巨人去年在广告上的代言就高达 2000 万美元。

人们开始按着经济和经济人的眼光来观察世界和社会了。这和改革开放之前的情景已经大不一样。看来，中国古代历史上横行霸道了几千年的"重义轻利"的观念该堂而皇之地退出风光无限的舞台了。

3 功利主义的可分解性

我写这本书的初衷之一就是不能把它写得晦涩，而是要通俗易懂。但是，这个小标题下的内容我无论如何也不能回避用逻辑的公式来说明其中的奥妙。数理逻辑中有两个典型的逻辑连接词，一个是合取，一个是析取。合取就是类似于下面的语句：我和他去看电影。这个句子可以分解为这样的两个句子：我去看电影和他去看电影。如果把"我去看电影"记为 W，把"他去看电影"记为 T，那么这个句子就可以表述为 W 合取 T。这个复句的真值条件是只有 W 真而且 T 也真，这个合取式才真。析取就是类似于下面的语句：我或者他去看电影。这个句子可以分解为这样的两个句子：我去看电影或者他去看电影。用符号表示就是：W 析取 T。这个复句的真值条件是只要 W 真或者 T 真，也就是其中有一个子句真，整个复句都真。

在数理逻辑中，逻辑连接词一共有五个——否定、合取、析取、蕴含、等值。它们代表五种逻辑关系。数理逻辑中还有两个逻辑操作方法，就是把一连串的逻辑连接式变成清一色的合取公式，或者清一色的析取公式；前者叫合取范式，后者叫析取范式。这里有些技巧，那是逻辑学家的事，我们只要记住一个最重要的真理：在合取范式中，只要有一个逻辑命题是假的，整个逻辑公式就都是假的；而在析取范式中，只要有一个命题是真的，整个析取范式就是真的。

逻辑在这里为我们提供了理解整体主义和个体主义分歧的理论武器。如果我们把自己生活境遇中每一件事都当成合取范式，那么也就是说，任何事只有每一个细节和每一个需求都得到了满足，才认为是自己的成功和圆满。这在逻辑上就是所有的命题都真，整个合取范式才真。个体主义恰恰与此相反。个体主义者把自己生活境遇中的每一件事都看成是一种析取关系，也就是说只要有一个命题真，那就是说整个析取范式皆真。它在现实中就可以解释为只要在生活境遇中有一件事是可取的，就应该为这样一件事去拼搏去争取——某一件事的完成和履行都是我们为之庆幸和高兴的理由。用这种逻辑的方法来进行分析和论证，我们就会清楚地看见整体主义和个体主义绝对是两种截然不同的思想范式。

西方世界的历史也不是完全没有整体主义的阶段和时代，它和我国古代历史和近代历史上出现的传统整体主义的区别表现最明显的就是在有关功利的问题上。对待功利的追求，西方人总是一点一滴地去争取，去获得。这就是本文所说的功利主义的可分解性。19 世纪西方的伦理学有了长足的进步。其中功利主义伦理学可以说是最直截了当阐明功利主义追求、符合伦理准则的理论体系。只要认真读一读穆勒、斯宾塞等人的伦理著作，我们就会明白一个道理，他们所说的功利主义主要是指功利主义必须以最小的元素被我们人类来追求，来获取。因此，功利主义的可分解性是个体主义的典型风格和典型人格。

人们常常处于两种文化和文明的交叉点上。一方面的确有类似马加爵这样的人走不出整体主义的牢笼，始终按合取范式的方式来安排自己的人生追求。这样的人也的确大有人在，报刊上时不时就有某某大学的学生因恋爱失败把自己的前女友甚至男友杀死的报道，也会有类似腰缠万贯的企业家雇凶杀人被判处死刑的案件，这些毫无疑义都是和功利主义不能分解为最小元素的文化基因有关系。另一方面，我们的媒体也有大量的关于现代人更看重功利，适度调整自己的行为，满足个体暂时和局部的功利追求。

我有一个相当要好的朋友，我们在一起总是能谈得来。但是，他和别人的往来却常常是不太融洽。我深知其中的原因，他是个钉是钉铆是铆的那类人，用一句日常的术语来说就是有点较真；他的前妻我也相当熟悉。应该说他们两人的确是不该走到一起。他俩的性格几乎是南辕北辙，但是，阴错阳差成了夫妻，又有了孩子。这样的婚姻在我们今天的时代其后果是可想而知的。最后，两个人分了手。但是，最让我意想不到的是他们却一直保持着非常和谐和融洽的关系。两个人都有自己的住房，分别有自己的事业。但是，两个人对孩子都有真挚的爱心，都真诚地照顾孩子，在经济上也你推我让，而又不是那种野鸳鸯式的夫妻，而是严格恪守离异夫妇的那种清白和纯正。在事业上他们互相帮助，在生活互相关心，在子女教育上互相商量；同时他们又都没有再婚。我真的很羡慕他们能把关系处理得如此理性和道德。我很想把他们的名字公开，但是就在我写这一章的那一刻，他们告诉我，他们集体决定不想把他们的事变成人们茶余饭后的谈资。我尊重他们的意见。我想这里的介绍足可以让我们充分了解什么是功利主义的可分解性了。要是我的这两位朋友不把功利看成是一个个原子化的小单位，他们能如此和谐和完美地处理好他们之间的关系吗？

以上仅仅是对功利主义的可分解性作一点解释性的说明，目的是让人们更清楚地了解这一概念的内涵。的确，功利主义的可分解性是个体主义文化的试金石。我们在这一节的开头所构造的逻辑模型应该说是绝对完美的证明材料，因为两种范式的区别是泾渭分明的——合取范式和析取范式恰如其分地道出了整体主义和个体主义的本质。在了解了功利主义的可分解性的内涵之后，我们还有必要了解其外延，这样就能充分揭示整体主义正在历史的新时期逐渐瓦解。

功利主义的可分解性的实施者就是其外延。显而易见，我们是无法一一枚举和一一统计的，那也不是一个聪明的办法。但是，我们的确能够在社会职业的分工中看到一些倾向，有些职业的从业者中就是比其他职业的从业者涌现了更多的功利主义可分解性的实施者。而且我们还能从中看出一些相关性来，这无疑就是我们所研究的外延。

在悠久的历史上，我们这个民族受儒家重义轻利的影响，直接从事经济的生产者和经营者历来受人鄙视和轻视；尤其是那些直接从事流通的经济人，也就是我们经常所说的商人，就更是被人鄙视和歧视。改革开放之后，搞活经济和对外开放的目标动员起各行各业数不胜数的从业者义无反顾地投身于流通领域之中，成为了直接的商品流通的从业者。我们从他们身上看到了那种点滴积累、分斤拨两、讲尺论寸的精明的经营理念；同时，他们在现实生活中也同样是能在相互缠绕的整体主义染缸中，顺理成章地区分那些属于自己的功利部分，顺利而又合理地实现了自己的目标。我作过一次非常不成熟的统计，在现代经商者的队伍中我抽出了 50 个人，各个年龄段的人都有。用我粗浅的标准来定义功利主义的可分解性，即看看是否能在整体上不如意却有功利成分的情况下作出合理的选择，来统计百分比，有 70% 的人都会作出明智的选择。这让我坚定信心，认定商人这个职业是功利主义可分解性的典型群体。

这里的确有一个问题需要我们认真地思索：究竟是拥有个体主义禀赋的人更容易去做商人，还是做了商人更容易接受功利主义的可分解性作为自己的信条？这类似于一个先有鸡还是先有蛋之类的问题，的确是难以回答。但是，有一点是肯定的，那就是只要把轻视和歧视商人的重义轻利的思想抛弃，就会在整个民族之中萌生更多的重视功利和把功利主义进行原子化分解的人。在上文中我们已经分析过，传统的整体主义是和功利主义势不两立的东西。那是因为，传统的整体主义总是把一切缠绕在整体主义板块中的各种事物，莫名其妙地混合成一个大混沌，谁也理不出一个头绪来。要想进行功利主义的追求，就只能是把功利分解成一个个原子化的小目标。商人，甚至广义地说，所有的经济人都会有这种禀赋。

在我们进行统计的过程中，还会发现文艺界的人士也比其他行业要多一点功利主义的可分解性。当年著名歌唱家李谷一和另一个知名歌手韦唯的冲突能够很快得到解决，两个人冰释前嫌，不再计较那些往事而言归于好。这不能不说是一种大度和豁达的表现。后来我们又听说了许多这一行业的人士，相互之间不可避免的那种不和谐和不愉快比比皆是。但是，总的来说他们的处理方式还是比较平和与开放的。中国香港、台湾地区的演艺界人士也同样存在着这类现象，但是，也都没有酿成什么大祸。我不想更多地使用媒体上关于演艺界人士的奇闻轶事，因为那其中我们不可能知道有多少真实的成分。但是，有一点是肯定的：这一行的确更需要其从业者在实施自己人生的目标中有更多的功利主义的可分解性。

我们还可以从文化程度上进行分类排队，来揭示这其中的相关性。我们会发现，文化程度较高的人，往往会在功利的判断上多一点理性，多一点思考。总的来看，知识的多寡的确是一种衡量的尺度。在高学历的群体中，一般的是比较能在功利面前进行平衡的。所有对功利的平衡都可以在学理上称为功利主义的可分解性。我们在上文中曾经列举了杨振宁在最近的一次讲话中，提到的他和李政道的关系破裂是他一生的遗憾。我想他或许是在检讨自己人生的愚昧时期做过的一件憾事，那就是功利主义的整体性信仰。所谓功利主义的整体性信仰说穿了就是原始思维的互渗律在起作用；互渗律用现代流行的语言来说，就是台湾中国学者柏杨所说的大酱缸文化。

当我们用这种方式分析功利主义的可分解性时，就立刻凸显了一个最值得我们认真理解的问题。只要用合取范式和析取范式来解析整体主义和个体主义的区别，马上就会明确，是不是把功利主义看成是可分解的事物，直接涉及个体人格的要素。非常明显，传统整体主义是一种唯一性的产物，个体主义则是多元化的产物。唯一性就是同一律的变种。反之，对多元化的宽容就是民主的基础。于是，深层次的分析就告诉我们，是否把功利主义看成是可分解的，实际上是和个人的人格结构同构的。把世界看成多元化的人，同时就是把功利主义看成可分解的人。再加上以上的对功利主义可分解性的外延解剖和列举，我们不难看出，拥有多元化和多元性的观念是这个问题的关键，而拥有多元性和多元化的观念又和受教育的程度成正比。这就是说，越无知的人就越是把整体主义的方法论当成唯一性来崇尚和信仰，越是这样就越会做出不够聪明的事情。

发展教育，提高全民素质和受教育程度，这是任何国家的核心政策，当然也是中国的核心政策。随着人民素质的提高，受教育程度的提高，知识水准的提高，人们就会更加清楚地明确功利主义的可分解性是成功的重要因素。换句话说，个体主义是会随着人类的进步而自然而然地在我们中间成长。

4 社会的平面化运动

社会的平面化运动指的是社会各个子系统之间的关系准则变化。社会子系统包括政治子系统、经济子系统、文化子系统、生物子系统，它们的内涵和外延似乎都比较清楚。我们不准备在此花费笔墨来定义和界说这些概念，权当大家都理解和把握了这些概念的内涵和外延。

社会子系统之间的关系准则其实只有两种。一种是像叠罗汉那样把各个子系统摆成一个三维的结构，也就是一个一个地累加起来，形成一个宝塔式的形状。这就是所谓的层级式的结构。还有一种就是把各个子系统平摆在一个平面之上，就像在一个篮球场上摆放着若干花瓶那样，而花瓶的摆放原则却是有一种超越性因素来规定的。显而易见，前者除了最上层的那个子系统之外，其他子系统都没有自己的发展空间，只有最上层的那一个子系统才能施展自己的能量。如果一个社会要发展自己，当然第一种结构是束缚其手脚的桎梏。第二种结构则是让每一个社会的子系统都有自己的空间和发展余地——整个社会的发展是建筑在每一个子系统的发展基础上的。

叠罗汉式的社会结构，只要我们举例稍加解释，就能一目了然。就拿珍尼·古多尔[①]的例子就能说明白。在非洲丛林中的黑猩猩，是一种社会化的动物。每一个社会化的群体是由一个强壮的雄黑猩猩作为首领的，它拥有这一群体中的所有雌猩猩作为妻妾，它是这一群体中最强壮的雄性，其他雄性都只能是被边缘化，游离在黑猩猩群体之外。显而易见，黑猩猩这样组织起来，是有一个生物性上的合目的性的，即保证优秀基因传递下去。原始状态的人类社会与此同理。这就决定了社会一旦组成，它就只能是以权力作为组织要素。当人类社会进化到分工明确的时代时，政治子系

---

① 珍尼·古多尔：《黑猩猩在召唤》，科学出版社，1981。

统因为具有天然的优势而雄踞其他子系统之上。但是，人类的社会史证明了由社会的某个子系统来实行对社会的整合也会给社会的发展带来巨大阻力的。这是因为政治子系统是由人类个体组成的，人类个体除了生物性的追求之外还会有更贪婪的目标和需要，诸如子女的世袭继位、家庭成员的优越地位、集团性的统治、给自己积累起应对未来急需的物质资料、个人享受的高标准等。因此，我们在这里所说的社会的解构就是指其他社会子系统的自立过程，以及所有社会子系统平面化行使自己的组织功能的过程。

在理论上解决了社会平面化运作的逻辑范式还远远不够，我们在上一节中所说的功利主义的析取范式就是这种平面化的典型的逻辑操作原则。但是，我们在现实的社会运转过程还要有点直觉感受，才能真正理解社会的平面化的本质含义。就在我写这部书的时候，有两个例子非常典型。我们就录以备考，以飨读者。

2006年9月份，太空载人飞行迎来了第一个女乘客，这是一位伊朗女性。众所周知，伊朗自内贾德上台担任总统以来，一直和美国不合作，尤其是在提炼浓缩铀从而形成生产核武器能力，以及对美国的极端仇视态度这两个问题上，表现得十分不合作。伊朗坚持强硬的立场对美国是极大的挑战。不用说，任何美国政治家都不会愿意看到商业载人飞行是由伊朗女人来实现的，至少在潜意识里是如此。但是，商业飞行要执行经济原则。谁是第一个登记在案者，谁能拿出这笔可观的经费，谁的身体状况和知识水平完全可以适应航天飞机航行的具体要求，等等，才是商业性航天飞机飞行的规则体系。至于说，究竟是哪个民族国家，哪种宗教信仰，哪种性别，哪个政党的成员，都不完全是这里的规则体系所应包含的内容。像航天飞机载人飞行这样的事，应该说是相当敏感的，但是，经济的行为就是由经济原则来决定。

第二个例子也许更为典型，它是关于恐怖分子本·拉登的近亲的故事。这大概更让我们震惊。

杜福尔是恐怖分子本·拉登的侄女，现在居住于美国，是这次事件的

表征

主角。杜福尔的经纪人约翰·迪克汉斯在纽约表示，杜福尔2006年6月份与未婚夫确定婚期后，纽约城市广播电台专门制作了一个题为"拉登家族"的连播节目。在该节目中，纽约城市广播电台不顾杜福尔此前已经与拉登家族脱离关系的事实，多次直接宣称杜福尔目前仍然与拉登家族保持着密切的联系，甚至还虚构了拉登家族为杜福尔在美国购买豪华别墅的消息。节目播出后，由于收到大量的抗议信件，杜福尔与未婚夫不得不取消了在美国举行婚礼的计划：他们最初准备在美国纽约市举行自己的婚礼，并邀请自己家族的部分成员前来参加婚礼，但这遭到了纽约部分市民的强烈抵制与抗议；随后杜福尔又宣布将婚礼改在美国的夏威夷举行，但同样受到美国民众的抵制。这不仅给杜福尔带来了巨大的精神伤害，还使得此前花费数十万美元筹划的婚礼被迫取消。杜福尔与未婚夫2006年7月份不得不选择在南部非洲旅行结婚。

纽约地方法院2006年10月3日表示，今年8月份，拉登侄女瓦法赫·杜福尔委托经纪人向法庭提出起诉，称由于纽约城市广播电台在节目中多次错误地宣传杜福尔的家庭关系，严重干扰了杜福尔目前的生活，他们要求纽约城市广播电台公开进行道歉并作出经济补偿。经过长达两个月时间的辩论与审判，法官们最终作出一致判决，认为纽约城市广播电台制作的节目使得杜福尔多次更改婚礼举办地点，已经给杜福尔带来了一定的经济损失与精神伤害。根据美国法律的规定，以及此前审理此类诉讼的惯例，纽约城市广播电台必须公开道歉并进行经济补偿。

约翰·迪克汉斯说，"杜福尔出生在美国的加利福尼亚州，并且一直生活在这里。她的父亲伊斯兰·本·拉登的确与基地头目本·拉登是同父异母的兄弟，但这与杜福尔本人并没有任何关系。事实上，杜福尔早在2002年1月份就已经正式宣布与拉登家族脱离了关系，即使是与自己的父亲，她也很少有过联系。杜福尔与未婚夫今年确定婚期后，纽约城市广播电台专门制作了一个连播节目，不仅详细披露杜福尔此前的身世，还散布虚假消息称拉登家族为杜福尔在美国购买了豪华别墅。这给杜福尔本人带来巨大的困扰，他们甚至连在美国预定好的婚礼也被迫取消。"

纽约地方法院法官拉米·霍里克斯在接受记者采访时说："法庭就杜福尔的诉讼请求进行了长达两个月时间的辩论，我们最终认定纽约城市广播电台违反了美国法律，他们必须对此付出相应的代价。纽约城市广播电台作为公众媒体，今后在制作专题节目时应该更多地调查事件的真相，以免再次发生同类的失误。"

美国纽约地方法院 3 日做出判决，称纽约城市广播电台多次错误地宣传拉登侄女杜福尔与拉登家族的关系，已经严重干扰了杜福尔目前的个人隐私与生活，必须在电台节目中公开道歉并赔偿 100 万美元。（见《拉斯维加斯太阳报》2006 年 10 月 4 日）

在这个例子中我们看到的情况要比第一个例子深刻得多。本·拉登在 2001 年 9 月 11 日导演了和指挥了恐怖分子对美国世贸大楼和五角大楼的恐怖袭击，造成了大量的无辜伤亡，给美国经济带来了前所未有的损失，极大地伤害了美国人的自尊心。因此，在文化上美国人下意识地抵制一切与本·拉登有关的情感联系，是情有可原的。但是，在法律上这又是绝对站不住脚的。无论是谁，无论他（她）和本·拉登的关系如何，只要不是本·拉登的同谋和同伙，只要没有参与对美国的恐怖袭击，任何媒体和任何个人，都绝对无权对和本·拉登有亲缘关系的人加以歧视；法律有权制止任何这类行为和言论。在政治子系统和文化子系统处于平面化的结构上，法律更应该站在超然的立场上。这里充分体现了社会的各个子系统充分自立的思想和实践。

刚才阐述的是就普遍性原则对社会解构的评述。但是，这里最重要的是社会解构中的最重要的解构维度，就是法律的独立性和超越性问题。有点常识的人都知道，法律是上层建筑的组成部分，是政治中的核心和灵魂；无论是立法还是执法，都处在政治的领域内，而且由社会的强势集团来实施。这里存在着一个最大的难题，就是在 20 世纪中人类在数学和逻辑中实现重大突破的自我相关问题。1931 年德国数学家哥德尔证明了在数学

表
征

中人类绝对无法解决自我相关的悖论，它用一句最通俗的话来说就是"自己的刀削不了自己的把"。但是，在人类社会里又必须解决这个数学无法解决的问题。究竟如何解决，那不是本书的任务。我将在另一本书中集中阐述这个问题。

政治的行政操作，必须和法律彻底分开。法律变成了纯粹的价值判断和价值持守，它和成败的得失判断毫无关系。把握价值判断的人通常是一些精神生活里的贵族和富有者，丝毫也没有物质的力量和组织的力量——他们必须由法定力量送至最高的位置。之所以说他们的位置最高，是因为他们的工作性质完全是超越的，他们只根据法律的绝对标准来进行判断，没有一点点人格化成分，没有一点点人情化成分；而他们的任用过程又由政治活动来实施，这还要在任用他们的任何一个环节上都没有人格化成分和人情化成分。凡是了解法律活动操作原则和操作环节的人都应该知道这有多么困难、多么复杂、多么艰苦，而实现了这种目标又多么伟大、多么崇高、多么壮观。

英国人率先实现了这种社会的解构，美国人率先完善了这种解构。但是，无论是英国人还是美国人，都有随机性成分在他们的文化建构过程中发挥作用。且不说是有点超越性的神迹在发挥作用，因为他们的成功都是在宗教的作用下实现的。也就是在天主教式的基督教改革的当口，在新的宗教还处在蒸蒸日上的时期，经过改革后的新的基督教创造了另一个新的超越于人类、超越于世界、超越于历史、超越于未来的上帝，这个上帝崇高得不可企及，伟大得不能替代，光荣得不能遮盖，正确得不能怀疑。于是，虔信这个上帝的信徒没有一点点邪念，没有一点点疑问，没有一点点自大，没有一点点要优先于他人的想法。就是他们把这样的价值放在了法律的天平上，并把深懂这些法律的精神追求者放在了执法的位置上——他们得天独厚地受到了上帝的青睐。不过这样的奇迹只能在世界上出现一次。奇迹出现第二次就不再是奇迹。任何国家大致都要走这条路，走这条社会解构之路。那么其他国家该怎样走呢？

荷兰、加拿大、挪威、瑞典、芬兰、冰岛、澳大利亚、新西兰等新教

142

国家也实现了社会的解构，曾经落伍但后来又奋起直追的德国和法国等国家也走上了这条道路。但是，他们应该说都是同一个胚胎的产物，不属于我们重点说明的范围。在亚洲也的确有的国家走上了这条道路，诸如日本。我们就拿日本分析，看看那里的个体的充分自由。

著名的科学哲学家、政治学家卡尔·波普①关于民主制度有一个相当流行的定义：民主就是国家实施的防止最坏事情发生的程序。这话包含相当多的真理成分。的确，民主绝对不是由某些人来代表民意、代表民利，民主就是体现在一些程序性的制度中，比如权力的制衡、议会的选举和表决等。在这个意义上波普的确是说对了。但是有了这些程序也不够还一定要营造一种超越性的法律程序和法律理念。法律程序是指法律条文要由严格的立法程序来实现，法律要有严格的审查制度，法律理念是指那种超越性的普适价值；程序是解决形式的解构问题，而理念是解决实质的解构问题。法律的理念不能有一点点被政治的成败目标所左右的内容，不能有一点点整体性的价值取向。这不能有一点点的整体性的价值取向可能是关键的关键，根本的根本。

立法和执法的本质原则就在于公平和公正，要对每一个人在任何时候都公平和公正。公平和公正的对象一定是个体，绝对不能是以群体作为立法和执法的对象。一旦以偏袒群体和维护整体作为立法和执法的对象，那就会不公正和不公平地对待社会某一群体或者某些个体法律面前人人平等，这的确是一个非常有魅力的口号，但实施起来绝对是非常困难的。超越集团的利益，超越整体的利益，超越家族的利益，这些都是法律原则和法律规范必须遵循的准绳。在西方世界号称真正民主的国家中，这些还不能说已经实现，尽管他们以这些准绳为目标。正如我们刚才说过的那样，他们实现着和实践着这些神圣的规定和信念，是因为他们在树立这些观念和原则的时候，上帝在他们的心中比什么都重要，是上帝处在超越一切的位置上，他们每一个人都直接面对上帝而不把人间的权威和威权当成他们

143

表
征

① 见卡尔·波普：《开放社会及其敌人》，社会科学出版社，1999。

崇拜的对象。如果我们把他们的成功说成是原发的现代化，就像韦伯所说的那样，那么继发的现代化是否在这一点上取得了合格证呢？

答案是否定的。

亚洲国家在制度建设上走出了自己的步伐应该首推日本。日本是在麦克拉瑟的刺刀下建立的民主政治制度，它在经济的自由度上应该说在世界上名列前茅。日本也有发达的新闻监督制度；日本的内阁每隔两年就进行一次选举，全民选举的透明度也是蛮高的。但是，只要分析一下日本的法律理念和日本人对历史的理解，我们就会发现，这个国家离现代化还有相当距离。日本人对自己国家的公民可能还是有点公平和公正的意识的，但是，只要是涉及其他国家的人民，他们的公正和公平就立刻飞到了九霄云外。日本军国主义者在 20 世纪侵略了亚洲的许多国家和地区，对那里的民众实行奸淫烧杀，无所不用其极，犯下了绝对不可饶恕的罪行。但是，一旦由其他国家的当事者告到日本法庭，要他们赔偿和赔礼，他们却总是要赖，拿出流氓那一套，和你玩文字的空手道。正因为没有维护人权的意识和观念，一些日本人对待历史的态度就更是让人不能原谅。他们中有的人矢口否认日本人侵略别国的历史，有的人即使承认这段历史，也不是心悦诚服地把历史拿到维护人权的高度来认识，反思日本的国民性和日本在现代化进程中必须履行的历史责任。因此，这样的法律不是超越整体性、超越国民性、超越历史性、超越集团性的法律。没有这种超越性的法律，在法理学和哲学的意义上就只能说是虚假的民主制。真正建立民主制必须有一个普适性的价值观念和价值体系。

日本是在个体主义文化的冲击下实现了个体有限自由和制度有限民主的政治。但是，我们经过这样的分析，毕竟看清了一个事实：社会的解构就能给个体主义创造条件，开辟道路。

中国大陆的解构过程早已经开始。这要从改革的起点来讨论，其实改革就是一个充分而又必要的社会解构过程。以经济建设为中心，其实质就是用经济解构整体性，就是把那种叠罗汉式的结构打散的社会运动。我们应该看到，中国社会正在坚定不移地树立其他社会子系统的形象。社会的结构信息正在逐渐变为财富，这是最明显的体现之一。我们已经充分阐述了货币的能产性是在人类个体那里发挥作用的。正是经济的动力要素，即个体人的向上欲望和价值欲求，使得社会在纯粹精神追求之外有了物质性的比较原则，成了人们的社会目标。

经济的自立创造了中国的五大商帮，这就是山东商帮、苏南商帮、浙江商帮、闽南商帮、珠三角商帮；中国25个最有竞争力的城市几乎都在这五大商帮的集居地，中国的绝大部分国内生产总值也都在这五大商帮集居地形成。要是光说这五大商帮还不足以显示经济的解构力量，我们再看看这五大商帮对资源的利用，那就充分显示了个体主义的力量的确是锐不可当。

五大商帮利用地域性资源创造了亚商业文化。

苏南商帮是在农业家庭联产承包过程中形成的。苏南的土地稀缺，土地家庭承包不需要更多的劳动力；绝大多数劳动力都在家庭联产联产承包过程中离开了土地，从事其他产业，即兴办乡镇企业。同时乡镇企业又往往和集体经济有着千丝万缕的联系，所以，苏南的乡镇企业总难免脱离集体的色彩。但是同时，苏南的企业毗邻上海等大工业地区，有技术的比较优势和管理优势，所以苏南的商帮所在地就成了吸引台湾地区商人的魅力来源，台商纷纷到苏南落户。台商带来了IT等产业的技术和市场，带来了管理中小企业的经验，同时也带来较为先进的观念。因而，苏南的劳资冲突就相对较少。

浙商是中国商界中独一无二的商人集团，他们的发展可以说历尽艰辛。自从中国改革开放以来，浙江人就开始了他们的艰苦创业过程。他们是从经营和加工小商品开始的。一颗纽扣，一把指甲剪，一只小刀，在他们看来都是要一点一滴地做好，都要看到它的前景。在短短的20余年的时间里，浙商迅速走上了世界的大舞台。他们是中国商人中渗透力最强的经营集团，又是非常富有团队精神的商人集团，还是最知道经济是双赢交换的经济人集体。目前，浙商活跃在世界各地。不用说中国，凡是有华人的地方，甚至是凡是有人的地方就一定有浙商的身影。他们占有市场的意识

三
表
征

也是最迫切的。据媒体报道，北京和上海的炒房集团几乎都是浙商在背地里操作。浙商锲而不舍的精神真的令人赞赏。

闽商主要集中在章厦泉三角区，像晋江、石狮等服装和鞋帽加工地不仅在中国，就是在世界也是赫赫有名的。闽商的家族经营模式非常明显。因此，他们有一套独特的管理方法，企业比较有凝聚力，但也包含了作坊式的成分。通常企业的规模不大，人事结构趋向于层级与核心扩散型相结合的特点。随着福建人走出国门的人数逐渐增多，闽商在海外的企业呈突发上升的趋势。尤其是在美国，像纽约、洛杉矶、三藩市、芝加哥等华人集聚的地方，闽商经营餐馆业的越来越多。看到闽商在美国发迹，使我不由得想起像司徒美堂等老华侨领袖，以及像陈嘉庚等老华侨商人的业绩和成就。

粤商当然是中国改革开放以来最早崛起的商人集团。当邓小平要发展经济特区时，广东就率先在深圳、汕头、珠海建立起中国式经济开发区，并借助毗邻香港、澳门的优势，迅速把经济搞活了。粤商的确是速战速决的那种经商风格，现实化和直接性的作风让人印象深刻。正因为这样，粤商才表现出典型的转轨快、思想活、多变化、见利就走、看好就收的经营理念。

从以上的简短介绍就不难看出，经济作为社会的一个子系统，就是有自身的生长点，有自组织的能力；经济能够不停地生产多元化和多样性，经济活动的实践者要是没有自己的特征就不可能存在下去。经济要求它的参与者必须是他们自己，就是这本身就体现了解构的力量和个体化的那种内在要求。由此可见，只要不再把经济活动看成是等而下之的流俗，经济就一定能把自己的地位树立起来，并成为提升整体活力的社会行为。

要说让我们大开眼界的还是2005年和2006年连续两年都在湖南省电视台举办的超级女声歌咏大赛。大家都知道，明星是一种权力，名望是一种资源，信息是一种力量，创意是一种胜利。这几句话在超级女声的波澜壮阔的造星运动中体现得十分明显。

所谓超级女声只是一种富有商业性的命名，"超级"这个词在网络的时代不胫而走是因为"超级"带有那种居高临下的感觉。湖南电视台在2005年有一个叫王鹏的先生突发奇想，拟订在湖南电视台由手机短信的形式来进行对于女生歌曲大赛的评选。20世纪后半叶，中国在通俗文化领域并没有什么较大的突破，但是，却把三样绝对不登大雅之堂的文艺形式捧上了天：相声，小品，通俗歌曲。在这块舞台上，产生了数不胜数的明星，有的红火得几乎家喻户晓，人人皆知，像赵本山、宋祖英、郭德刚等，不一而足。一切社会现象都执行马太效应，也就是说，越流行的就越流行，越有名的就越有名。所以，来一个人为的全社会的造星运动一定能红得发紫。湖南台的确是深明此道。但是，我们必须看到，这种造星形式所包含的参与自豪感和参与荣誉感才是成功的关键。说得明白一点，就是其中体现的权力才是动员人们广泛参与的魅力所在。所以，从表面上看，这是一种文化现象，其实质则是一种文化权力话语研究的深入课题。这的确是一种新的力量形式，丝毫没有什么疑义。每一个参与的人都会有一种体验，那就是我选择的人不管他和我是否相识，他都因为使我的选择体现出我的意志和我的认识，而成为了我的一部分。

当我们明白了超女是一种追求先机的表现，更应该明确超女是一种以经济为目标的活动。超女的投票使用手机短信来进行，手机商家一研究会看穿这里蕴含着多大的商机。电信部门岂能有不支持之理？我们只要看看这眼花缭乱的经济数据，就该知道这里的确是经济学在起作用。2006年规定，编辑短信AX至20066参与有奖答题，赢取超女大礼包的信息费一元一条；编辑短信CN至18632登录移动梦网超级女声专区，下载超级女声图片信息费一元一条，月费6元；下载超级女声视频信息费2元一次，月费8元。想想看，这里有庞大的基数来支撑这短信通讯服务。而这几个小钱对于任何想参与的人来说，又是微乎其微的。由此可见，电信部门在里面获得的利润肯定是天文数字。难怪有人不识趣，非要说超女是什么污染艺术、糟蹋神圣。这样的人物大有人在，有的还是很有分量的人物。但是，有一条他们没有学好，那就是政治经济学。这是湖南台首创了文化产业，不是你说说就能算数的。经济推动人类前进的就是深藏在我们内心的那种于己有利的追求，那是打不动拖不垮的。超女从表面上看是电视台和超女们赢了，实质上是社会的经济子系统和文化子系统紧密团结战胜了那种传统整体性的力量。

造星之后并没有立刻完结，还有一个庞大的尾声和后即的惯性，那就是偶像经济。偶像创造出来了，就形成了隐喻和象征的重大区域。各种纪念物是举办者事先就准备好的，那是精心设计的结果，它们没有脱胎就已经获得了隐喻和象征的功能。所以，事情一过那些小本经济人就会拾人牙慧，把纪念物炒作得热火朝天。紧接着，超女比赛的配饰，穿过的衣服，用过的器具，当然最热的还是超女的照片，都会不胫而走。就连梳过的发型，也会骤然流行起来。这里的奥妙不是别的，就是社会的各种行为体系必须让他们有充分发挥的余地。禁锢得太久了，爆发出来就多少带有点畸形。不过这没有关系，矫枉总得有点过正。

造星运动一定要有明星产生。2005 年，有三个超女一步登天成为了中国名副其实的大明星，她们是李宇春、周笔畅、张靓颖。她们的走红要说在中国现实中一点也没有人情的成分，那也有点不正常。但是，总的来说，还算公平。就拿李宇春来说吧，她唱歌要说真的比其他两个高明多少，我看也未必。但是，要知道，李宇春的确有过人之处：李宇春纯粹像一个大男孩，带有点女性气还是装出来的。这样，她的特色就比别人突出。这本身不让我们遐想吗？标新立异就是个体主义的标志之一。

2006 年的超女大赛和 2005 年相比有过之而无不及。这是经济的特点，没有创新，没有奇特，就没有经济的成功。当然，整体性创意早已经表现得淋漓尽致了。2006 年超女采取轮回大战的方式，每一轮只淘汰一个超女歌手，而在最后的决赛中任何走上过当年超女舞台的歌手都将有机会重新登上舞台来展现自己的才艺。2006 年的总冠军尚雯婕直到最后才凸显出来，一直是悬念重生，莫衷一是，这的确有点意思；亚军和季军是谭维维和刘力扬。要说她们之间的细微差别那不是本书的任务，我们更关注的是这次举办者的新举措。

在这次超女大赛中，对于超女的"粉丝"（fans 音译，亦即追星族的意思）们确有独到安排，的确是太个性化了。支持谭维维的是一对未婚夫妻，他们原定在决赛之夜举行婚礼。但是，就发生了奇迹或称就是一种刻意制造的场景，这个即将走进新婚燕尔的女性竟然爱上了谭维维，希望改期举行婚礼；鬼斧神工般巧合的是那个男的看了谭维维的演唱，也成了"维生素"（谭的粉丝的团队称呼）。尚雯婕的支持者是一个患病的少女。当她看了尚雯婕转战三场、表现出从不言败的精神后深受感动，决心要用意志和毅力来战胜疾病，在决赛场上为尚雯婕流泪表达她的执著的爱。刘力扬的粉丝们则是拍了喊口号的短片，以表达他们的支持。这就是超女的魅力所在。超女的成功让支持者体验心动和过瘾，这也就是经济为什么一定有创意的缘故。

我想再说点花絮就把这一节结束了。2006 年 9 月 22 日，世界上罕见的跨国双天王男声组合吴建豪与安七炫的演唱会在北京人民大会堂举行。这是首都北京有史以来所举办的音乐会中问讯度最高、话题性最强、声势律最大、效果上最好的演唱会。那种场面足能让人彻底忘却自己和现实，忘记时间和空间。然而，票价也的确不菲。给票价排一下队，依次是 1880、1280、980、680、380、180 元人民币。不要害怕，这就是经济作用于在世界的方式，经济的武器比什么都厉害。

还有许多事例使我们对社会的解构印象深刻，我就不再一一列举了。但是，还有一件事让我感到非在这里说出来不可，因为它告诉我们有时经济就是有点恶搞的韵味也使人没有办法。2006 年上半年有个人把"中央一套"注册成避孕套的商标，这里的确有点使人不好接受。但是，我们只能用经济的手段来应付。后来又有一个人，花不少钱才把"中央一套"按电视节目的名义注册下来。这不正说明经济的独立是一个不以人的意志为转移的规律吗？

那么，在社会上就会产生各个本体存在物之间的契约和合作，世界和社会的存在就形成了类似于生物那样的生命。因为在这里任何一个社会的子系统就都成为了自主行为的细胞，具体承担起自己的功能；个体主义就是要每一个细胞都能成为给整个社会供应能源的机制。真正对整体的功能和结构有益的社会也是个体主义的社会，这才是生活的辩证法。

5 历时性向共时性的倾斜

在中国古代封建文化和文明中，有两个人类学中的规则是最为典型的，其一是社会的自然化，其二是伦理的本体化。所谓社会的自然化就是指社会关系完全按着自然关系的原则来处理，这里所说的社会的自然关系就是以父子关系作为社会一切关系的蓝本和模型，用父子关系的自然秩序类比君臣关系、夫妻关系、师生关系、官民关系、社会组织中的上下级关系。所谓伦理的本体化就是指古人存在的根据是伦理规范，生存论目标就是按着伦理准则来建构自己在社会中的境遇和地位。这是和社会的自然化一脉形成的。自然关系就是自然秩序固定的关系，就是把自然秩序当成关系的最高准则。这种自然关系如果没有某种社会化的严格规定来保证，那恐怕是不可能长久保持下去的。于是，伦理的本体化就成为社会的自然化的充要条件。伦理无非是道德戒命的集合和道德规范的实施条件。当把伦理作为社会自然化的背景和支撑物时，两者就成了天衣无缝的结合。由于父子关系是一种机会均等的时间分配，父亲是从儿子阶段一步步成长过来的，儿子在未来会成为自己儿子的父亲。因此，把父子关系上升为文化和文明的模本是一种机会均等的标准。这种机会均等是历时性的，也就是在时间秩序中实现机会均等。所以，中国古代社会的各种关系常常家庭关系来作为整合的基础。国是家，社会是家，集体是家，学校是家，不一而足，都是家。之所以这样，就是因为家庭具有父子关系这样的符合机会均等的文化和文明模本。伦理本体化就是要对各种各样的"父亲"像对待血缘父亲那样言听计从，百依百顺，规规矩矩。伦理本体化形成了对老者的迷信和崇拜，对年龄的迷信和崇拜，再转化为对权力的迷信和崇拜，对强势的迷信和崇拜。这就是中国古代封建社会整体主义的文化和文明基因。

150

1998 年我在美国的波士顿遇见了一位对中国武侠小说感兴趣的学者。他问了我两个问题。第一个问题是，为什么在中国武侠小说（也包括金庸和其他当代武侠小说家如古龙、梁羽生等的小说）中总是那些年龄很大的老人是武术最高的侠客或剑客？第二个问题是，为什么武功的练功书籍或者练功的技术记载，总是向别人保密？关于第一个问题，我告诉他这不是事实，而是文化。因为它并不符合人类的生物功能的规律，人的体能总是在 20 几岁至多到 30 几岁才能是最佳的生理年龄；中国人在这一点上和西方人没有什么不同。美国后现代主义的文艺批评家保罗·德曼①对西方小说所作的结构分析同样适用于中国的文艺作品。其实武侠小说家在写他们的潜意识，即在他们的潜意识里越老才是越有体能和经验的。这反映了中国文化和文明中历时机会均等的那种意境和愿望。对于第二个问题，我没有正面回答，而是我们俩坐在一起回忆法国哲学家柏格森②的《创造进化论》。在《创造进化论》一书中，柏格森定义了三种创造方式。第一是生物基因改变带来了表现型的变化，这是一种不自觉的创造。第二是人类积累起自身之外的知识体系，在这种知识体系内进行创造，也就是知识的更新。但是，这种创造必须有社会客观化的条件作为保证才能得以实现，也就是说外在化知识体系的创造必须是全社会统一遵守知识的创新性原则，把创新性的所有权归于创新者。这就是科学社会学所说的公有性原则。第三是生命冲动作为内在的创造性根据，在人类的精神生活中形成一种创新的内在需要，来实现人类的类本质。当我们都充分理解了柏格森说的创造性的本质之后，他再也不问关于中国人为什么把武功秘本深藏于自己的密室之内而不向社会公开了。我们被封闭在一种历时的体系之内，历时性的最高权威也同样处在一种悖论之中。在一定意义上讲，走出了历时性就走出了整体主义。

　　其实历时性传统并不可怕，只要让人有了现实，历时性就会退避三

表
征

---

①　见保罗·德曼：《解构之途》，中国社会科学出版社，1998。

②　柏格森（Herri Bergsen, 1859—1941），法国著名哲学家。1928 年获得诺贝尔文学奖。著作有《创造进化论》《时间与自由意志》等。柏格森认为创造的真正动力是人类的内在冲动。

舍。事实上，改革开放的政策在20世纪80年代实施之后，中国发生了翻天覆地的变化。邓小平在20世纪80年代提出到20世纪末工农业总产值翻两番，这个目标早已顺利地实现。到2005年底，中国已经进入世界经济的前列，到2006年年中已经是世界经济的前四名水平。中国国人第一次有了现实的根基和力量。换句话说，也就是可以在日常生活中筹划怎样实现多样化了。基本生活资料的满足已经不再是难题。由于中国经济的起步非常晚，直到20世纪80年代才刚刚有了经济这个概念。要知道，20世纪50年代到20世纪80年代，中国的大学居然没有经济系，而世界在20世纪70年代就设立了诺贝尔经济学奖，可见对经济的重视。没有经济学当然就没有经济的概念，我们不懂得什么是经济。但是，在短短的20多年间，中国经济突飞猛进，物质生活水平大大提高。20世纪的70年代初到70年代末出生的孩子，他们的父母由于历史原因都是那没有现实的一代人。从那以后直到20世纪90年代出生的孩子，他们的父母也尝过没有现实的现状。这几乎20年间出生的孩子们，由于他们正好处在社会转型的关键时期，他们父母自己没有享受到现实的美好，父母这一辈人就产生了让自己的子女充分享受现实的欲望。这是中国人心态的典型写照；中国人本来就愿意求两代人的代数和，望子成龙的心态十分迫切。于是，中国的父母们不遗余力地把自己的那点精力、时间、金钱全都投到子女身上了。当然，这里很可能有许多家庭温情暴力的成分。但是，温情暴力同样是要孩子在享受生活的同时，按着自己的意愿成长。这的确是一个不自觉的过程。在这一过程中，孩子的欲望被激活了。人要是有了欲望，人就开始有了自我。什么是启蒙？康德和法兰克福学派都提出了这样问题，其实启蒙在政治学中的定义我们不用管它。而在生活世界里，启蒙就是让人们有充足的生活资料，有闲暇的时间，有更多的人把自己当成他们中一部分，有充分的精神境遇。这里所说的启蒙是指人知道了自己在这个世界上的位置，知道了自己除了为社会奉献自己的努力之外，还有自己的天地。这样，他们就活出自己，活出了人类的基本尊严。

从20世纪70年代开始，中国实施计划生育政策。开始时是一对夫妇生两个孩子，后来就变成一对夫妇只生一个孩子——子女从多余变得稀缺。任何事都有个经济原则在发挥作用，供过于求和供不应求之间的振荡就决定了某种事物是贱还是贵。稀缺的子女同样执行经济原则，于是中国人骤然之间对子女珍视起来。无论我们是叫他们小皇帝也好，小公主也好，小宝贝也好，总之，孩子在中国人的日常生活中成为了核心。中国古代文化讲究传宗接代，讲究光宗耀祖，讲究血缘传承，更讲究家族的名誉，这本来是中国古代文化和文明中那些以长辈为荣、以长者为荣的观念在中国人心灵深处的反映。但是，一旦物以稀为贵的经济原则起作用之后，方向就变了——孩子成了宠儿和心肝。这样，新一代的儿童就非同寻常地长大了。那是在几代人倾心下长大的，尽管望子成龙的陋习让有的家长把自己的子女当成他们未来的希望和寄托，甚至还有的家长用棍棒来实现自己的雄心。但是总的说来，还是宠爱自己子女的人多得多。真是历史常常和人类开玩笑，本来想走进这个房间，却意外的发现我们走进了另一个房间。重视子女，望子成龙，光宗耀祖，这些想法无一不是历时性传统的产物，在这里却成了埋葬历时性的坟墓。

　　一些中国人的确有从众的坏习惯，对此我们在第一节中就有充分的阐述。但是，只要有多元化的选择和充足的物质条件，从众也不可怕。中国人在历史上从来没有过让自己充足的时候，人生选择的余地非常窄小，也就是仕途那一点点空间，这恐怕是从众的一个非常重要的原因。但如今的时代已迥然不同了。到了今天，我们的父母们还在设计我们的孩子，但是风险要小得多。前些天我看到了网上有一个报道，说的是上海有一些家长，开办了一个"孟母学堂"。听这个名字你一定会感到蹊跷，这不是复古又是什么呢？这些家长不仅给这个学校加上一个"孟母"的命名，还真的给孩子开了许多古文课。其实这也没有什么了不起。你只要想想，在举国都讲授现代科学的今天，办一个孟母学堂不照样是标新立异吗？孩子们是不会掉入古董中的。我们只是希望他们就会成长为他们自己。到那一天，就会看清培养儿童的关键是给他们一个自己的空间。有了自己的空间，他们就会改变历时性的传统。

赶上计划生育和改革开放大潮的这一批新新人类，不仅是家庭的宠儿，同样也是时代的宠儿。这个时代被经济的目标弄得人人魂不守舍，所有的行业都要大发展，教育也不例外——它很可能是所有行业中发展最快的。从 1999 年到现在大学教育的规模翻了两番，许多孩子都有了上大学的机会，受到了高等教育。在他们这一代人中，受大学教育的人数当然远远高于他们的父辈，再加上生活条件不知要比他们的长者好多少，他们的追求目标自然是时代的前沿和未来的召唤。在时代的断裂之中，他们似乎天生就会个性裴然。这是绝对不以人的意志为转移的客观规律。新新人类的追求都是因人而异的，但是，他们有追求这一点就足够了，这就会把历时性带进历史的垃圾堆。

人们对时代的理解是个非常奇怪的现象。时代是那种正在发生的事情的集合和系统，人又置身其中，因此，经验和直觉就成了理解和认识时代的主要手段。我们把它称之为时代感知力恰如其分。这同时也就表明了对于时代感知力，人与人之间的差异肯定是天壤之别，尤其是代与代之间的差别更是没有办法调和，这和人类学家米德关于代沟之间差别的论述吻合。当时代转型期方兴未艾的时候，就更是如此。中国传统历时性的文化和文明的传统正在一点一滴消解，对它的时代感知力只有那些感同身受的人才能最为敏感，所以我们的孩子才是时代感知力的先锋。假如有的家庭既有历时性传统的代表，又有新新人类的典型，这就会使冲突上升，极端的情况还完全可能变成你死我活。前几年浙江金华发生了一起儿子杀死母亲的案件，一定程度上由于儿子的时代感知力太敏感，母亲的时代感知力太迟钝。母亲对儿子还是要他顺顺服服，并一定要在考试中拿第一名，威胁说不拿第一名就如何如何；儿子在父亲不在家时，杀死了母亲。比这更为让人震撼心魄的是儿子杀了母亲之后还跑到姥姥家撒起谎来还有模有样，面不改色心不跳，第二天上学照样没有心惊肉跳。这的确是个体主义在失去理性引导后走向了极端和畸形，但这里也反映出传统的历时性机会均等正在改变。今天的人类就要求现在就是我们享受和潇洒的时候，我们不要等待，不要像昆虫那样一生有几次形态变化。我们从出生那天起，我们就要是我们自己。这不正是共时性的表现吗？

走出自己的家庭，走进自己的世界，把握住时代的脉搏，感知历史的温度，新新人类用怎样的步伐开始了个体主义的长征，其中的代表人物不计其数，我想韩寒和胡戈的个人经历足能够说明我们的题中之意。

1993年世界田径锦标赛在德国的斯图加特举行。中国的杰出教练马俊仁带队参加。他事先就胸有成竹，要在这次大奖赛中独占鳌头。比赛的结果果然让中国人扬眉吐气：女子800米、1500米、10000米三块金牌均为中国队获得，刘冬的800米没有悬念，曲云霞的1500米破世界纪录，王军霞的10000米把挪威名将克里斯特安森的原来的纪录提高了接近一分钟。这样的成绩在中国是空前的，在世界也是罕见的。然而不愉快发生在赛后的奖励分配上。刘冬起来第一个造反，然后是王军霞。师徒如父子，这是中国历史机会均等的信条之一，也许是和父子关系同等价值的分量。但是，时代变了，原来的东西不灵了。也许曲云霞的选择就有点传统的味道——她选择留在马俊仁的身边当教练，该她的班时，她就可以发号施令了。但是，这是选择的时代，这是个体的时代，这是每一个人有自己时代的时代。无论是刘冬，还是王军霞，还是曲云霞，谁都没有错。只是时代的进步给大家提供了不同的可解性而已。

无独有偶。几年后同样的事又发生在另一个名教练王德显身上。不过王德显可没有马俊仁那么幸运：马俊仁当年只是和弟子分道扬镳，王德显却被弟子告上法庭。虽然最终师徒选择了庭下和解，但是，我相信王德显也该明白了，时代感知力不向他们倾斜，这是个产生个体主义的时代。

正是时代给了新新人类改造现实、创造现实、享受现实的机会。不管我们站在什么立场上，都会有一种共同的感觉，今天的新新人类蔑视历史、蔑视传统、蔑视现实正是为了改变现实。这没有什么可以大惊小怪的，也不是哪个人想入非非就可以改变的。我们尽可以从中理出某种东西：精神的聚焦点已经变了，不再是道德的准则，不再是父辈的教诲，不再是社会的诫命，不再是对未来的憧憬，而是扎扎实实的现实和现实中的自我。历史正在创造中国的新时代，这个时代是由鲜活的个体组成的，个体进入这个时代首先要打破旧时代对他们的束缚。有时会让我们感到我们赖以成长的精神框架被人污染了，被人撕破了，被人颠覆了，每当这个时候，我们只要用一种眼光去看就足够了：法律的底线是不是已经被冲破。只要法律还在，未来的道德持守就不会丢弃。

6 己所欲之，不施于人

对中国文化略知一二的人都会把这个标题和孔子的名言"己所不欲，勿施于人"联系起来。别看这其中字面意思只有一字之差，而内容含义和价值取向却谬以千里，甚至是完全南辕北辙。

关于"己所不欲，勿施于人"，历史上的文人墨客已经说得够多了，几乎可以说无一不是对其交口赞扬，欣赏有加，把它当成中国伦理原则的楷模和标本；也几乎没有一个人对其进行一点点深入的逻辑分析。还有一个很值得我们思索的现象，近代哲学之父德国哲学家康德在其《道德形而上学原理》一书中对孔子这句话作了相当有说服力的批评。近现代读过这本书的中国人肯定不会是少数，然而，仍然没有人对孔子的这句话产生一点点的疑问。

康德对孔子"己所不欲，勿施于人"的批评只是提出一个思路和指出其中的漏洞，并没有深入下去把其中的逻辑前提拿出来供人剖析。康德在一段注解中提出，假如有一个杀人犯，被抓住后在法庭受审。法官判其死刑，立即执行。他立刻反唇相讥："法官大人，你愿意别人判你死刑吗？肯定不愿意。那么，你为什么不按着孔老夫子的教诲'己所不欲，勿施于人'的原则，放我一马呢？"显而易见，这是诡辩，这是无赖的厥词。但是，我们为什么不从这里杀入，深入下去分析一下它究竟有什么毛病呢？

孔子的这句话只要是讲话人自己来说，就没有逻辑上的漏洞。任何人只要是他站在自己的立场上和处境中来讲这话，都是千真万确的。也就是说，这句话只要在自我相关的意义上来说都是真理和箴言。联系起伦理学的条件来分析，也就是说对于自律的伦理准则和自律的伦理主体它就是正确的。说到这，问题马上就出来了，中国古代伦理道德的实施条件是自律的吗？我们在前文已经进行的分析确定无疑地得出了结论：中国古代伦理道德的实施条件绝对是他律的，即由社会的规范和权力话语的强制性来实施伦理原则和道德戒命。现实生活中的伦理道德观的形成都是有长者和权威来实行的，是由传统和环境的压力来规范的。几乎是每一个人都在自己道德伦理观的成长过程中，碰到这样的问题：我们的伦理道德尺度的把握者都是社会的强势群体，最低是我们家庭的强势群体，他们从来没有想过用"己所不欲，勿施于人"的原则来衡量他们自己的行为是否是不被我们欢迎和欣赏的呢？既然我们的道德从来不是自律的，那么，孔子的这句话是不是一句与环境不相称的空话呢？人们只是拿"己所不欲，勿施于人"来对付别人，来冠冕堂皇地装饰自己，特别是在自己违反了道德戒命的时候，真的就像康德笔下的那个杀人犯那样，向别人提出那样荒唐的问题。"己所不欲，勿施于人"于是在很多时候竟然就沦为一种诡辩的技巧。

由于古代社会的道德伦理传承是由代际之间的交替来实施的，而这些道德规约又主要是代与代之间、社会科层制之间的关系准则，一句话，是由上一代向下一代、上一级向下一级的灌输。中国的价值传递就是我们的标题中的那句话的反面："己所欲之，必施于人。"这就是中国古代封建社会的整体主义的文化和文明在实践上的和在时间上的历时机会均等模式的表现和表演。于是，有了子承父业；有了父母之命，媒妁之言；有了恩养无义儿、棍头出孝子；有了师徒如父子；有了君叫臣死臣不敢不死。道义就真正变成了"己所欲之，必施于人"的他律模式，换句话说，就是我想干的事我就强加给别人，这就古代封建社会的道德原则。这从深层上揭示和解释了中国古代为什么道德清规戒律最多，而常常出现不道德的缘故。

个体主义文明的起点就从"己所欲之，不施于人"开始。只要自己想做的事不强加给别人，就会产生多样性和多元化，产生独立性和创造性。人类真正意义上的文明必须是具备这样一个预设条件和终极标准，也就是

表
征

说在文明的起点上要己所欲之，不施于人，在文明的终极状态上还要己所欲之，不施于人。

多样性与多元化、独立性和创造性皆来源于人类行为的解构。自主的追求和把握自己的行为、自主的设计和规范自己的行为，就是人类创造性的源泉。说来真怪，人类好像就是在上帝的安排下天生就具备创造性的禀赋和本质。把人类叫做自我创造的动物，千真万确。而人类的创造性有一个自己意想不到的宣泄出口，那就是性。

众所周知，性是类型的事。所谓类型，就是说大类上是相同的那种事物。而多样性和多元化就是在殊型上有差别的那种事。类型在英语中叫type，殊型在英语中叫 token。类型就是在归纳的意义上属于同一种东西，殊型就是指每一个个体都是一个特殊的记号。除了人类之外，其他动物的性都是类型的，也就是说每一种动物在性的模式上和性行为上是绝对一致的。然而，这种类型特征的性对人类并不适用。

性对于人类来说是一种解放。因为性对于其他动物而言都是一种繁殖的需要和类传递的需要，唯独对于人类来说性已经彻底走出了单一繁殖和种系传递的桎梏，变成一种除了繁殖后代之外的另一种目的，那就是娱乐和惬意，确立自我和实现自己。这样一来，人类的性就成了人类自我解放的标志。能不能在社会化的规约中和社会性的条件下给人以性行为的自由和性行为上的选择空间，就成了一个社会人道与否的试金石。20 世纪最伟大的社会科学家不是别人，而是弗洛伊德，正是他给人类的性一个应有的地位和价值。一个社会在性上的宽容就是个体主义的发展，同时"己所欲之，不施于人"的典型适用场所就是性的多元化和多样性。

20 世纪法国哲学家福柯肯定可以置身于伟大的哲学家行列。福柯写过一本书，叫《性史》。在这本书中，他用无可辩驳的事实和理论模型严格证明了人类的性模式千百年来都是摆弄于前台的木偶，性的观念和样式、性的目的和实施手段，都是文化的模式在发挥作用。所以，如果人类在性行为上能够有自己的追求和自己的特殊性，那就是人类解放的开始。福柯在这项研究中所揭示的真理可以说是人类自古以来最深刻和最直白的，而又被人类自己的压抑了几千年。

性的确是这样一种东西：它能始终坚持一个原则，那就是"己所欲之，不施于人"。这其中的"不施于人"当然是指同性别，也就是说一个男人要是热衷于一种性交方式，它是不会要求别的男人也用这种方式的。至于说性同伴是否完全和谐，是否顺从，是否配合，是否强制，那是另当别论的。法律应该在这些问题上作出自己的判断，法律要规定性行为的自觉原则。这样一来，我们就会明白，说性是"己所欲之，不施于人"，完全是人类的一种自然而然的安排。坚持自主的性就会产生这种效果。

中国近30多年来社会习俗和风貌的最大变化之一不是别的而是性。今天的确有奇奇怪怪的性工具，有壮阳药，到处标榜自己的商品是美国的伟哥……但是，我们更应该看到今天中国的性已经走出了文化桎梏的牢笼，让性充满了隐喻和象征的色彩。可以毫无疑义地说，一切人类的解放首先是对性的解放。因为人类的性就是人类解放的原动力和原生质，这是和人类的类本质息息相关的。当然，性的解放并不意味着对性的盲从和泛滥，它也需要理性的审视和负责任的担当。存在就是选择，选择就是责任和义务。

但是，在习俗层面和行为层面上的事情，只有上升到价值的层面才能最终成为影响文化和文明的筹码。中国在这30多年来的社会变迁和经济改革的过程中，一个最值得关注的事就是社会的解构正一点点地变成人们习以为常的氛围，其中最让人欣慰的就是文化作为一个子系统开始一步步建立自己的价值标准和价值取向。文化开始对社会现象有了自己的评价体系，虽然这种评价体系还不能说彻底独立和彻底流通，但是，总还是有人从文化的角度来评价社会现象。任何趋势和任何倾向只有经过文化子系统的认同才能进入价值的行列，这是人类几千年来形成的价值生产模式。在人类历史的进程中，价值最早是由知识分子的创始者巫师来认证的，后来发展为祭祀和先知，随之又是神父和牧师，紧接着就是知识分子。这些人就是站在文化的角度上，代表社会的一个维度来完成属于他们自己职业范围之内的使命。知识分子对价值的判断和肯定就是要形成程序化和文本化的规范。当然，知识分子对价值的判断和陈述，必须有一个前提，那就是要经过知识分子"百花齐放"的学术活动和"百家争鸣"学术争论，最后由社会成员进行自我判断和认同才能实现。同时，知识分子要凭自己的良心来办事。这样才能保证社会的良知和公正永远在多样性的可供选择的范围内让人去比较和鉴别，使人们确立正确的选择目标，从而推动文明和文化的进步。

凡是个体主义的行为方式都有这种"己所欲之，不施于人"的风格。给我个人感触颇深的是那些具有真正虔诚信仰的基督徒，同样是贯彻"己所欲之，不施于人"的原则，表现最充分的就是他们对非基督徒的态度。我自己亲身经历的事情就恰如其分的证明了这一点。

我2003年来美国之后，就住在洛杉矶国际神学院的宿舍中。我作为这所神学院的访问学者，独立进行若干个学科的研究。和我经常打交道的两位基督徒，都是信仰阅历颇深、教义原则坚定、教会事工繁忙的杰出人才。其一是我的院长唐崇怀博士，其二是北美华人基督教学者学会的副理事长汪传生先生。看了他们的身份，你肯定会认为，对我传教，把我引入基督教殿堂是他们的宗旨和义务。尤其是我几乎天天和唐崇怀博士接触，谈天论地，讲经说法，合作著书，无所不谈；汪传生在佛罗里达工作，但是，他每次回洛杉矶，我们都有愉快的交流。但是，他们两个人从来没有说过一句话，动员我加入基督教。我开始时还是有点丈二金刚摸不着头脑。有一次奇遇解开了我心头的疙瘩，还有一次推心置腹的谈话让我心灵震撼。从此我真的可以说充分了解了唐崇怀博士的心灵世界。还有就是我和汪传生先生一起到奥利根州的波特兰大作过一次长途旅行，他开着车子，一路风光无限，我们相互之间进入了对方的灵魂之中，充分认识了一个属灵的基督徒怎样对待他人。从此我又认识了一个上帝的仆人怎样用人格感染世界。

2005年的10月4日，早晨6点起床我背起双背包就往庙市（Temple City）的一个公园远足。那里有一个来自越南的华侨，他要告诉我关于他的故事。那是对于中国人来说绝对朦朦胧胧而又魅力无穷的事情，毕竟是对于那段历史我们是那么陌生又那么需要了解。8点我准时到了那里时，那位满布沧桑的脸庞，说话有点广东口音但又口若悬河的老者已经在那等我。他细致入微地向我讲述了越南华侨在那个最惊心动魄的岁月里是如何逃出虎口的，这些最低是和我们现在的目的无关。但是，当他讲到来美国之后的情景时，我惊呆了。我真无法想象，我们两个人，或者说我们那一大批人，为什么竟然遇上了一个好人？

越战结束后，美国给了几十万越南人绿卡名额，他也是其中之一。当他刚来美国时，他一句英语不会说。美国移民局的负责人把它交给一个中国人。这个中国人只有30多岁，热心关照他们。开始他们什么都不懂，闹了许多笑话，都是这个人给他们圆场，给他们帮助，教他们生活和工作。他们一共有四百来人，都是这个人手把手地教出来的。在他们到美国一个月后，他们知道了这个人是基督徒。他们开始怀疑是不是要他们信基督教。但又不敢明目张胆地问。这个人发现了他们心中的疑惑，就把他们召集到一起，对他们说："我的确是基督教徒，而且坚定不移信仰上帝。我是以基督徒的名义来帮助你们的。但是，我不是要你们信基督教。神爱世人，我们要听从神的教诲，当然要对世界施与爱。我要是能在世界上营造人间的天堂，我不就是上帝的最好仆人了吗？"我问他这个人是谁？他告诉我，这个人是唐崇怀。是世界太小还是他的爱太普及了？

唐崇怀博士一生中有一个缺憾：他和其太太没有生育。他不怨天尤人，也不灰心丧气；他收养了一个女孩。当这个女孩懂事的时候，他就要把真相告诉她。许多人认为他太傻了。但是，他决定的事情是不能改变的。他把实情一五一十地告诉了自己的女儿，女儿对其更加尊敬。后来，女儿长大了，长得如花似玉。女儿的生母就要把女儿接回去，大家都说不能同意。但是，唐崇怀博士不是这样处理的，他直接征求女儿的意见。女儿表示可以去看看，但不能离开自己的家。这种豁达不就是"己所欲之，勿施于人"吗？

还有一件事也具有这种性质。有一个人给他们的教会捐款要他们帮助越南移民。但是，后来这笔款没有机会用在越南移民身上，就一直在教会放着。教会的管理者开会讨论这件事怎么处理。除唐崇怀之外只有一个人和他意见相同，就是把款退回。由于大多数人同意留下，唐崇怀就明确地表达了自己的看法：款可以留下，因为少数服从多数，但要写上唐崇怀不同意。最后，大家一听还要写上这样的字样，也就都同意把款上交了。这两件事情蕴含的"己所欲之，不施于人"的道理已经再明确不过了。

汪传生先生和我一起出行的路上，向我说起他的成长过程。他一生中最让他记忆犹新的事是年轻时候的一次华人在美同学的集体旅行。不是旅行中的风景和美食，也不是音乐和娱乐，更不是卿卿我我的爱情故事，而是一次尴尬的对话。当时在美国学习的中国学生都是手头相当拮据的，凑几个钱非常不容易，所以大家尽可能节省，几个人挤在一间房间里。按旅馆规定，这是不容许的。但是，旅馆的服务员也是睁一只眼闭一只眼。在结账的时候，服务员问汪传生先生是几个人在里边睡，他回答是两个人。服务员当时非常气愤地说：明明是比两个人多，为什么说谎话？这件事在别人看来绝对是小事一桩。但是，汪传生却把它上升到相应的高度来总结。他从中理出了更有分量的哲理：做事的原则不是看可不可能，而要看应不应该。他这个总结让我豁然开朗。当一个人是他自己的时候，他就会形成一种自我持守的精神力量，他会在自己的内心深处树立起一种信念：我是我自己的充要条件是必须保证别人也是他们自己。汪传生先生对上帝的虔诚让我由衷地敬佩，他对别人的宽厚和关爱更让我由衷地敬佩。

还有一件事情，突出地反映了汪传生先生的品格。有一个台湾人说大话，他答应给北美华人基督教学会一笔款项，来支付大陆学者在美国开会的费用。结果是当这个学会把钱都花了之后，他根本付不起账。汪传生先生听说后，一声不响地承担起责任。数千美元也不是一个小数字；汪传生先生则说："上帝给人的权力就是要不圆满的事情圆满。我要是能有这样的机会把世界带入一个更圆满的境界，那是我的福分，我的灵性，我的机缘。"

我们三个人可以说是最要好的朋友，莫逆之交，灵魂相通，最低是我把他们当成灵魂相通的知己，但是，我们每一个人都恪守我们自己，这就是"己所欲之，勿施于人"——一个把人类带入新的文化和文明的灯塔。

162

四　新生

当我们读到这里的时候，已经是漫长的精神旅程了。再看到像"新生"这样多少有点突兀的标题，就不会感到手足无措了。关于"新生"的内涵肯定我们会一目了然，这是指的一种文化的新生。当然，不是指一种文明的新生。文明是文化的高级形式，是文化适应时代的产物。那么，死亡的只能是文化，而不是文明。文明将是在文化死亡之后的一种再创造。

说文化具有新生的特征，言外之意，它就蕴含着文化是有生命的东西。那么文化的生命怎样体现，就成了我们在这里必须说明的问题。我们在前文中已经埋下了伏笔，在定义文化的时候就已经说文化是一种历史性的事物，也就是文化的生命和它所在的那段历史必须丝丝入扣地吻合，必须是精确地反映那个时代的精神风貌，必须对于时代生产物质资料有推动作用。这样的文化我们才说它具有生命。否则，我们就说它已经死亡，或者它干脆就没有出生。

整体主义文化的确是一个时代的骄傲。在原始民族建立自己文化的时候，几乎可以说，无一不是整体主义的。在那个时代中，非整体主义也的确不能抵御生物界的敌人和我们人类世界的敌人的侵扰。抵御生物界的恶劣环境，人类需要把自己组织成整体；而更重要的是抵御人类世界的敌人，即其他民族和其他民族国家的侵扰。这后者可能是整体主义主要的功能。但是，这只能说是整体主义对付整体主义的时候是如此。当个体主义成功地把个体的能量集中在一起时，个体主义的生命力会把整体主义比得无奈，打得粉碎。当然，粉碎就意味着会出现个体主义的萌芽，会出现个体主义的欲求和呼声。这就是近几百年来人类的世界上不停出现的事情。

当我们把这个关于整体主义生命的问题提出来之后，立刻就会出现一个新的问题：难道个体主义不是整体性的吗？要不是整体性的，它怎么会把整体主义文化打得粉碎？夸张点说，个体主义是最有力量、最有智慧、最有精力、最有实践、最有时间的整体主义。我们在上文中所说的整体主义只是就其组织方式而言的。也就是说，它其实是那种由某个人或某些人刻意追求的整体主义，或者由某些人、某个人借整体主义标榜自己的模式。不可否认，现实世界里即或是欺骗的整体主义也曾经有其合理性甚至是合法性。那么究竟什么时候什么时代整体主义失去了合理性和合法性了呢？

上述问题的答案和人类的类本质息息相关。人类就是一种自我创造的动物，进而成为了一种自我反思的动物，最后成为一种自我升华的动物。无论人类走了多么遥远的距离，攀上来多么巍峨的高度，和动物之间还是仅一步之遥。人类达到一个新的高度后，一旦有局部的和族群的倒退，我们就会发现，这局部的和族群的倒退，同样表现为向动物水平的倒退。这给人类学留下了无限的机会和挑战。

说起整体主义的合理性和合法性，就一定要揭示出整体主义辉煌的那个时代的特征，这又无法离开人类的创造性这一至关重要的问题。关于创造性的原动力，柏格森在《创造进化论》一书中阐述得非常明白，也是迄今为止与真理性之间的极限最小的理论。他所发现的创造的线索可以归纳为三种进化：第一是生物的基因变异，也就是生物从低级向高级的发展过程中由基因的形式变化带来的生物表现型的变化。这种创造是在意识之外发生的，完全是随机发生的偶然性的杰作。第二种创造是外在化知识体系的创造，即人类创造的知识形成一种文本化的系列，最低是由固定形式的自然语言传承机制，人们沿着这条知识的线索，在继承前人的基础上，在向前走出一步，创造出新的知识来。这就叫做外在化知识体系的创造。这种创造是在个体意识之中的动机性行为和目的性行为。但是，创造的内涵是被外在于创造者的知识系列决定的，人自己还要在某种自身之外的东西来规范。第三种创造是生命的内在冲动，也就是生命的内涵要冲破生命的外延，或者说就是生命要争取比它自身更有价值更有意义的生命。这样理解生命的内在冲动，我们就会一目了然地把握，生命的内在冲动这种创造性其实是只有人类才可能进行的最高形式的创造。它的实质含义就是生命超越生命本身。这样定义生命冲动的创造果然毫无疑义。只有人类才称得上拥有生命的内在冲动这种创造形式。它既是目的性的，动机性的，又是自主性的。

加拿大有个不太知名的哲学家叫沃杰西乔斯基，他写过一篇短文叫《智能的进化》。在这篇短文中，他给出了一系列公式，说明进化的速率和进化的水平。他认为宇宙是在进化，地质是在进化，生物是在进化，智能是在进化。他的公式恰如其分地说明了生命的内在冲动是进化的最大的成就和最高水准。他的公式可以表达为：地质进化和宇宙进化的比大于1，生物进化和地质进化的比大于1，智能进化和生物进化的比远远大于1。宇宙的进化经过了137亿年，达到了今天的样子；地质进化经过了46亿年，地球上的繁荣是其他星球无法比拟的，因此比宇宙的进化快得多；生物的进化经过了20亿年，到了21世纪，地球上的生物种属数不胜数，千奇百怪，这都是进化的奇迹，因此，比地球的地质进化还要快；最后是智能进化，已知人类的智能进化年表是从10000余年前开始的，真正有史记载的只有八千余年。在这八千余年间，人类已经彻底改变了自身和地球的面貌，已经成为了冲破环境束缚和自身束缚的一种自我创造的动物、自我反思的动物、自我升华的动物已经达到了认识宇宙的突破时刻和征服宇宙的准备阶段。同时，人类在对自我的认识上的成就由哲学的思辨水平过渡到了实证水平。心理学、人类学、认知科学、社会学、经济学、政治学、语言学、美学、文艺学、符号学等人文和社会科学的发展把人类对于自身的了解推向了一个从没有过的新高度。因此，智能进化是最高级的进化，而且这种进化是由生命的内在冲动推动的。

生命的内在冲动究竟是什么力量？叔本华①说生命是意志，尼采②说生命是对权力的追求，这些哲学上的定义与界说多少都有点含糊和抽象。还是实证科学的说法更具有透彻和明晰的表达，经济学、社会生物学、政治学、文化学、心理学等把这个问题说得再明白不过了：生物的内在冲动就是生物具有的那种自我进取和自我对进取的成果占有的自私性原则。而最能体现这种原则的知识体系就是经济学的探索，因为经济是人类本能的泛化。所谓人类的本能只有两种，那就是性本能和食本能。所以，人类的创造首先集中体现在经济上，人类在经济上创造自己。这是最具有创造力的创造和最能体现创造的创造。压抑经济动机、贬低经济作用、蔑视经济人才、抵制经济活动的社会不会有创造。

八千年前，人类进入了农业社会。这是人类自我创造的结果，是智能进化的奇迹。发明了农业就是发明了一种新的经济模式，一种新的满足人类自己的性本能和食本能的手段，是创造中的最大的创造。农业社会是以土地作为为主导资源的。农业社会就决定了必须围绕土地来设计它的政治标准和文化原则。当然这种设计是一种没有设计者的设计，没有目的性的目的。但是，它的最标准形式一定是围绕土地的本质特征来实施整个社会的结构原则和操作原则的。

经济上的资源就是那种在经济上可以流通的东西，也就是说，是那种可以自由地从一个经济人手中过渡到另一个人手中的价值载体。只有这种流通才能使价值增殖。因为流通的代价同样是由自私性原则支配的，只有

---

① 亚瑟·叔本华（Arthur Schopenhauer，1788—1860），德国哲学家。他继承了康德对于现象和物自体之间的区分。不同于他同代的费希特、谢林、黑格尔等取消物自体的做法，他坚持物自体，并认为它可以通过直观而被认识，将其确定为意志。意志独立于时间、空间，所有理性、知识都从属于它，人们只有在审美的沉思时逃离其中。

② 弗里德里希·威廉·尼采（Friedrich Wilhelm Nietzsche，1844—1900），著名德国哲学家。他是西方现代哲学的开创者，同时也是卓越的诗人和散文家。他最早开始批判西方现代社会。后来的生命哲学、存在主义、弗洛伊德主义、后现代主义，都以各自的形式回应尼采的哲学思想。

166

在流通可以给参与者带来价值的情况下，流通才有可能。否则就不会流通。土地作为经济的主导资源，就成为可以在经济上流通的东西。但是，土地既不容易让与，也不容易分解，更不能传播。这就决定了农业这种经济模式一旦发明出来，它就拥有极大的保守性。对农业经济依附的政治制度和文化模式，因为土地所具有的那种停滞和凝固的属性，则最好采取整体主义的方式。农业经济的标准模式就是文化上的和政治上的整体主义，这是天衣无缝的吻合，而且土地的板块越大整体主义的效果越好。

中国古代封建社会不仅发明了农业经济的模式，还创造了农业经济的最发达的文化，即以儒家学说为主导思想的意识形态。这可以说是真正意义上的意识形态，因为几千年来它的权威性没受动摇。其实儒家学说完全可以一言以蔽之来讲明它的真谛，那就是国与家的同构性，就是用治理家庭的方法来治理国，就是把国的组织原则等同于家的组织原则，就是用家的理念来管理国。我在这里之所以讲了这么多意义相同的话，无非是让大家更充分地理解这种文化的要义。关于这一点我已经在另一本书《利维坦的灵魂》中充分说明了。

国与家的同构会造成一种什么效果呢？这就要在家庭关系的性质中去找原因了。人类在生物性上具有一些不能更改的本能特征，或称为本性，这就是自私性、斗争性以及有条件利他主义。自私性就是爱自己的那种本性，生物都应该如此，这是生物之所以为生物的同义反复的属性，也就是蕴含在生物的定义中的那种性质，任何生物如果它不爱自己就不是生物了。斗争性就是指生物个体对危及自己生命的处境必须作斗争的那种本性，或者对于改变自己的生活境遇有好处的那些竞争机会必须作斗争的本性，这同样蕴含在生物的本质中。以上两种本性基本上都是个体性的。有条件利他主义是指生物利他的本性是建筑在一定条件之上的。这种条件主要是指对于种系的繁衍有好处，即繁殖后代的需要和维系种系的需要。在生物界中有条件利他主义是一种本能，也就是说，每一种生物采取什么方式实施有条件利他主义是由基因的编码来决定的，个体对此无能为力。比如昆虫纲中的螳螂、蜘蛛等动物，在交配时雌性会把雄性吃掉，假如这里

四 新生

有理性的话，那是绝对不可能的。这就是它们的命运。人类同样有有条件利他主义，不过人类是有理性的、有逻辑判断的、有情景分析的、有自由选择的，这样人类的有条件利他主义就既可能加强也可能减弱。用理性的、逻辑的、情景分析的和自由选择的方式去加强有条件利他主义，就肯定是对整体主义最有力的和最有效的，因为这种理性的、逻辑的、情景分析的、自由选择的，加上了主动性和自觉性的成分，加上了目的性和反馈性的成分，自然就会更有效果和更有力度。有条件利他主义就是个体为整体作出牺牲和奉献。

经过以上的分析，我们立刻就充分看清了整体主义的本质，个体是整体的部件和功能。那么这样的整体主义在封建文化中有文本化的阐述、论证和说明，有一套绝对可行性的操作原则。这就是君臣关系和父子关系的类比、夫妻关系和父子关系的类比、师生关系和父子关系的类比，再加上礼仪的形式原则和等级的秩序原则的类比。这就从古代封建文化上的整体主义过渡到古代政治上的整体主义，从而过渡到整个古代社会。

在以土地作为经济主导资源的时代和社会里，不能不说中国古人创造了世界上最高级的文化模式、最有效果的统治模式和最有力度的传递模式。当然这里所说的传递其实是指这种文化的传递和这种社会统治方式的传递，也就是说这种文化传承是历史上绝无仅有的。

古代中国的整体主义在被发明的时候，可以毫无疑义地说是世界上最好的文化模式。这种文化和那个时代没有一点疏漏的吻合，就像齿轮和齿轮之间的咬合那样紧密。这使得中国古代文化能够一直延续下去。它的这种同化功能可以说无与伦比，登峰造极。太早的朝代我们没有实证资料，但是，从周朝开始，文献就已经齐备，完全可以说明这一点。对于商朝来说，周人是边缘，甚至是异族。对于战国时中国的内部来说，秦人是边缘；对于隋朝来说，唐朝的创始者李渊、李世民等人是边缘；对于北宋来说，契丹人是边缘；对于南宋及当时的中原人来说，蒙古人是异族；对于明朝来说，后金即满族是异族。然而，这些边缘和异族都被中国古代文化同化了。

一切真理都是历史性的。那么在那个以土地为经济主导资源的时代，中国古代的整体主义文化发展为文明。这正是因为它当时拥有真理的成分，尽管整体主义都是假冒的和虚伪的，这也无关紧要。真理并不是一定要和事实完全一致的那种形式表达式，只是真切地反映着历史性的需要和在一定阶段上实现了某种合目的性的结构与功能。

站在今天的高度来分析整体主义和个体主义，必须明确一个问题，那就是不论整体主义还是个体主义，其实都是在本体论的意义上来说的。所谓的本体论，就是以什么是最基本的和最基础的单位、最小的那种单元究竟是什么等问题为探求对象。用现在最通行的说法就是在一个比个体更大的单位内，什么是其最小的那种单元，最小的单元当然是不可分析的和不可忽略的那种事物（美国哲学家蒯因用下面的语言来总结：在一个变元之内什么才是这个变元的变域值，就是本体论单元）。如果把社会的本体论单元定义为整体，那就是整体主义；反之，如果把社会的本体论单元定义为个体，那就是个体主义。

以整体为本体论单元的整体主义，主要是就文化的整体性来说的，也就是说社会组织起来是以整体的名义和整体的需要来实施其结构原则的。这样的一种整体主义虽然曾经在中国历史中被证明为和历史的阶段性吻合，但是，这只能是说它在这个阶段还有点生命力，绝不是指它在逻辑上和哲学上是一种完全可以自足的事物。宇宙中的和世界上的整体主义，只有这样的一种才可能是自足的：每一个个体都没有自身目的，没有自身意志，没有自身目标，没有自身动机，没有自身独特的行为方式的那种类型的整体。在这种整体中，一切都是在无目的的合目的性中形成的，在没有设计者的设计中形成的。在这种情况下只是随机性在发挥作用。像非洲的蚁塔，那么富丽堂皇，但是，它是无目的的合目的性的产物，因此没有任何一个蚂蚁会要求哪座蚁塔属于它。只有这样的整体才能是以整体为本体论单元的。

人类社会的整体主义，显而易见，是和上边所说的整体主义风马牛不相及的。社会的成员是那些拥有自己的意志、自己的目的、自己的目标、

169

自己的动机、自己特殊的行为方式的个体，社会的整体主义是通过人类的组织行为实现的，组织行为是由组织者实施的。组织者必然有他自己的目的、自己的意志、自己的目标、自己的动机、自己特殊的行为方式。组织者一旦以整体的名义在把自己的目的、动机、意志、目标、行为方式强加给别人，这都是不合理的，不正确的。

在中国封建历史上一个有代表性的事件是太平天国的内讧。洪秀全率领太平军打下南京之后，西王萧朝贵和南王冯云山都已经战死，只剩下东王杨秀清、北王韦昌辉、翼王石达开等核心人物了。论能力杨秀清是最强的，论军功杨秀清同样是最大的，论对信息的掌握杨秀清肯定是最多的，论对洪秀全的威胁杨秀清必然是最危险的。杨秀清不仅知道洪秀全装神弄鬼，自己更会装神弄鬼，甚至比洪秀全还技高一筹，并且敢装神弄鬼对洪秀全指手画脚，发号施令。在这种情况下，洪秀全怎能不杀他呢？洪秀全让韦昌辉杀了杨秀清和杨秀清东王府的所有下属和士兵，紧接着又指使石达开杀了韦昌辉和韦的部下。太平天国内讧让几万人成了冤鬼。这是整体主义的文化模式在杀人，整体主义组织方式在杀人。这种社会化的整体主义只有一个人和整个社会相对、和整个社会作对的时候，它才是最理想的。封建皇帝制度正是这种要求的反映。当皇帝凌驾在整个社会自己上时，他有生杀予夺的大权。在这时，整体主义就达到了其顶峰，全社会被管得没有一点生气；而对皇帝是安全的。但是，并不是每一个封建时代都能做到这一点。苏洵在他的《过秦论》说："夫灭六国者，六国也，非秦也；诛秦者，秦也，非天下也。"不是秦灭六国，而是六国灭六国；不是天下把秦灭亡了，而是秦朝自己灭亡了自己。当然整体之义在西方社会历史上也表现出同样令人震惊的行为。

人类个体的生存就是在时间上的延续，其本质的要求就是其投入和产出的比小于1，产出大于投入才能生存。世界上的生命其实就是这种原则的忠实执行者，所有生物的生命特征就是这样一个简单的道理。要是能做到这一点，它必须是自组织的——生命其实就是通过自组织功能实现产出大于投入的过程的那类自组织现象的个体。我们用这个观点来分析整体主义的组织形式，就会对这种东西为什么会在一定情况下死亡一目了然。

一切自组织的事物有一个鲜明的特点，那就是它的元素或称它的组成部分必须是在绝对自由的情况下完全按着自己的意愿和意志行事，当然这种说法对于非生命系统的自组织来说是一种拟人的形式。20世纪70年代，自组织理论非常盛行，如耗散结构理论、协同学、超循环论，都是自组织理论的典范。它们在理论细节上当然是各有千秋，但在重要的理论前提上则是非常一致的。它们都把系统内的每一个元素的自由行为当成自组织的必要前提，整个系统的自组织是通过整体的凸显性效应形成的；整体的成本其实只是元素的成本，并分散在元素的层次上。换句话说，整体只是元素在运动过程中产生的那种结构表征的功能，这样整体大于部分的和，但其成本又实现了最小化。在这种条件下，自组织的事物就实实在在是一种生命。只有这样的整体才能活下去，除此之外，任何整体主义的企图都是痴心妄想。

事实上，文化这种东西无论它怎样腐朽和没落，怎样无能和残酷，在没有其他类型的文化与其比较的时候，它永远也学不会反思，它永远也不会走出自己的轨迹，当文化进入文明的新阶段，也就是各种文化在比较原则下实现了某种新的本体论原则时，人们就开始反思了自己所属的那种文化的合理性和能产性了。这和竞争才能使经济的能产性提升是一个道理。

文化的优劣绝不是无法比较和鉴别的模糊问题。数学上曾有一个关于无限的问题，让人们费尽了脑筋。众所周知，一条线上的点是无限的，一个面上的点同样是无限的，一个三维体上的点还是无限的。这样似乎就无法区分直觉上的差别来了。在直觉上肯定三维体上的点是最多的，而在几何学的证明上却出现了问题。19世纪的康托把这个问题解决了，他用严格的实证技巧证明了这种结论。这告诉我们，文化上的优劣同样是可以证明的。证明的方式其实很简单，就是看文化的生命形态是怎样维持的。

自组织的方式是生命的源泉和生命实现自身的本质。文化的生命形态同样要靠自组织来实现，文化的自组织首先就要保证其最小单元即人类个体必须是自由的、自主的、自立的。实现自由、自主、自立的条件其实是非常简单的,那就是社会的组织方式要跟人性的深层内容结合起来。人是自私的,这是由人的动物本性决定的,而自私的表现就是和人的本能联系在一起。人的本能包括两个方向:食本能和性本能。这已经被人类学和社会学所证明。人类的活动中有一个试金石一样的门类,即经济活动就是人类食本能和性本能的体现。只要人类社会放手让其成员自主、自由、自立地从事经济活动,就是用人类的本能来调动每一个人的积极性和创造性,就是在用自组织的方式来实现社会化的生命。政治经济学之父亚当·斯密主张的经济自由和政府不要干预经济的理论就是实现社会化生命的自组织性的伟大理论。20 世纪的德国经济学家、诺贝尔经济学奖得主哈耶克对人类自由产生秩序的天才论述都是这方面的代表作。人类社会只有适应经济的要求来设置各种管理措施和管理结构,才能让自组织的生命给社会带来无限的前程和美好的未来。但是,人类历史的早期,腐朽的统治者总是采取杀鸡取卵和竭泽而渔的方法来压榨经济的活力,让经济人付出更多的代价来保证和满足其私欲和贪婪。一切罪恶皆源于对人类本性和本能的压抑和破坏;人类的事务只要人道,就是正确的光明大道。

当我们把经济的目标和经济的必要条件设立为社会的组织原则的时候,人类社会的结构信息也会发生质的变化。在整体主义的文化时期,社会是靠权力组织起来。而在保证人类的个体有条件实现经济目标和经济权力的时代,人类社会的组织因素和结构信息就不再是权力而是财富。

这种变化就是人类历史的巨大转折。这个转折的载体不是别人,而是市场上我们司空见惯的商人。商人可以说唯利是图;自私自利,总想掏尽消费者的腰包。但是,商人是那种把唯利是图和自私自利放在脸上和放在嘴上的人。就因为如此;中国的那些雅士贤人就把他们看成是道德的腐蚀剂,看成是社会的大染缸。而在中国古代唯独把商人看成是坏人的种属,那就从根本上把经济的生存条件剔出了。商人的本质就是他们的价值取向是朝下的,是朝着那些购买他们东西的消费者的,是朝着越来越泛化的群体的。这就决定了商人集团的地位就是社会自组织的风雨表。每一个商人既是消费者又是购买者，他们在自己的生活境遇中实现着这两种身份的平衡；同时商业的交易又是一种没有设计者的设计和没有组织者的组织。所谓没有设计者的设计就是指市场交易可以自觉实现等价交换的原则。假如有两个人交换商品，每一个人都有一种欲望，那就是自己换回的商品的价值要大于和等于自己提供的价值，而最后交换的结果一定是两者的价值相等才能实现交换。这种自组织的方式实现的组织就是没有组织的组织。这不就是典型的依靠自组织实现整体性的案例吗？商人把利益看成是完全属于自己的事情，真正把利益的可分解性带给了人类社会的现实中。所以说古代的商人就是个体主义文化的榜样和模本。遗憾得很，在中国古代历史上只有管仲是强调重商的，但还没有到重商主义的程度。整体主义是和商业道德相冲突的，当然就是和人性相冲突，和发展相冲突。

当经济的追求在某个国家建构一个市场时，这就会产生一种文化上的需要，即文化要作相应的改变，而且这种改变一定是朝着个体主义方向的目标的。这就是我想要在"新生"一章里所要说明和阐述的内容。所谓新生就是个体主义正在破土而生，而且会越来越兴旺的成长起来。

1 价值取向

哲学中有许多范畴，诸如"存在"、"唯心"、"唯物"、"本体"、"意识"、"经验"、"真理"等，而且对这些范畴的研究也都越来越精细和周延。但是，目前对又一个与人类的生活和现实最密切的范畴却研究得相当肤浅，那就是"价值"这个范畴。

价值在哲学中首先由亚里士多德提出，他所说的实然命题和应然命题其实就是价值和事实的分野。但是，在哲学后来的发展中，由于上帝论哲学的长期统治，使得人们忘记了世界上还有人自己选择的必要，似乎只要认识上帝的选择就不会错过价值的青睐。这致使整个中世纪几乎就没有关于价值的哲学思考产生。近代复活价值论探讨的哲学家是休谟①，他在其《人性论》一书中系统地阐述了"是"与"应是"的分别和它们之间的界限。在他看来，"是"与"应是"或"实"与"应该"这样的哲学的概念是无法在人类的判断的对象那里找到本质的属性来真实和明确地确定的。也就是说，价值这东西是无法确定的人类的随机选择，价值和非价值的事物之间没有严格的界限。认认真真地思考一下休谟的论述，可以说只要按着他的思路来理解和提问，我们就会发现休谟的论述一点都没有错。在客观事物或者价值对象的层面上，我们的确是无法区分"是"与"应是"的。比如，印度尼西亚有一个原始族群叫猎头部落，那里的族人分成一个个小部落，部落之间相互战争。胜利的部落的那些战士回到自己的部落之后，有一个壮观的仪式，就是由部落里的年轻姑娘给这些战士献礼物。当我们知道了这些礼物是什么的时候，一定会惊讶：竟然是一个个活灵活现的和生机盎然的大蠕虫，并且，战士们当着全部落人的面把这些大蠕虫毫不含糊地吃掉。大蠕虫就是这个部落的"应是"和"应该"。我们现代人能够理解吗？但是，那又千真万确是他们的价值。

休谟之后，又有许多哲学家继续进行了关于价值的研究。如洛采、鲍桑奎、布拉德利、文德尔班，还有现代人波普②等，都在这一方面有自己的建树。但是，他们都没有跳出客观化和对象化价值的樊篱，都在休谟的价值属性随机决定的圈子里打转转。这样，就有一个问题不可能得到满意的答案，这就是价值和我们人类的目的、动机、初始条件和终极标准之间是什么关系？只要按着休谟的思路思索，这些主观性因素就和价值没有丝毫关系。然而，事实正好与此相反。也就是说，如果站在主观性和主体意识的角度来思索这个问题，情况就完全不一样了。

当我们引入价值取向这个范畴的时候，关于价值的研究就会发生一个

---

① 休谟（Hume，David，1711—1776），18 世纪英国哲学家、历史学家、经济学家。休谟的主要著作有《人性论》《道德和政治论说文集》《人类理解研究》《道德原理探究》《宗教的自然史》《自然宗教对话录》《自恺撒入侵至 1688 年革命的英国史》等。他认为事实（即"是"）与价值（即"应该"）之间没有排中律的界限。

② 这些哲学家对价值都有自己的研究成果，但是其基本研究范式是一致的。

翻天覆地的变化。价值取向是从主体性和主观性的角度来思考价值的生成和价值的属性的，只要我们把设问的方式转到这个观察的视角，就会发现价值是历史性的，并且是绝对和事实有泾渭分明的界限的。

所谓价值是有历史性的，就是说价值在不同的历史阶段是有不同的标准的。人类自己的历史会在某一刻形成一种对价值判断的一以贯之和广泛适用的标准，人类在创造自己的历史时，同样会创造关于价值的认识论法则，形成较为统一的价值判断。比如，人类文化学家本尼迪克特在波利尼西亚群岛上发现了这样一个部落，这个部落的原始文化中有一个让我们现代人惊诧不止的惯习：如果某一个家庭中的成员意外死亡了，家中的未亡者就会拿着武器疯狂地向外跑去，他会把他所见到的第一个人杀死，因为他认为就是这个人制造了自己亲人的死亡。在这个部落成员没有彻底走出那种封闭和野蛮的文化模式之前，他们是不会认为自己的习俗有什么不妥之处的。但是，一旦他们融进世界的大氛围和世界的文化之林之后，他们就会一改那种延续了不止多少年来的陈规陋习，把现代文明的规范纳入自己的社会运行轨迹之中。这就是历史性的价值取向的真正含义。

我们在这一章的引言中详尽地说明了中国古代文化和文明中的整体主义模式，这种整体主义在中国漫长的古代历史中曾经发挥了无与伦比的整合效应和延续文化的神奇效果。在那个时代中，中国的文化和文明是世界上最让人羡慕和让我们自己自豪的。在元代的忽必烈统治时期，应该说忽必烈的文治武功在中国历史上绝对算不上一流。但是，就这样那个意大利的旅游小子马可·波罗还是对元朝的繁荣和富强羡慕不已，回国之后孜孜不倦地写回忆录，记载他在元朝的首都大都的所见所闻，并且可以说他所记载的绝非杜撰和夸大。一时间把个整个欧洲弄得神不守舍，心猿意马。我们只能是引进历史性来解释马可·波罗的观察所得和他的价值判断。中国文化和文明的价值是有其历史性的。过了那段历史，即整体主义具有巨大生命力的历史，这种价值就和新的历史性格格不入了。

只要我们明确了价值的历史性概念，就会清清楚楚地认识价值其实是和事实有不可混淆的界限的。价值的历史性就决定了价值在某一段历史中只能是按着一种被历史阶段性的标准和人类的本性制约的原则来选择价值。就拿刚才那个例子来说明，波利尼西亚的那个部落一旦走出他们曾经视为神圣和正确的杀人习俗，还有人按着那古老的野蛮和残酷来实施那种行为，人们还会认为该行为者是合适与正确的吗？不言而喻，答案是不容置疑的：新的历史已经显示那古老的习俗不再是价值了。

既然价值是历史性的，我们就应该找到历史性的线索和历史性的发展趋势。价值取向说的就是历史怎样选择价值的走向和人对价值的选择。

人类创造自己。假如没有创造的能动力和创造的所有物，人类和其他动物就没有任何区别。人类创造自己的标志就是把对价值的选择放在历史性的天平之上，并由人类自己的创造来设置砝码。创造的本意就是对现状的改变，以及对已经存在的事物的破坏和改造。这里立刻出现了几个人类必须平衡的二元关系：稳定和发展的平衡，过去和未来的平衡，自由和必然的平衡，个体和整体的平衡。发现这种平衡和实现这种平衡本身就是人类的创造。人类历史的早期，由于人类的能力和发展水平所决定，稳定的需要、过去的需要、必然的需要、整体的需要可能更迫切和更重要，这是因为发展的需要、未来的需要、自由的需要、个体的需要都有可能存在着相当大的风险（当然也存在相当大的机遇）。为了保守和安全起见，人类会自组织起一种社会结构、社会操作原则和社会遴选机制来实现这种需要。然而，当历史走过它的相应历程，也就是在稳定的需要、过去的需要、必然的需要、整体的需要已经不再是人类的主要的目标时，创造会更多地依赖于人类个体的自由、个体的未来、个体的发展、个体的创造性时，价值取向就会自觉地向个体倾斜。

我们就循着人类自我创造的这条思路来理解价值的历史性的和价值的独立性。当然有了价值的历史性，价值的独立性就是相对的，就是说价值在某一段历史中是绝对独立于事实的。

人类创造自己的世界，创造自己的类型，创造自己的存在，这种创造的事实在历史上排成一个系列，形成一种谱系，并且和宇宙的发展成一种相关性。

176

人类八千年前创造了农业这种产业，在土地上耕种庄稼和繁衍牲畜，这不折不扣是对空间的改造。在原有空间上创造出从前没有的事物，也就是改变了空间的结构和内容。伴随着这种创造的景象，人类在空间的利用上开始了一个新的里程。在人类学家马林诺夫斯基的著作中，细致入微地描述了原始人类的创造轨迹。在波利尼西亚的原始部落中，那些原始人尽管造出的房屋是用茅草和简易的木杆搭造而成，但是，那也是空间化的杰作，是人类改造空间的壮举。在这一点上那里的原始人类和我们现代人没有本质区别。在空间化的思维中，人类的自身组织方式也是空间化的，政治的科层结构就是最典型的空间化的隐喻性和象征性的具体空间的真实写照。在这个改造空间的过程中，人类的确是创造了伟大的奇迹。像雅典的阿波罗神庙、罗马圆形斗兽场、纽约的摩天楼、巴黎的埃菲尔铁塔、上海的亚洲第一高度的大厦、悉尼的歌剧院，等等，的确是世界的骄傲。但是，仔细想一想，这些崇高的建筑在本质上又和原始人茅草屋有什么区别呢？只是这些崇高的建筑和现代的成就距离人类走出空间化的思维和空间性的时代越来越近罢了。但是，要是囿于空间化的思维而不能自拔，楼房再高也是监狱和死囚的枷锁。

　　其实人类在改造空间的时候，也在改造着时间，只是要看哪个占主导地位而已。比如人类发明了车辆和骑马，就是向时间挑战，就是在改造时间，当然也就是在创造自己。从牛顿的时代开始起，人类就进入了改造时间的时代。牛顿发现了力学[①]的三个定律，其实就是对时间秘密的揭示和驾驭。当法拉第、欧姆、库伦、伏特[②]等人进行电学研究时，就开始了一场真正意义上改变人类创造方向的战斗。当麦克斯韦[③]把电学与磁学统一于电磁学之后，这种改造时间的运动就已经形成了。这就是内在时间的发现。电子在导体中运动，实际上是有时间的，但是我们却永远也看不见内在时间的流动。但是，这场伟大的科学创造却给人类以深刻的启示。在20

---

　　①②③　牛顿的力学三定律是运动对时间的函数。下文的法拉第等人的电学研究其实是牛顿力学在微观领域的扩展。麦克斯韦统一了电学与磁学，则是进一步将时间内在化了。

世纪的科学历程上，最伟大的成果则是发现了生物的内在时间性。

哲学往往会走在其他科学的前面，成为科学思维的启示明灯。20 世纪的哲学开拓者们率先发现了人的内在时间。柏格森在他的《时间与自由意志》一书中，首先阐述了人意识里的时间是和空间化的时间绝对不同的，即柏格森所说的绵延的时间，就是无法区分现在、过去和未来的时间。后来胡塞尔又把内在意识时间特征给予了充分的阐述和解释。内在意识时间是不同于外在化时间的，它的组织方式根本和外在空间化的时间不同，它在审视世界时总是把前一个时间的参照物和后一个时间的参照物放在一起来判断。时间在人的内在性中从本质上就是被改造的对象。人类创造自己就是玩时间的游戏，就是把人类自己的自然时间提前到人类自己创造的时间之中。

20 世纪 50 年代初，两个最有代表性的人物沃森和克里克①把生物的内在时间充分揭示出来了。他们在基因结构上的杰出贡献使得他们获得了诺贝尔奖。DNA 即基因的双螺旋结构里其实就是排列着时间，因为基因就是生物体表现型的成长过程的记录和表征。在沃森和克里克的时代，他们的发现还是处在模型的阶段。到了 1959 年，人们就把基因的双螺旋结构完全证实了。到了 1969 年，科学家又把基因中的碱基对和氨基酸的对应关系搞明白了。这是多么大的进步！事情发展到了 20 世纪末才看出了创造的实质和发现的本质，这就是英国科学家维尔姆特②在一只绵羊身上的创造出来的奇迹。他和他所领导的研究小组，成功地把抑制七岁的克塞特母羊的乳腺细胞克隆成一只和它的母体一样的小羊，这只小羊就是举世闻名的多利。众所周知，乳腺上的细胞已经是发育成熟的体细胞，它记载着生物体表现型的一切信息，它是经过受精卵细胞分化和发育而成的体细胞，或者说它是有时间性的一种事物。但是，维尔姆特的小组把时间反演了，让时间回到了它的起点。这就是人类第一次把时间的改造变成了明明白白的现实。

---

① 沃森与克里克在 1953 年建立了 DNA 的双螺旋模型。两人共同获得 1962 年诺贝尔医学生理学奖。

② 维尔姆特即大名鼎鼎的克隆多利羊研究项目的主持者。

当维尔姆特游戏时间的时候，哲学早已把时间游戏的规则向人们展示了。后现代哲学告诉人们一个事实：时间性的创造就是要把世界的组织方式回到平面上去，平面化就是时间游戏的结构特征。也就是说每一个人创造他自己的空间，创造他自己的时间。创造在这里已经不再是搭建起金字塔形的房屋和高楼，让那些高高在上而又时刻担心别人会把他倾覆的统治者也要回到平面之上，成为和他人一样的自我创造的生物，而不是坐享其成的盘剥者和寄生虫。其实人类的政治结构造就在实践着这种平面化的尝试，只不过还没有被学术的符号揭示出来而已。

维尔姆特的研究成果让世界震惊的地方还在另一个侧面反映出来，那就是婚姻家庭的组织方式和结构。婚姻家庭的结构是典型的整体主义的模式。因为以前的人类繁殖方式和种系传递的路径必须是群体的，一个男性或者一个女性是不可能单独生育后代的，必须是一个男人和一个女人经过性交来繁衍后代。这就是人类迄今为止最顽固的整体主义。但是，正因为价值是历史性的，昨天的价值今天就可能成为了价值的对立面和价值的反对物。从这里的发展线索我们不是清清楚楚地展示了一个事实吗？那就是人类的价值取向就是要向着个体化的目标前进的，这是个绝对不以人类的意志为转移的历史规律。这是因为人类就是这样一个动物：他要创造自己的时候，是要最终实现每一个人都创造自己的那种状态；在这种状态中人类才能最终实现自己的类本质。每一个人都创造自己的时候，才是人类的创造性的最高体现。这就是人类的伟大和崇高，这就是人类的壮美和神奇。这就是人类的昨天和明天的平衡，这就是人类的神性和物性的统一。

让每一个人成为他自己，这就是今天的口号和实践标准。

我们在这里所说的价值取向是一种潮流而不是一种可备选的方案，这是个再明确不过的事实。我们前文集中阐述的就是这个结论。从整体到个体是潮流，从改造空间到改造时间是潮流。所以，价值是一个世界性的标准，或者说是人类性的标准。当一个民族国家和这种标准合二为一的时候，这个民族国家就会突飞猛进的发展。反之，它就会和历史性相抵触。我们高兴地看到，中国正向着人类的新里程迈开豪迈的步伐，走向人类价

179

四 新生

值取向的鼓点上。我们的经济发展正朝着一个个体化的方向大踏步前进，我们的文化事业正创造着一个个活灵活现的个性化人物，我们的婚姻家庭生活正在闪改善个性化的光亮，我们的未来正向着我们招手。因为一个创造过自己的民族必定能在新的创造之中创造出新的辉煌。

我们既要知其然，还要知其所以然。人类的价值取向为什么能形成？回答这个问题的确是很有刺激性的和带有全局性。在前文中我们已经提出了这个问题，那就是价值和事实之间一定有泾渭分明的界限。只要我们从价值的主观性入手，就能得出这个结论，这是对休谟以来哲学的重大突破和重大冲击。价值一定要和人的目的性和类本质相吻合，每一个人都会有自我超越的感觉和动机。这是由人类的生物性决定的。人就是那种不停地向着神圣性迈进的那种生命。这样，人就不是在价值的集合中进行选择，而是自己创造价值的种属和价值的类型。凡是价值，必须具有完全符合人类个体的目的和动机的那类事物；同时人又一定是和自己的个体性相联系的。这里的个体性就是个体必须把自己的利益和目的放在一切事物的前列和中心，因为只有这样才能具备能量的集结和发动的那种条件。如果世界是彻底的整体主义的，那么世界就是因为缺乏动力机制和激励机制而陷入停滞的状态，这是因为整体主义其实不是根据什么整体的利益和需要，从而把整体的力量和才能集中起来实施整体主义的行动的。它实质上是少数人的动机和目的虚假地成为了整体主义的符号和欺骗人的筹码，这就是整体主义的实质，当然也是整体主义必然要失败的原因和条件。既然整体主义缺乏创造，整体主义就是阻碍社会的进步。这样价值就不折不扣地是和人类个体的创造性结合在一起的。个体的创造性是围绕着人的个人目的和动机实施的，那么，价值就是永远和个体的目标相一致的那种事物。所以，我们可以说，价值其实是和事实相区别的；价值和事实必然存在着泾渭分明的界限。

价值取向是那种植根于人性中的自然生长的生命。它自然到那种程度，只要有一点点空间它都会把它的种子安置在那片小小的空间之中，只要整体主义作出一点点让步，它就会把这一点小空间充分利用起来，真可谓千里之堤溃于蚁穴——整体主义即或就是这种大堤，它也会在个体主义的蚕食下崩溃。我们在"表征"一章中论述和列举了那么多现象说明个体主义已经成燎原之势，这恰恰是整体主义不得不让步的必然结果，说到底就是价值取向使然。

２ 协同学与序参量

社会是一个大系统，这似乎不言而喻。但是，把社会定义为一个系统，就有一个问题必须在这里要说明白。亚里士多德有一句名言：整体大于部分的和。20 世纪中叶，美籍奥地利人贝塔朗菲[①]构造了一个划时代的理论——一般系统论，并以此为书名出版了在那个时代令人震撼许久并且影响深远的书。20 世纪 50 年代，贝塔朗菲的《一般系统论》、维纳[②]的《控制论》和申农的《关于通讯的一般理论》集合成一股潮流，创造了一个新的学科，即横断学科。三者的确有内在相同的地方，即都把系统性当成一种由结构信息使系统的信息增多的那种属性。这就是说他们完全和亚里士多德的看法一脉相承。20 世纪 70 年代，音乐天才、美籍匈牙利人拉兹洛[③]撰写的系统哲学，同样是按着这种想法来设计他的理论体系的。那么，经过我们在这本书的前半部分的分析和解剖，我们必须在这里提出疑问：整体一定会大于它所属的部分的和吗？这在学术上就提出了一个新的问题，整体性肯定会给部分相加之后的整体或者系统增加点东西，但是，

----

① 贝塔朗菲（Ludwig von Bertalanffy, 1901—1972），加拿大籍理论生物学家，一般系统论的创始人。著有《物理学和生物学中的开放系统理论》《一般系统论》《一般系统论的历史和现状》等。

② 维纳（Nobert Weiner, 1894—1964），美国数学家，控制论的创始人。著作有《控制论》(1948)、《维纳选集》(1964) 和《维纳数学论文集》(1980)。维纳还有两本自传《昔日神童》和《我是一个数学家》等。

③ 欧文·拉兹洛（Ervin Laszlo），1932 年生，系统哲学家、广义进化论和全球问题专家。著有《系统·结构·经验》《系统哲学引论》《用系统论的观点看世界》等书。作为罗马俱乐部成员，他组织撰写第六份报告《人类的目标》，又独立完成《人类的内在极限》《有创造力的宇宙》《相互联系的宇宙》和《微漪之塘》。目前他是研究全球问题的布达佩斯俱乐部的主席。

这新增加的内容一定是信息吗？信息的反面是熵，即无序的表征，它是和信息既有序的表征正好方向相反的一种量，就像正数和负数正好相反那样。

在本书的前几章，我们曾经就社会的整体主义文化和文明模式的整体性问题进行了较为充分的论证，集中了大量的实例和逻辑分析，有些地方几乎是用模型的严整和规范来说明一个至关重大的结论：社会的整体主义几乎百分之百都是对于亚里士多德定律的反叛，都和整体大于部分的和这个美好的愿望相左。换句话说，社会的整体主义给整体带来的不是信息而是熵，不是有序度的增加而是无序度的增加。中国早就有一个寓言故事，形成了一句亘古名言：一个和尚挑水吃，两个和尚抬水吃，三个和尚没水吃。一个和尚是一个个体，他会尽力为自己创造美好的生活环境；两个和尚是一个最小的整体，还可以共同分担生活的压力和艰辛；三个和尚是一个标准的整体，每一个人的愿望都是自己要在整体之中享受他人创造的条件。于是三个和尚就会形成彼此相互推诿的尴尬局面。这其中有一个假设，是隐含在这个寓言故事里的，即三个和尚是彼此平等的，谁都没有背景来支配别人，这才能形成相互推诿的可能。要是有一个和尚拥有背景，情况就另当别论了。这个有背景的和尚的就会发号施令，另外两个人的选择就可能多种多样，但都不外乎是增加熵而不是增加信息。因为每一个人都会想方设法争当这个发号施令的角色，或者尽可能偷懒减少自己的劳动量。要想让这三个人最大限度地发挥他们的能量和干劲，就只能是由他们三个人自愿订立一个同盟，其规则是让每一个人发挥自己的能力和条件，而又能够最大限度地使自己获得最大利益。这就是整体用个体的方式整合的真正含义。

这里的道理其实并不复杂，每一个人都会明白其中的奥妙。每一个人都是自私的，每一个动物是自私的。但是，动物的自私是非理性的本能的自私；人的自私是理性的动机的自私。这就是人与动物的根本区别。

是什么把动物从个体变成整体的呢？动物界主要是由繁殖后代的需要或者称为性是整合个体的动力和目的。像昆虫中的一些群居动物，比如蚂蚁、蜜蜂等，其实都是和性繁殖有关的因素把它们组织起来的。在高级的哺乳类动物中，像黑猩猩、狼等，已经有了某些性生殖之外的需要使它们形成一定形式的群体生活。把这些现象纳入比较心理学的框架内，我们会得出一个结论性的命题：群体的生活模式和组织功能是与动物的智能高低成正比的。到了人类这一步，则完全发生了质的变化，人类是彻底的群体生活着的。人用文化把自己组织起来，形成彻底的群体生活。所以，文化就是这样一种东西：它把人类创造成一个完全区别于动物的种属，它把人类的个体组织起来形成一种群体意识，它把群体意识置于个体之上形成个体必须遵循的规范和准则，它还在人类种系传承的过程中形成一种传承体系，它构成了人类精神的主要层面。

在人类历史的早期，只有文化这种精神系统和生物系统相对立。在原始人那里，经济活动还没有从生物生活中区分出来，政治这个对于现代人来说至为重要的社会活动还没有形成，只是文化的子集而已。在这种情况下，人类最早的组织形式其实是由文化承担的。

在发生学上有一个非常重要的原理，即事物在起点上对初始条件的敏感性。事物在起点上都有随机性的特征，这是因为发生这样一种从无到有的状态是由许多因素决定的，每一种因素都将对事物的发生状态有影响，又都不是那种决定论式的影响，但是，只要在时间上有一种因素稍稍比其他因素早一点点，这种因素就会把它的影响变得大大多于其他因素。这就是初始条件敏感性的真实含义。

文化这东西服从初始条件敏感性，无非是说它绝对不是由理性的因素、经过逻辑的判断和系统的思索来决定什么样的规则和范式作为某一个民族的文化内核，只能是听天由命任随机的因素来形成文化的初始状态。只是文化的功能肯定是再明确不过了，那就是它把人类个体组织进有意识的整体之中。还有一点也似乎是明确的，文化的整合功能可以分成两个极端：其一是完全的个体主义整合，其二是完全是整体主义整合，绝大多数的文化是居中状态，但可能会表现出距离哪一个极端更近或更远。从我们的分析中就能知道，如果距离整体主义更近，就或许是一种不幸和灾难；

距离个体主义更近，当然就是幸运和福音。不过，就是距离整体主义更近，也没有什么可以抱怨和失望的理由。人类的价值取向已经充分地显示出它的无穷魅力，只是或迟或早而已。

由于文化的产生要比社会的其他子系统如经济子系统、政治子系统等都早，但是，文化和生物子系统处于对立关系之中。生物因素中的首要成分就是生物的自私性原则，这是生物的根本动力和核心法则。这样一旦文化采取了极端的整体主义模式，整体需要的那种欺骗性就沉积在文化的内核里。又因为文化比其他子系统都早半拍，它又形成了其他子系统的初始条件。初始条件的敏感性又决定了其他子系统同样是和文化子系统同构的。这就是说整个社会都将是和文化同步骤和同模式。这就叫做协同原则。

所谓协同原则是由德国现代物理学家、斯图加特大学教授哈肯①提出的一种自组织理论。哈肯是在激光形成的过程中创立协同学的。激光是把一些可以产生激光的物质（如惰性气体、氖气、氦气等）放在一个封闭的器皿中，给这个器皿加能量泵哺到一定时候，这个器皿中的激光物质就会发出脉冲性质的光，即时而间歇时而发出强烈的光来的那种物理现象。哈肯用数学模型给激光理论作了定性的说明。在激光器中的接收泵哺的物质，在强烈的能量作用下，它的原子核中的电子会因为泵哺的结果而产生跃迁。其中有的电子跃迁的幅度很大，也就是说历经的时间很长，跳荡的距离很远，从低能量到高能量的振幅很大。而其他子系统则是那种跃迁幅度较小的电子群。最后，那种跃迁幅度最大的电子群把其他子系统的电子群全都俘虏过来了，形成了和它们完全一致的行动步骤。这就是说所有的电子都按着同一个幅度来跃迁。这样，整体系统就是一会处于高能量的状态，一会处于低能量的状态。处于高能量的状态时，就把十分强烈的光线放射出去；处于低能量时，就是没有光线射出的间歇期。这就是所谓的脉

① 哈肯（Hermann Haken），1927 年生，德国物理学家，协同学的创始人。著作有《激光理论》《协同学——物理学、化学和生物学中的非平衡相变和自组织引论》。

冲。哈肯把跃迁幅度最大的电子系统叫做慢弛豫参量，把跃迁幅度较小的电子系统叫做快弛豫参量。整个系统形成有序的关键因素在于慢弛豫参量。哈肯这样又把慢弛豫参量叫做序参量。在社会科学领域中哈肯的斯图加特学派也作了许多实验，来说明慢弛豫参量即序参量在协同现象中的出奇作用。例如，舆论的形成其实就是一种协同有序的情况。纳粹德国宣传部长戈贝尔曾经有一句名言：谎话说一千遍就变成了真理。这句话说的就是一种协同效应。在舆论的协同效应下，人们会不由自主地跟着主流社会舆论鹦鹉学舌般地重复别人的意见。

从刚才的分析中就可以看见，其实文化就是社会的慢弛豫参量，它历经的时间最长，它在人类的社会中从形成的时间最早。因此，文化是序参量。当然，这里还有一个假定，那就是社会是自组织系统。我们对这一点其实也已经在前文中作了很清楚的说明。社会的子系统完全是自发形成的，没有任何人可以设计、可以组织最早的人类社会，它们只是人类行为服从初始条件敏感性的一种自然成因。所以人类的事情被文化决定。文化是最终决定社会走向的那种序参量，社会的秩序或者组织方式是由文化确立的。

20世纪的政治哲学家汉娜·阿伦特享有盛名。她撰写的《极权主义的起源》是不朽的旷世之作。在书中，她细致入微地描写了20世纪的两个极权国家的兴起，对这两个极权国家的背景和实现集权的条件进行了非常独到的分析。但是，阿伦特对于文化的作用多少有些忽略。要知道，纳粹的希特勒德国走上了集权的道路，一方面有当时的世界政治时局，有德国在第一次世界大战之后的那种社会环境，有德国民族主义的情节，有反犹的历史传统。然而，在这些因素之外，一个最重要的因素就是德国的文化还没有彻底走出整体主义的牢笼。19世纪的普鲁士虎视眈眈地要吞并其他德意志公国，以及吞并法国的野心，都证明了德国的整体主义意识形态意志是占统治地位的思想体系。当年黑格尔不遗余力地论证大一统的哲学基础，其实正是这种意识形态处于巅峰状态的明显证据。

比较心理学和精神分析心理学的成果揭示了一个关于人类心理活动的

四
新
生

非常重大的事实：人需要在一种社会化的氛围中进行自我认同。人为什么会产生这种需要？我想应该从两方面加以说明。一方面自我认同是生物性在智能阶梯上的进化结果。人类这个种属是灵长类中最高级的形态，灵长类动物就已经能在镜子中识别出自己的形象来，这告诉我们动物的智商高级到一定程度，就会产生自我和认识自我的需要，这就有了一种归属感和归属的需求。马斯洛人本主义心理学的需求等级层次就列出了归属的需求。另一方面自我认同又是文化模式塑造个体自觉性的工具。文化的内核是一组观念和由这些观念构成的观念模型，即思想体系和意识形态；文化的外显形式则是行为系统和处理情境事态的行为原则。这些文化的要素最终形成一个模本效应，积淀在个体的心理和认知层次中。这个模本就是个体自我的认同标准。于是，自觉的自我认同就是文化稳定性的标志。我想在此举一个小例子来说明文化的自我认同。20 世纪 80 年代后期，中国知名电影导演陈凯歌指导了一部脍炙人口的电影《霸王别姬》。它阐述的是两个京剧演员的漫长人生，这两个演员一个是扮演霸王的段小楼，一个是扮演虞姬的程蝶衣；段小楼把人生当戏，程蝶衣把戏当人生。这样在社会的环境发生了翻天覆地的变化时，程蝶衣就不能进行成功的自我转变，致使他无法进行自我认同，最后自杀身亡。

自我认同在整体主义和个体主义的不同文化模式中是两种截然不同的认同方式。整体主义是一种空间化的层级结构，有人在这个层级结构的顶层，代表着整体和他人；有人在这个层级结构的底层，被他人所代表。代表整体和他人的人，会努力使自己成为整体的象征。被他人所代表的人，就只能把代表自己的人当成认同的对象。这样后者最好是斯德哥尔摩症候群的接受者，前者最好是斯德哥尔摩症候群的制造者，所以前者就在后者中制造斯德哥尔摩症候群。这样，整体主义的认同就截然区分为两个层次，就像整体主义社会那样区分为两个层次：代表整体主义的人用制造斯德哥尔摩症候群来认同文化和自我，被人代表的人用接受斯德哥尔摩症候群来认同文化和自我。在整体主义的文化中，不可能有良心的自由、信仰的自由、道德基础的自由以及情感的自由。那么自我认同就只能是对整体主义象征物的认同。前面引证的《霸王别姬》中的程蝶衣之所以自杀，就是因为在他接受了斯德哥尔摩症候群之后，开始了新的生活；但是，一场意外的演出又使他内心深处被隐藏的自我复活了。在舞台上，他突然感觉到自我已不复存在了。这就使他非选择自杀不可。

个体主义的文化模式中的自我认同与整体主义完全不同。个体主义不需要两个层次，它是一个平面化的结构和平等的交互主体性在调整着相互之间的关系。所谓交互主体性就是每一个人都可以在别人那里看到自己的主体，即那个在每一个人心灵深处发挥作用的指导自己的意志和信念构成的系统。这个系统的最高标准就是良心的自由、信仰的自由、情感的自由、道德基础的自由。而在系统形成的过程中，个体主义必将经历一个较为漫长的成熟期，这个成熟期的起点就是人们开始了一个对于自己信赖的坚定信念。当然信赖自己常常会把自己的意志和利益在比较原则的支配下向自己倾斜，但是，这恰恰是个体主义的萌芽，只要人们坚持"己所欲之，不施于人"的标准。

文化认同的危机并不是一定要发生在整体主义与个体主义之间的变换，同样是整体主义的文化完全可能发生认同危机。不过，必须明确，个体主义和整体主义在正常情况下是针锋相对、格格不入的。认同的危机会直接导致冲突。

中国历史上的封建王朝更替十分频繁，在朝代更替的过程中同样存在着认同的危机。但是，这基本是政治认同的危机。世界上其他国家所发生的政治认同的危机同时往往会伴随着文化认同的危机，比如英国1642年的资产阶级革命，1789年的法国革命，1776年开始的美国独立战争，都是政治认同的危机和文化认同的危机两者并举。然而，中国的情况却和世界上的惯例不大相同。历史记载着夏朝的桀王宠爱熹妹荒疏朝政，淫逸暴虐，不得人心，遂被商朝的汤王灭亡。这段历史虽然还没有物质材料对其佐证，不过这也是已知的第一次政治认同危机。商朝末年的纣王宠爱妲己，因色乱政，滥杀无辜，国家危亡，周武王起兵反商，这有史记载。《尚书》中大量记载着商朝如何丧失道德、遭天所遣、最后失去政权的教训。周朝制度的真正创立者不是武王，更不是成王，而是周公。周公发明了世界上独一无二的政治理论：一个朝代的兴衰不是因为它所代表的文化和政治不适宜历史的进程和时代的状况，而是因为统治者失去了道德。他在《尚书》中多次论述政治必须以德配天，也就是说统治者有了天命得到了天下，还要有个人的道德和修养，有自己的人格魅力和政治才能。后来，西周最后的国王周幽王宠幸褒姒，千金买笑的故事一直盛传于世孔子创立儒学，其实质是和周公的思想一脉相承的，他的名言"唯小人与女子难养也"，正是这种观念的反映。在政治理论上，应该说孔子没有创建，儒学其实就是把周公的政治理论系统化而已。这样，中国封建社会的政治就有一个十分独特的地方，一个朝代常常不是因为它的政治制度和社会组织方式根本不合理、不作为、无效率、无正义、无公平而走向死亡，而是因为统治者个人的无道德、无人性、无才能才使得王朝走向死亡。于是，中国的每一次朝代的更替就只是政治认同的危机，而且是人格化的政治认同的危机——人民就只是不认同前一个朝代的代表者即皇帝家族的政治统治，而不是对这种政治本身的怀疑和反对。这是和孔子的儒学精髓完全一致的政治理念。儒学无非是说，人类中因为上天的搭配和分布，总是可以分成圣人和贤哲、君子和小人的，封建社会的政治出了问题，就是因为坏人当政了。封建社会的责任就是找到尧、舜、禹、汤、文王、武王、周公这样的人来当政。这样，历史上只有政治危机而无文化危机。所以，封建社会政治权力的人格化形态不断地更替，每更替一次我们都寄予厚望，而每一次更替却都没有给我们带来幸福和安宁，更没有带来圣人和贤哲，甚至从来都没有君子和好人。这其中的原因就是封建社会没有文化认同危机。只有发生文化认同的危机，才能真正带来系统性和系统化的变革。我们在"表征"一章中所说的正是这种文化认同的危机。看来序参量变化了，系统将随之变化，不再是换换马匹，换换驭手之类的换汤不换药的魔术了。

中国自改革开放以来的变化是在经济、政治、文化方面与经济、政治相比，文化的变化相对不显眼，不显赫。然而，真正让人振奋的确实是文

188

化的静悄悄地变革。要知道改革的逻辑起点并不是经济与政治，而是文化。邓小平提出"让一部分人先富起来"的政策其实是文化的改革、观念的改革。在中国"不患贫而患不均"是一种道德原则，中国从有民族国家那一天就把结果均等当成我们文化的准绳；而改革开放的巨大潮流对结果均等的冲击可以说是相当彻底了，有今天的基尼系数（官方公布的数据为46%）为证。从那以后，改革开放就朝着文化的深层内核进军。我们在上文中大量介绍和评述的事例几乎都是文化的新气象、新潮流、新风尚，这正是我们这本书所要阐述的内容。文化的变化在民众的灵魂深处带来深刻的震撼。这种震撼是那么潜移默化，连文化震撼发生的载体，即那些标新立异、离经叛道的个体人都不知道自己正在远离自己的列祖列宗和自己的精神母体；而且它往还不会引起其他人的巨大反感，尤其是在变革的潮流中更是如此。

19世纪40年代，西方人打破了中国闭关自守的局面，我们的世界进入了比较文明的阶段，文明有了本体论标准。当中国人的组织方式的确是无法和西方相比时，有中国人开始了自己独特的思索。但是绝大多数中国人并没有从本质上怀疑自己的文化，只是怀疑自己的技术和政治。就连孙中山也没有从根本上怀疑我们的文化，他只是要把满清统治赶出自己的家园。其不知20世纪前夜的满族政治人物，早已彻底汉化了。其实，满清的皇帝要和明朝的皇帝相比，不知要廉政多少倍。当时的先进分子如魏源、林则徐、左宗棠、曾国藩、张之洞、李鸿章等人遵循的口号"中学为体，西学为用"，明显是对中国文化和文明的肯定和褒扬，它所带来的只是政治认同的危机，而不是文化认同的危机。五四运动中的激进派的确也提出了"德"先生和"赛"先生的口号，虽然在骨子里有对中国传统文化产生过某种否定倾向的深刻认识，但同时也是改变政治结构的借口而已。后来的事情就更是让人百思不得其解，从形式上看的确是在否定我们的文化和文明，而从本质上看却绝对是把中国文化的内在核心和技术层面的那些技巧和智慧拿过来当"臭豆腐"吃，中国文化的那些精髓都在潜意识里生根发芽，开花结果，发扬光大，流芳百世了。

3 不可逆

20 世纪 80 年代，美籍捷克人曼德勃罗①发现了分形几何，即分数维的几何学，也就是维度不是整数的几何，而是分数的几何。在欧几里得几何学中，维度都是整数的，如点是零维的，线是一维的，面是两维的，体是三维的。在分形几何中，维度可能是 0.678 维，1.781 维，2.742 维，等等。其实在现实世界里，严格的整数维只是一种理想化的假设，而分数维却比比皆是，如漫长的海岸线、树叶上的纹理、火山爆发的烟柱等，都是分形几何的绝好例证。曼德波罗发现分形几何还不算什么大不了的贡献，他进而发现了分形几何有一个全程命题的定律：分形几何是整体和部分自相似。也就是说，整体的性质和组织结构和其单元即分形元是出于自相似关系之中的。这的确是一个伟大的发现，是理解世界的一把万能的钥匙。

宇宙是我们所能发现的最大的事物，按着自相似原理，世界上的事物应该和宇宙自相似。大家知道，宇宙是不可逆的，这是宇宙的生命表现形态。宇宙学中有一个弗里德曼模型②，它说的是宇宙将一直膨胀下去。宇宙学中还有一个爱因斯坦模型，它认为宇宙在未来的某一刻将要膨胀到极点，然后就开始收缩，最后到原来的初始状态，即大爆时的状态。即或是这后一种情况，宇宙还是不可逆的，只是其生命的一种形态，那只是宇宙的死亡。说来也怪，世界上的事物，只要是真正的那种自身之内的生命，就都是不可逆的，也就是和宇宙的整体性自相似。

20 世纪 50 年代，法国人雅格·莫诺撰写了一本书叫《偶然性与必然性》③，这是一本写世界如何形成的整体性哲学的书。书中莫诺细致入微地

---

① 曼德勃罗（Benoît B. Mandelbrot），1924 年生，数学家、经济学家。生于波兰华沙，以提出分形的概念而著称于学术界。著有《大自然的分形几何》等。

② 弗里德曼宇宙模型是以俄国物理学家弗里德曼命名的宇宙模型。下文中爱因斯坦模型依此类推。

③ 雅格·莫诺：《偶然性与必然性》，编译组译，上海人民出版社，1977。

分析了生物进化和世界整体性相似的原理：世界的形成、人类的出现、生物的进化都是或然率的杰作。这种或然率的事物，都有一个非常典型的特征，那就是不可逆。

莫诺对进化的定性描述中斩钉截铁地说，进化有两大属性：立体专一性和不可逆性。所谓立体专一性是指生物进化向着更高级状况定向发展，不可逆性就是不能回到未进化的原来状态。现在已知，宇宙是进化，地质是进化，生物是进化，智能是进化。凡是进化的事物就具有不可逆的特征。那么，我们现在就应该充分论证文化是不是进化。

说文化是一种进化的确要承担挺大的风险。主要是那些处于低级文化状态之中的民族，不愿意承认这一点。一旦承认文化是进化，就要在文化之中显现出高低的区别和优劣的比较。其实这并不可怕。要知道，文化在某一特定时刻，的确是有优劣和高低之分。但是并不是暂时处于低级阶段的文化就一定是永远低劣的。文化的下一步进化很可能就一步迈出了坚实的步伐，走在了其他文化的前列。比如欧洲的文化和文明的状况，在中世纪的时候，具体说在马可·波罗的时代就要比中国文化落后得多。就是到了莱布尼茨的时代，他也照样对中国文化崇尚备至。但是，当欧洲人从中世纪彻底走出来之后，由文艺复兴运动和宗教改革运动把欧洲的文化纳入了一个彻底个人主义的轨道，个体的积极性充分发挥出来，人与人之间的平面化关系逐渐确立起来，欧洲就立刻走在了世界的前列。这是不容置疑的事实。

说文化是一种进化，首先要说文化是一种生命。文化具有自组织的功能，它是一种由自然语言的符号编码传递的信息系统，它的意义彰显在信仰它和信奉它的民族群体中，并由唯一的民族世世代代来解读，它的载体就是一个个人类个体的生命和生活。自从 20 世纪初以来，人们就开始对生命概念的内涵和外延作出相应的扩展。生命不再仅仅是以蛋白质为载体的自我复制过程，而是以任何物质形态为载体的自我复制过程都有生命的迹象和生命的可能。20 世纪 50 年代，皮茨和卡洛克设计了由逻辑程序导演的生命模型，即著名的皮茨—卡洛克模型。从此之后，关于生命的 19 世纪

四
新
生

定义开始被人反复诘难，即或到今天为止仍然没有一个让人满意的说法，但有一点是非常明确的，那就是生命的载体绝对不止一种蛋白质，任何事物只要能够让自组织的形式编码在其上自我复制，就都可能成为生命的表现型物质。这样计算机病毒是生命，地球是生命（这已由著名的地质学家拉夫洛克和马格丽特的"盖雅"理论做出了有力的证明。这种理论坚定不移地认定地球就像古希腊神话中的大地女神盖雅那样是一个标准的生命）。文化是以个体人为载体的自我复制过程，连绵不断，周而复始，因此，我们说文化也是生命。

生命具有自组织的特征，这是从古希腊以来人们就明确的一个事实，亚里士多德关于生命的论述就已经具有这种含义。后来经古罗马的博物学一直到近代的分类学、植物学、动物学，直至最后在坎农的手中才臻于顶峰，即在《机体的智慧》① 这部书中才算把这种关于生命的现象观察阐述得淋漓尽致。而在坎农津津乐道地欣赏自己的美妙成果的时候，由孟德尔②开拓的另一条光明大道已经走了一段相当遥远的路程，这就是关于基因决定生命体的表现型特征的理论，或者用一句最现代的概念，即分子生物学的伟大里程。孟德尔的学说经摩尔根③等人发扬光大，形成了今天的生物学主流和基础。前文索引的雅格·莫诺的关于生命的哲学概述就是由这种生物学理论奠基的。在分子生物学方兴未艾的时候，关于生命的本质特征无论如何都不能丢掉最重要的生命的特征，即生命必须是分成两个层次的形式结构相互同构的事物，这两个层次就是基因这个层次和表现型这个层次，而且基因这个层次的变化将决定表现型的下一代形态。用一句话来说，就是基因与表现型同构的这个特征才是生命的最典型特征。这绝对

① 坎农（Walter Bradford Cannon，1871—1945），美国杰出生理学家。他的著作《机体的智慧》，风靡世界，其中生物内稳态的概念更是被世人所熟知。

② 孟德尔（Gregor Mendel，1822—1884），奥地利牧师。1853 年夏天，发现了遗传规律，并在 1865 年的布尔诺自然科学协会上，发表了他的研究成果，但当时被埋没，直到 20 世纪初才重新被发现，从而确定了孟德尔在遗传学上的地位。

③ 摩尔根（Thomas H. Morgan，1866—1945），美国著名遗传学家。1933 年诺贝尔生理学及医学奖。他最有影响的著作是《孟德尔式遗传的机制》和《基因论》。孟德尔和摩尔根的研究奠定了生物依靠基因传递的理论，真实地反映了世界的本来面目。

是其他事物所没有的。人类和黑猩猩的表现型特征可以说差别巨大。但是，人类的基因和黑猩猩的基因有99%是相同的，只有这1%的差别就导致两种物种谬以千里。人与人之间的差别也同样是可以观察得清清楚楚的，但在基因的层面上，差别就更小得难于区分。由此可见，生命的最关键特征正是这基因——表现型同构关系。用基因——表现型同构关系来观察文化这种生命现象，我们同样可以得出结论，文化照样是基因——表现型同构的。什么是文化的基因？这的确是难于回答的问题。尽管如此，我也还是有系统的想法。但是，如果把它都讲述得明明白白，透透彻彻，就要增加这部书的篇幅，以致把主题冲淡了。因此，我只能说出大概和主旨。可以一言以蔽之，文化的基因中最要紧、最关键、最具决定性力量和最有可能性描述的就是文化中关于人的自我相关的认识和假定。

可以说，远古以来就有了关于人的不同认识和假定，说得更明确一点，最初的人类关于自己的认识其实都是假定。当把关于人的假定变成一种用文本化的形式固定下来和传播开去，即变成了一种系统的传承制度的时候，就形成了文明。可以毫无疑义地说，文明就是关于人的假定的基因形成了表现型的社会大系统的时候，由文化的初级形式演变而成的更高级的精神形态和智能成果。其实关于人本质的假定只有两种，简单地说就是世界上和现实中究竟有没有在天性上和在本质上的"好人"。如果假定世界上肯定有现实中的本质上的好人，就形成了彻底的整体主义文化；反之，如果假定世界上根本就不可能有本质上的和现实中的好人，就形成了个体主义的文化。这两个假定和它们发展成两种截然不同文化形态的逻辑脉络其实是绝对顺理成章的。

如果假定世界上有天生的和本质的好人，那么对这种好人的信仰和尊崇就成了这种文化的首要规则和戒命。这是因为世界上有坏人是显然的和没有疑义的，那就会得出有的人天生就是坏人的结论，于是，对好人的信仰和尊崇就是必然的和毫无疑义的。再进一步，登堂入室，就立刻得出文化的表现型形态，那就是要有所谓的"好人"来代表整体和社会，由好人来实施统治和管理就同样是顺理成章的。这就是文化整体主义的基因和表现型的同构关系。这里并没有什么复杂和曲折。如果假定世界上没有天生的和本质上的好人，每一个人在天生的意义上和本质的意义上都是所谓的"坏人"，那么对于每一个人就都要加以限制和防范，限制和防范每一个人就只有两种渠道：其一是让每一个人都是限制和防范别人的人，这样就要让每一个人都成为爱他自己的人和不被他人所害的人，这样就要把自私性原则和动机利益统一原则变成每一个人的行为起点；其二就是要制定一些制度和原则、规范和程序，来限制每一个人和所有的人，也就是在制度上和程序上来达到对每一个人和所有的人的制约和限定。这样所有的任何每一个人在这种形式的社会里只能是以个体人的方式和形象来出现。这就是文化个体主义的基因和表现型的同构关系。这里也没有什么复杂和曲折。

为什么说中国古代文化和文明是整体主义的典范？就是因为，在文化和文明的基因上，中国人的观念和文本形态的精神状况就是把世界上有天生的和本质的"好人"当作初始形态和初始预设。儒学是中国的意识形态，是中国历朝历代都要绝对尊崇的信念和戒命。

今天的世界上，美国个体主义的文化和文明的重要标本之一。我在这里说标本，就是因为这是一个人为创造的国家，这种人为性是由西方文化和文明的滥觞——古希腊的文化和希伯来的文化一步步演变而来。希腊最早的国家形态是城邦国，那只是一个个小而又小的城市自制体系，因此，古希腊没有整体主义的国家。这里又可以用上了自相似。古希腊应该说也没有彻底的整体主义的文化的信念。我们在前几章中提到过怀特海在《观念的冒险》① 一书中所论述的古希腊的奴隶制度。奴隶可以说是为了整体主义而必须牺牲的人类个体的集合。我之所以说集合是因为集合是不区分元素的个体性质的，只计算元素的数量。正因为有了奴隶这伙人的劳动和牺牲，才有了自由民的个体性和自由精神，而这在古希腊人的著作中看得非常清楚。在古希腊人中苏格拉底② 可以说是一个著名的英雄，他的确是

---

① 阿尔弗雷德·N. 怀特海：《观念的冒险》，周邦宪译，贵州人民出版社，2000。
② 苏格拉底是柏拉图的老师，古希腊杰出哲学家。他受人诬陷，被判死刑。为维护法律的尊严，他从容赴死。柏拉图的《费多篇》有记载。

被迫害致死，但是，他可以从容不迫地死，喧喧闹闹地死，标榜自我地死。这在中国古代的任何时候似乎都不可能。苏格拉底那著名的临死前的演说可以说是个体主义的典范，更是古希腊在野蛮和残酷的同时还有个体地位的明证。古希腊人的英雄主义精神和个体主义的追求后来成了文艺复兴运动的目标。我们曾对古希伯来文化的精神实质有过较为充分的阐述，它是在犹太教基础上经基督教的改革，即耶稣基督的新信仰形态成为了新的宗教的精神主旨，这种宗教是彻底的个体主义的。基督教的绝对性后来成为了西方人立法的基础和准绳、预设条件和终极标准，这些内容在波尔曼（Berman）的两本书中有充分的阐述。这两本书就是著名的《法律与革命》[①] 第一部和第二部。在这两本书中，波曼充分说明了基督教的神圣绝对性如何成为了立法的基础和准绳的。尤其是宗教改革运动把个体性彻底回归了信奉新教的个体，新教徒就是那些信奉个体性的伟大先驱，但是他们却总是把自己看成是渺小的分散的个体。同时，还有一个不能忽视的时代性，就是那个时候并不是新教徒占统治地位的时间段，而是新教徒在整合旧教与天主教作不调和的斗争。他们受迫害的经历还记忆犹新。他们相信每一个人在骨子里都不是什么好人，这不仅是基督教经典的教导，更是现实的教训和现实的状况。一伙清教徒到了美国这个地方又受到了同样是来自新教的国家英国人的压榨和剥削，他们更感到了人类个体的本性和天生禀赋的内在关系，他们不相信世界上有什么好人和圣贤。所以他们制定一套法律和制度、规则和程序，就是用来约束每一个人和所有人的。他们的信念中有一点是绝对让人震惊的和赞佩的：既然每一个人都坏，那就让人都坏和都彻底地坏，在这种"坏"的境遇中"坏"就和"坏"产生了一种抵触和抵消。我们看看美国的宪法就知道了美国人在这个问题上是怎么想的。从一定角度讲，个体主义的由来就是把人假设为永远是坏的。这就是个体主义的基因。同时，我们还可以看见一个鲜明的悖论：个体主义

195

四
新
生

---

① 哈罗德·J. 伯尔曼：《法律与革命——西方法律传统的形成》，贺卫方等译，中国大百科全书出版社，1983。

是把个体人当成坏人的起点上生长出来的，但是，个体主义才是真正意义上的把个体整合成整体的文化和文明。

整体主义到个体主义的确有一些表现型的变化，我们在前几章中已经对此作了充分的阐述。但是，我们必须看到这实质上是基因的变化。基因的变化就是管遗传的那类物质的变化。基因一变化就立刻出现了一个史无前例的事物，或者说史无前例的生命。之所以说史无前例是因为它绝不可能和以前的什么东西完全吻合和一致，它将是它自己。但是，它绝对不会再回到它从前的样子和状态，这就叫不可逆。不可逆是生命进化的典型特征。我们人类能盼望大象能生出个乌龟来吗？无论我们对大象是多么喜欢和热爱，那都是荒谬绝伦的。

4 公平与正义的起点

当我的这部书即将结束的时候，中国共产党的第十六届六中全会也落下帷幕。据媒体评论说，这次会议是一次非常重要的会议。对这次会议的评论主要来自于《光明日报》。《光明日报》2006 年 9 月发表了题为《构建社会主义和谐社会：从点题到破题》的长篇理论文章，透露了一些重要信息。它评价这次会议是一个新的历史进程的新起点，类似于 25 年前的十一届三中全会，开拓了一个以社会建设为主要内容的新时期；会议的决定则被定性为中国共产党执政以来的第一个关于社会建设的纲领性文件。

《光明日报》的文章还透露出，中国共产党在国家发展战略上的"重大转变"是从 2004 年年底的十六届四中全会开始"点题"的，经历了两年的时间，终于在今年的十六届六中全会正式"破题"，是"具有划时代意义的"重大举动。就在 2004 年底"点题"之后不久，中共中央总书记胡锦涛就在 2005 年 5 月 29 日举办的省部级主要官员"提高构建社会主义和谐社会能力专题研讨班"上，第一次提出了经济建设、政治建设、文化建设、社会建设四位一体总体布局，并在中央政治局围绕构建社会主义和谐社会开展第 20 次集体学习时，第一次明确提出了中国社会建设要注意研究和借鉴中国历史上和国外关于社会建设问题的积极成果。

中共十六届六中全会通过的《决定》对于现实中的这场执政方向的变革进行了较为充分的历史脉络的阐述。中国共产党提出的社会建设的战略决策，是在经过改革开放 20 多年来的长期努力，在拥有了构建"和谐社会"的各种有利条件之后提出的。因此，在"必须坚持以经济建设为中心"的同时，"把构建社会主义和谐社会摆在更加突出的地位"。其目标是"以解决人民群众最关心、最直接、最现实的利益问题为重点，着力发展社会事业、促进社会公平正义、建设和谐文化、完善社会管理、增强社会创造活力"。而提出这个战略决定，则是基于两个基本的判断：国内是"发展机遇期"与"矛盾凸显期"并存，对外主要是在经济全球化环境中出现的同国际社会的"深度依存期"与"摩擦高发期"并存。尤其在国内方面，更面临着"五个新变化"，即社会领域出现新矛盾，经济增长面临新制约，社会心理出现新变化，改革攻坚出现新特点，和平发展面临新环境。

会议对于中国的现状应该说有较为清醒的认识：中国社会发展不平衡的现象日益凸显，就业、社会保障、教育、医疗、住房、安全生产、社会治安等问题尤其突出，收入分配差距扩大导致各种形式的矛盾大量出现。与此同时，中国老百姓"思想活动的独立性、选择性、多变性、差异性明显增强，人民群众的参与意识、维权意识普遍增强，对加强民主法制的要求和变革社会管理体制的要求十分迫切，对保护产权和各项法律赋予的公民权利的要求也日益强烈"，而"诚信缺失、道德失范"，更成为引发社会不和谐的因素；"一些领域的腐败现象仍然比较严重，引起广大人民群众的不满"。

读了这段介绍之后，我们肯定会有一种感触，这次政治运作方向上的变化反映了人类社会的重大理念：效率与平等的重大问题。人类只要进入现代化的进程，就会相应地出现这两者的不可回避的二律背反。早在资本主义发展的原始积累时期，就相当鲜明地出现了效率先行的自发趋势。从

英国工业革命开始到 19 世纪末的短短 200 余年间，人类的财富总量就超过以前数千年的总和。但是，高度重视效率的结果自然就会出现相对忽视平等的社会倾向，致使从 19 世纪初连续 100 多年资本主义受到经济危机的困扰。资本主世界从 19 世纪末叶开始，社会就进行了一系列自组织的调整，如资本垄断和金融垄断，经理家集团地位的上升，政府的宏观调控，第三次产业的发展，尤其是凯恩斯经济学的出现则最后在资本主义世界彻底埋葬了生产过剩的经济危机。可以确定无疑地说，20 世纪的整个经济主流最重要任务就是进行平等的补课。1962 年，美国著名经济学家亚瑟·奥肯出版了他的震撼世界的著作《平等与效率》①，系统地论述了两者此消彼长的辩证关系。这的确是一个绝对不可回避的问题。一旦出现了平等与效率的矛盾，那足以说明这个社会进入了人类普遍的现代化进程。

要效率就是机会均等，要平等就是结果均等，这两者的冲突只能在文明的某一个阶段出现。原始的传统社会既无效率也无平等，只要我们看看中国漫长的封建社会历史中，在那些封建统治者的剥削下，下层百姓的生活和经历就会对于这一点有相同的认识和理解。社会发展的效率先行应该公平地说没有什么错。在这一点上邓小平在 20 世纪 80 年代初提出的改革方向是没有任何值得怀疑的地方。"让一部分人先富起来"的政策本身就是效率的代名词，后来的改革措施不管其后果如何都应该说是循着这个方向前进的。20 世纪 90 年代的 GDP（国内生产总值）优先政策和策略也的确是压倒一切的大潮。对于它的评论和评价也许还为时过早，但是，今天确实到了该解决平等的时候了，而且刻不容缓。幸运的是，这个时代的杰出政治人物已经对此高瞻远瞩，作出了明智的决策。

平等的起点就是整体主义的终结，正义的起点同样是整体主义的终结。维护整体主义的完整清一色是由斯德哥尔摩症候群效应来实施和维持

---

① 阿瑟·奥肯：《平等与效率——重大的抉择》，王奔洲译，华夏出版社，1987。

的，也就是我们中国文化所说的"文武之道，一张一弛"，或者"恩威并重"这类话语所总结和概括的政治举措。个体主义与整体主义的根本不同点就是在与政治运作方式的根本差别。个体主义是一种博弈，所谓博弈就是每一个人都参与这种游戏的游戏。

对于博弈这个概念可以说在当今时代已经是尽人皆知，但是大多数人对于博弈的本质还不是十分清楚。最低是关于博弈的书籍和论述只把它当成一个显然的概念来加以运用，就像数学中的公理一样；制度经济学和政治学这样的处理是顺理成章的。但是，在我们这本与文化和文明有关的著述中，这样做就显得有点欠缺和遗憾，我们应该对其作一点有特色的说明。

关于博弈的实质，最有说服力的例证是博弈论中经常被引述的"囚徒困境"。那是一个每一个人都拥有个人权利和权力的时代，包括那些被法律称为犯罪嫌疑人的人也同样拥有。就在这个时代中，有两个人平时就名声不好，常常被警察传讯，这一次又合伙做了一个相当诡秘的案子，比如说在公路上合伙抢劫，盗窃超市的大仓库，或者是报复仇家往别人的房子里扔石块造成重大后果，等等。警察怀疑他们，将其抓获。在预审的时候，肯定是分别审问的，这是警察的行规和社会处理犯罪的惯例。两个犯罪嫌疑人都知道警察并不十分清楚地掌握他们犯罪的细节。当然，他们也知道如果是谁先招供，谁就会获得坦白优先的待遇，而罪行的处罚就会减轻；谁后招供就会加重刑罚。但是，假如谁也不招供，警察也毫无办法，两人只能因违犯治安条例同时受到较轻的刑罚，每一个人判两年监禁；如果一个人先招供，就会因坦白立功而无罪释放，另一个人就会被重判十年；如果两个人都招供了，就会同时被判五年。这里有三种结果，显而易见最好的结果是两个人都不招供。但是，在现实中这种情况是十分少见的。因为，每一个人都会想到对方可能先招供，从而自己成了替罪羔羊。他们的选择只能是每一个人都招供，最后同时被判五年徒刑。这里的确是一种游戏。这种游戏的条件是：第一，两个人是绝对平等的——都是犯罪嫌疑人，谁和警察都没有特殊关系，谁也不能决定另一个人的自主判断；

199

第二，两个人都是绝对利己的，都能把自己的利益和自己的动机统一起来，并且把自己的利益放在首位；第三，两个人并没于订立攻守同盟，都是独立做出自己的判断，博弈的对手是他们两个，而不是同心协力对付警察。这就是说警察等法律机构和执法者在这种情况下只是这两个人的环境，而不是囚徒困境的对手。这就不折不扣地告诉我们，这是一个个体主义的模拟思想实验。在这种情况下，我们来推导他们的博弈原则和博弈结果。把这些作为条件，结论就是显然的：第一个囚徒会毫不费力地认定第二个囚徒一定要把自己出卖。与其被人出卖，不如出卖别人。于是，他最先坦白交代了合伙作案的事实。第二个囚徒同样会轻而易举地考虑到第一个囚徒必然要把自己供出。与其被别人供出，不如供出别人。于是第二个囚徒自然要交代出合伙作案的事实。这就是个体主义的原则和其运行规则。这个结果叫纳什均衡①，是博弈论中最重要的数学定律。

当按照博弈原则来实施每一个人的纳什均衡选择的时候，完全有可能并不是最佳的选择方案，就像囚徒困境中的那样。但是，这是人性的最自然形式和最直接的选择，是每一个人第一位置的和第一反应的选择，违背了这种选择就是违背人性和良知。即或是肯定要出囚徒困境这样的不尽如人意的事情，也只能是首先完全肯定每一个人的选择自由的基础上，由更理性的形式和逻辑的结论来引导和教化。而博弈的规则是绝对不能破坏的，因为保证这种博弈的自由就是保证基本人权和基本人道的预设条件。自从西方文艺复兴运动、宗教改革运动和后来的启蒙运动以来，整个世界的价值观念几乎都发生了多多少少的变化。自由和人权的思想早已深入人心，任何政治势力和任何国家几乎都不可能公开否定自由和人权，都要对个人的价值给予充分的肯定和认同，这绝对是 20 世纪后半叶和 21 世纪的人文理念的主流。

问题真是这样吗？

20 世纪人类最伟大的思想成果之一就是关于人类整体秩序的形成规则

---

① 纳什均衡是博弈论中的最重要术语。它指在博弈中各方均可以接受的得益分配方案。

和形成要件。三个最伟大的思想家分别在不同的领域作出了划时代的贡献和建造了与历史的陈腐观念泾渭分明的里程碑，他们分别是德国的新自由主义之父、诺贝尔经济学奖得主哈耶克，诺贝尔经济学奖得主、美国经济学家肯尼思·阿罗和德国数学家哥德尔。他们的理论成果从不同的方面汇集在一起，就成了个人自由形成秩序和个人自由神圣不可侵犯的经典和绝对。

　　哈耶克早在20世纪40年代就开始了他的伟大的精神历程。他用最明晰的理论体系和最充分的逻辑阐述彻底揭示了自由产生秩序的原理。在哈耶克看来，人类这样的生物只能在个体的水平线上体现人类的本质，每一个人的自由都既是他本人向上和发展的动力，又是整个人类相互制约、相互合作形成人类特有的物种及世界和精神世界的充要条件。人类之所以能够建构秩序和建立制度，归根结底是因为人类的个体可以用自由来限制自己欲望和他人欲望的恶性膨胀，当每一个人都是最大限度地发挥自己的使用价值和最大限度地实现自己的交换价值时，世界不仅获得了最大的发展和增长的概率，同时最大限度地把人类的组织方式调整得合理和合法，建设得稳定和公平。这正是因为只有每一个人的自由都在发挥作用时，才能在这种自由的相互作用中形成规则和规范，形成秩序和程序。同时这样形成的秩序和程序、规则和规范才既是历史性的又是不在场的。这里的历史性是指任何秩序和程序都是和其所在历史环境统一的客观规律；这里的不在场性可能更重要，它是指规则和规范只能是超越的，不依赖于某个个体人的好恶和意向，它是君临于我们的神圣和绝对的成规，任何人都必须绝对服从的那种定律。自由在人类的历史环境里作为一个常量，如果某一个人或某些个人的自由多于他人，那么这些自由的剩余就只能是那些没有自由的人物被他们盘剥的结果，这就是自由是整体性的真实含义。美国总统肯尼迪1963年在西柏林作了一次精彩的演说，演说的核心就是这个自由的整体性。当我们人类中有一个人受奴役，整个人类都应该感到耻辱。除了自由之外，任何事就只能是个体性的和个体表达的。

四

新

生

哥德尔的学术成果从表面上看似乎和这里的论述无关。他是就数学中的不完全性进行毕生研究的天才数学家，他的最伟大成果是揭示了数学中的任何一个分支都不可能对于自己的完备性和完全性进行有效的证明，也就是说歌德尔证明了一切自我构造的形式化系统是不能解决自我相关的悖论的。用最通俗的话说，就是自己不可能解决自己的所有问题，尤其是对自己完备性的这类问题是永远也不可能自我证明的，这就是哥德尔最有名的不完全性定理的内容和启示。他的理论告诉我们，人类的事情必须由每一个人的完全认同和每一个人完全服从的规则和规范来指导和界定。为了解决自我相关这类问题，罗素又提出了分支类型论。所谓分支类型论就是把世界上的事物分成不同的层次，最高层次的应该是那些对任何人都一律生效的规则和规范；每一个人都只能是被这类规则和规范所限定。仔细想想，歌德尔的理论和哈耶克的理论不是异曲同工之妙吗？

肯尼思·阿罗在20世纪40年代末发表了他的重要著作《社会选择和个人价值》。在这部书中，他精心打造了一套数学程序来充分论证民主在实施过程中的特征。民主不是最充分地代表民意，因为那在一定意义上是不可能的，民主只能是一套程序，一套运转的规约。民主绝对不是某个人的个人魅力和才能所体现的政治关系，民主只能是从本质上防止最坏的事情发生的那种严格规定和严格按运行程序实施的社会选择方法。德裔英国科学哲学家波普也曾经就与此相关的问题表述过完全相同的意见。肯尼思·阿罗和卡尔·波普的学说又和哈耶克、哥德尔的学说融会贯通，最终给人类社会一个永恒的界定：人类是由其个体的绝对自由打造出来的一种特殊的种属。

在20世纪40年代奥地利人冯·诺伊曼①作为人类现代的全才人物把数学的一个分支博弈论复活之后，20世纪70年代美国天才数学家纳什又把博弈论完善起来，找到了把博弈论严密化的渠道，并且纳什因此获得诺

---

① 美籍奥地利裔科学家冯·诺伊曼于20世纪40年代末成功组装了世界上第一台计算机。

贝尔奖。纳什的成就吸引了许多经济学家用博弈论来进行制度经济学的研究，取得丰硕的成果。像宾摩尔、肖特等人用博弈论研究制度的发生和变迁，把人类社会的制度形成过程完全建筑在严密的数学基础上，给人一种耳目一新的感觉。正如上文所说，博弈论的公理系统就是每一个个体都是自由的假设。那么，用博弈论来构造制度的数学模型，并且成功地模拟了整个制度的形成过程，这充分说明了个人自由就是制度的千真万确的逻辑起点。

　　自改革开放以来，我们的社会环境发生了深刻的变化。大概对于那些较为传统的人来说，感受很强烈的一个变化莫过于今天的一些人太自私了，太利己了，太以自我为中心了。近些年来，在网上和媒体中有大量的内容是对此持批判态度的。最近，在网上出现了一篇文章，是批判少林寺方丈出尽风头抢了世俗头彩的那种愤愤不平。文章还批评佛门被卷入"唯利是图"的狂潮中。

　　我们先说说佛门第一个真正"唯利是图"的大师，他就是台湾地区的星云法师。如果你到过洛杉矶的话，一定知道有个西来寺。那就是星云法师建立的寺庙。星云法师是佛教事业的率先垂范者和身体力行者。他所创立的事业可以说恢弘庞大。他建立了100多个寺庙、60几家学院；他所创立的产业更是一个天文数字。难道追求利益就一定错吗？回答是否定的。人类追求利益是没错的，但是，有一个条件，就是要保证每一个人都充分拥有追求利益的资格、权力、条件，而且是每一个人机会均等的条件。当前的问题在于追求利益的规则和机制不健全。有的人既是运动员又是裁判员，既是规则制定者又是规则行使者，既是财富的监督者又是财富的享有者。

　　我们需要用法律的手段来维护和规范对利益的追求，这是公平和正义的起点。尽管我们还离这个起点有一段遥远的距离，但是，我们确实已经开始了新的长征。

　　看看今天的大学生，我们就知道了希望还在眼前，希望也许就在这一代人中间。可以毫无疑义地说，今天的大学生可不是从前那个样子，在把

师道尊严当成道德的戒律的同时也会拿起法律武器做自己的利益的捍卫者。复旦大学的一位研究生就曾经在导师越过界限对其不公时，把先生告上学校，甚至告上法庭。这不也体现了平等的起点吗？

我在这整部书中都在说，今天的时代不同于以往的时代了，今天的人们知道了应该自觉地爱自己，这肯定是一大进步，因为爱在中国传统文化中也是天经地义的。在漫长的历史中，我们只能是在不同时期像昆虫变形那样，以不同的方式对待自己。而在今天的时代，历史已经走上新的旅程，它将激发更多的人们在保持社会协同关系的同时，发挥个体的创造性和独立性，书写辉煌的时代篇章！

责任编辑:何 奎 朱 蒙
装帧设计:肖 辉

图书在版编目(CIP)数据

文化嬗变的时代色彩/季国清著. -北京:人民出版社,2008.5
ISBN 978 - 7 - 01 - 007072 - 8

Ⅰ. 文… Ⅱ. 季… Ⅲ. 文化-研究-中国 Ⅳ. G122

中国版本图书馆 CIP 数据核字(2008)第 074620 号

文化嬗变的时代色彩
WENHUA SHANBIAN DE SHIDAI SECAI

季国清 著

人民出版社 出版发行
(100706 北京朝阳门内大街 166 号)

北京瑞古冠中印刷厂印刷 新华书店经销

2008 年 5 月第 1 版 2008 年 5 月北京第 1 次印刷
开本:710 毫米×1000 毫米 1/16 印张:13.25
字数:260 千字 印数:0,001 - 3,000 册

ISBN 978 - 7 - 01 - 007072 - 8 定价:26.00 元

邮购地址 100706 北京朝阳门内大街 166 号
人民东方图书销售中心 电话 (010)65250042 65289539